Studies, Practices and Educations of Cultural Heritage Conservation

文物保护研究、实践与教育

——西北大学文物保护技术专业创立三十周年论文集

·西北大学文化遗产学院文物保护系 编·

西北大学出版社

序

中国文物保护技术协会理事长　王时伟

文物承载灿烂文明,传承历史文化,维系民族精神,是弘扬中华优秀传统文化的珍贵财富,是促进经济社会发展的优势资源,是培育社会主义核心价值观、凝聚共筑中国梦磅礴力量的深厚滋养。保护文物功在当代、利在千秋。

1989年,为满足国家及行业对文物保护人才的需求,西北大学开设了国内首个文物保护技术专业。今天,这个专业已经走过了30年的发展历程。在这30年间,西北大学文物保护专业取得了众多代表性的成果,培养了大批文物保护专业人才,为国家文物保护事业的发展作出了重要贡献。时值西北大学文物保护技术专业30年庆典,出版了这部论文集,其内容涵盖了考古、文物保护和博物馆等多个领域,研究对象从金银铜铁到竹木漆器,可谓一片繁荣,这也反映出文物保护专业的当下特点。

文物保护是一个文理交叉的应用学科,涉及多个一级学科,这是多大的覆盖面!同时也是一个多大的难题!这要求我们兼容并蓄、博采众长,以开阔的胸怀学习、接受其他学科的相关知识并将其融入文物保护工作中。但同时我们也要有自己的体系,围绕文物保护的核心理念与价值,构筑文物保护的学科架构。这是未来文物保护研究、实践与教育发展的方向,也是完善文物保护工作体系,培养高层次文物保护修复人才的基础。

在西北大学文物保护技术专业成立30周年,也是中华人民共和国成立70周年之际,借着本论文集的出版,我们交流最新的思想、分享彼此的经验、回顾过去的历程,总结当前的成就,展望未来的方向,大家共同努力、众志成城,为我国的文物保护事业作出更大的贡献。最后感谢西北大学师生及论文集的全体作者为本论文集的出版作出的努力。

目 录

多维度培养文物保护人才 … 王蕙贞(1)

七十年旧貌新颜 四十载由学致术 … 宋纪蓉(3)

自皮毛至筋骨到灵魂
　　——考古学研究目标的三个层次 … 段清波(5)

考古现场文物遗痕保护的意识和认识
　　——横水荒帷保护之证 … 赵西晨(8)

跨学科背景下的文物保护学科建设之思考
　　——《文物保护基础理论》一书写作有感 … 龚德才(12)

西北大学文物保护专业发展历程与现状分析
　　　　　　杨 璐,冯圆媛,葛若晨,张杰妮,郭 郎,贺 源(16)

试论基于历史学学科基础的文物修复学
　　——学科体系构建 … 周 华(22)

他山之石
　　——美国文物保护培训项目考察综述 … 冯 楠(28)

温湿度对墓葬壁画现场保护及保存方式的影响
　　——以西安理工大学西汉墓壁画保护为例
　　　　　　冯 健,郭 瑞,赵凤燕,夏 寅,李书镇,吴 晨(34)

防腐蚀封护技术在工业遗产机械设备保护中的应用 … 郑逸轩,潘晓轩,郭 宏(44)

古建水盐病害综合治理
　　——大雁塔与钟楼对比 … 周伟强,赵皓辰(49)

水激光技术应用于古建筑琉璃表面沉积物的清洗
　　　　　　赵 静,迪丽热巴·阿迪力,张力程,钱 荣,赵 鹏,王 丛(57)

对历史建筑木构件白化现象的再认识 … 周怡杉,松井敏也,刘 成,王 飞(63)

无损检测分析技术在文化遗产保护领域内的主流运用和进展 … 叶 琳(79)

蛋白质类添加剂对传统糯米灰浆性能的影响 … 周 虎,易识远,魏国锋(83)

土壤埋藏对群青—蛋白胶料红外光谱特性的影响 … 马珍珍,王丽琴(92)

重庆云阳李家坝遗址出土战国青铜矛腐蚀产物的原位无损分析 … 凡小盼,温小华(101)

新疆东天山地区青铜至早期铁器时代遗址陶器制作工艺与产地的初步研究

　　　　　　　　　　　　　　　　　　　　　　　　　刘　成,李　立,申静怡(108)

手持式 XRF 定量分析古陶瓷化学组成方法初探　　　凌　雪,弓雨晨,朱　剑(118)

隰县瓦窑坡墓地刻纹铜斗的刻纹形态及相关问题　　南普恒,王晓毅,陈小三(126)

明代漕运船木材髹漆工艺初步分析　　徐军平,刘　靓,王云鹏,李　斌(132)

广州莲花山古采石场珠江水域出水螺旋桨的科学分析研究　　　　吕良波(141)

四川彭山江口古战场遗址出水金碗的复制　孙　凤,王若苏,先怡衡,刘志言(147)

基于无损化学分析和家户尺度上的史前陶器网络研究　　　　　　李　涛(152)

新型无机材料在石质文物加固保护中的应用

　　　　　　　　　　　刘　妍,杨富巍,王丽琴,张　坤,杨　璐,周伟强,魏国锋(159)

古书画用生物碱与无机碱复合脱酸剂的研发及其应用

　　　　　　　　　　　　　　　　　　　　何秋菊,王丽琴,王菊琳,许　昆(165)

几种文物保护材料的热稳定性研究

　　　　　　　　　　　　赵　星,王丽琴,王子铭,王家逸,马彦妮,郭　郎(172)

基于反相微乳液的陶质文物脱氯新方法研究

　　　　　　　　　　　　　　　　张　悦,金普军,杨小刚,赵　静,李　斌(178)

几件清代纺织品染织工艺的鉴定　　　　　　　　　李玉芳,魏书亚,何秋菊(186)

浅谈文物保护类展览的策划理念与特色

　　——以《纸载千秋——传统记忆与保护技艺》为例　　　　　田建花(192)

不可移动文物信息识别码编制规则的设计与实践

　　——以广州市文物数据管理与信息应用平台(一期)项目为例　朱明敏(197)

博物馆展厅环境监测数据分析评价与讨论

　　——以广西民族博物馆展厅为例　　　　　　　　　　　　　郑　琳(203)

多维度培养文物保护人才

王蕙贞

(西北大学文化遗产学院,陕西 西安 710069)

文物是人类在历史发展长河中遗存下来的,具有历史、科学和艺术价值的遗址、遗物,是历代先民生产、生活和社会实践的直接成果,是进行物质和精神文明建设的实物资料和良好教材。

文物是不可再生的物质资源,它承载着我国五千年的文明轨迹,具有极大历史意义和科学、艺术价值。但由于岁月沧桑,在各种自然条件和人文、社会因素的影响下,均有不同程度的变化或损坏。因此,如何保护、收藏、利用某些优秀的文化遗产,已成为我国可持续发展战略的一个重要组成部分。

自从19世纪80年代(1880年)德国柏林博物馆建立第一座文保实验室以来,许多欧美国家也相继建立了文保实验室,从事文物保护研究。我国自古就有许多青铜器、金银器、陶瓷器、壁画、漆木器的工艺技师,他们从民间作坊进入博物馆,承担起了抢救、修复文物的历史重任。1952年中国国家博物馆设立了文物修复室,配备了专职文物修复技术人员,从事馆藏与出土文物保护的技术工作,开启了我国文物保护工作的先例。

随着我国改革开放和经济、文化、科学技术的进步,我国文物保护事业正在蓬勃发展。在国家文物局的组织领导下,组建了许多文保研究基地(或中心),许多博物馆也相继设立了实验室(或研究室)并添置了许多文物材质分析、年代鉴定、腐蚀机理、保藏环境、修复方法等大型设备,极大地提高了我国文保技术水平。

我国历史悠久,幅员辽阔,各种历史遗址遗物数量庞大,急需整理、修复、保护、保藏、展览。不仅需要大量财力、物力,更需要大量人力,特别是技术人才,所以加强人才培养应成为重中之重。

第一,文物科学是一种涉及面极广的科学技术,它不仅涉及历史、考古、文学艺术等人文科学,而且与数学信息、物理、化学、生物、地质、地理等多种自然学科紧密相联,所以我们需要多学科的人才合作。在培养大学生、研究生时要有文理的基础熏陶,提倡文科和理工科设置的院系在文物教学和研究中相互协作。

第二,要培养多层次的技术人才。要多学科保护修复人才并举,高校除了培养文物保护理论、新技术、新材料等方面的基础研究人才外,专职院校还应培养某些大国工匠式的技术修复人才,用拜师学艺式的方法建立研究团队,发扬研究团队精神。

第三,大学、研究单位、博物馆、文传企业多单位联合办学,可以相互兼职,合作技术攻关共同创新创业,从实践中培养人才。我国目前文保人才远远不够,除了一些大型国家重点博物馆、文保研究院和少数大学外,省级以下和专题文保单位人才更是稀贵。而我们考古发掘的出土文物每年都在增加。造成大量文物在库中,来不及研究、保护、宣传和利用。所以必须多元化的培养人才以适应形势的需求。

第四,加强国际交流合作,以开阔我们文保队伍的视野和提高研究水平。近几十年来,我们与许多国家建立了文物保护合作,取得了可贵的成绩,但规模还是太小。我们只有走出去,请进来,才能尽快提高我们文保队伍的水平。他山之石可以攻玉。

不尽长江滚滚来。改革开放的浪潮奔腾向前,在纪念我院文保专业建立三十周年之际,我们要不忘初心,充分发挥我校历史、考古(含科技考古)、文物保护的专业基础,与其他学科配合,努力做好多维度培养文化遗产技术人才的工作。

七十年旧貌新颜　四十载由学致术

宋纪蓉

（故宫博物院，北京　100009）

1911年梁启超率先明确"学"与"术"的界定："学也者，观察事物而发明其真理者也；术也者，取其所发明之真理而致诸用也。"无论是追求真理的"学"，还是指导实践的"术"，都需要良好的时代背景和有利的国家政策。1949年至2019年，新中国70载发生了翻天覆地的变化，旧貌换新颜。1978年至2019年，恰恰成就了我的41年由学致术、学术相通的经历。

从西北大学的学士到南京理工大学的博士，从赴英国研修到博士后研究，我的求学脚步从未停止。1978年，我有幸参加了尘封十年重新开启的高考，如愿考入西北大学化学系，从此开启了一个知识青年的科学之门。毕业后留校，赴英研修，1994年考入南京理工大学攻读博士学位，1997年毕业后进入西北大学化学博士后流动站。同样是1978年，党的十一届三中全会作出改革开放重大决策，国家面貌为之一变，人们精神为之一变。改革开放最初20年里，我深切体会到生活改善和社会进步，可以接受良好教育，甚至有机会出国深造。我是幸运的，时代给了我最好的机遇，社会变革和民族复兴成就了我的求学之路。

1982年留校任教后，经过20多年努力，从讲师到副教授、教授、博士生导师，担任西北大学学位委员会副主席、学术委员会委员，从化工学院院长到校长助理，分管学科建设和学位授予工作，我的钻研之心从未懈怠。我将所学知识教授给学生，让他们感受化学之美，培养硕士、博士研究生共计30多人，先后主持完成了国家自然科学基金、科技部国家星火计划等10余项科研项目，发表中英文学术论文100多篇，出版著作3部，曾获省部级奖6项。然而，风鹏正举，时势使然。所有的个人发展进步都应归功于伟大的改革、社会的发展和体制的完善。我切切实实圆了做化学科学家的梦，把知识转化成科研成果，回报社会。

从西北大学校长助理到故宫博物院文保科技部主任，再从故宫博物院副院长到国际文物修护学会理事，我的学术追求从未停息。2006年我作为国家"百千万人才工程"人选被文化部引进到故宫博物院，恰逢举国推进文化强国的伟大契机，我深知被"引进"的人才应该肩负重任。2009年提出"文物医院"理念，构建适合文物的"医院"，提倡科学保护，以学术推动主管的各项工作，在领导的支持和同事的齐心努力下，取得一定的成绩。比如，主持非遗申报工作，4项文物保护修复传统技艺获批国家级非物质文化遗产；主持完成课题"文物保护修复技术档案的科学化构建"，参与完成课题"古书画修复、临摹、复制当中'矾'的替代材料研究"；培养1名博士研究生和3名博士后研究人员；组建唐卡修护团队，积极参加养心殿研究性保护项目，正在开展"养心殿西暖阁佛堂唐卡的保护研究""养心殿西暖阁佛堂唐卡《四大菩萨》保护修复研究"和"养心殿唐卡保护修复研究"课题研究;发展传统文物修复技术与结合现代科学技术并重,扩大人才队伍,建立16个文物修护室和23个科技实验室,把只有70多位老师傅的文物修复厂扩大为拥有170位"文物医生"的"文物医院"。比如,2013年设立故宫博士后工作站,共招收38名博士后科研人员,承担国家自然科学基金、国家社科基金、国际艺术基金等项目70余项,发表学术论文110多篇。我重视国际合作交流,担任国际博物馆协会培训中心和国际文物修护学会的培训中心主任,2013年以来共举办12期国际博协培训班,来自74个国家的403位博物馆专业人员接受国内外博物馆界专家的培训,2015年以来举办4次国际文物修护学会培训班和1次学术研讨会,来自30个国家的91位文物修护专业人员参加培训。我连续3次带队赴美国洛杉矶、意大利都灵及我国香港地区参加国际文物修护学会学术大会,受聘国际文物修护学会理事,在国际文物修护领域多次发声,切切实实树立起故宫人高度的文化自觉和文化自信。

从"文物医院"理念提出到"文物医学院"建设,从参政议政到建言献策,我的致术之行从未搁浅。基于"文物医院"急需的应用型人才——"文物医生"的培养需要,我主张故宫博物院与高校联合成立"文物医学院",让前沿科研成果服务于文物保护。作为全国政协常委和民盟中央常委,我有幸参政议政。2017年,我参与了民盟中央重要调研课题"全面提升博物馆质量,坚定文化自信",2018年提交的调研报告形成政策建议信"关于全面提升博物馆发展水平的建议"得到党和国家领导人的重要批示。2018年和2019年先后递交"改善北京中心区域世界文化遗产参观区的交通问题"和"建议成立历史文化名城名镇保护修复标准制订委员会"等政协提案。2019年两会期间,在"委员通道"上提出:文化遗产保护需要更多的"文物医院"和"文物医生"。2018年我参加全国政协"历史文化名城名镇保护专题"调研,随后参加由全国政协主席汪洋主持召开的双周协商会,在会上以"充分发挥科学技术在历史文化名城名镇保护中的重要作用"为题发言。2019年我参加全国政协民族和宗教委员会调研后,提议"依法加强寺观教堂文物保护工作"。习总书记曾经强调:文物保护工作也是提高国家文化软实力的一部分。我认为,软实力中包含科学技术对文物保护的基本支撑。我的发展理念与思路能够实现,前提是"文化强国"发展策略的引领和国家对文化建设工作的绝对重视以及大力支持。

我始终坚信:由学致术,学术相通。中华人民共和国成立70年以来,科学技术得以快速发展,文化建设得以全面实施,综合国力大幅度提升。正如习总书记要求的:要系统梳理传统文化资源,让收藏在禁宫里的文物、陈列在广阔大地上的遗产、书写在古籍里的文字都活起来。用科学理念和技术保护文化遗产,方可使文物延年益寿,方可确保文物越活越精彩。

自皮毛至筋骨到灵魂
——考古学研究目标的三个层次

段清波

(西北大学文化遗产学院,陕西 西安 710069)

西北大学考古学科(以下简称西大考古)是由考古学、文物保护技术、文化遗产管理三个专业(方向)共同构成的。经过多年的发展,西大考古探索出了"三位一体"的发展理念与模式,即以考古学研究为文化遗产价值的认知体系、以文物保护技术为保存体系、以文化遗产管理为实现体系,三者相互融合、缺一不可。文中所谈及的考古学为一级学科概念的考古学。

本人所理解的考古学研究目标有三个层次:分别代表了盲人摸象阶段的皮毛层次(考古),构建文明架构的筋骨层次(考古学),以及阐释人类社会发展规律的灵魂层次(历史学)。

1 考古时代的西北大学考古学科

"西北望长安,可怜无数山。青山遮不住,毕竟东流去"。经过81年的积累、63年的发展、43届人才培养的经历,在教育部组织的第四轮学科评估中,西大考古位列A+。该轮评估地方大学只有14所,其中只有2所综合大学获得了A+,这在中国2663所普通高校中这是何等的荣耀。这个荣耀的光环将在很长时间内环绕在西大考古人身边。但西大考古是靠着什么精神才获得如此殊荣,在什么背景下取得的这一成就呢?

实事求是地说,西大考古学科并不具备太多的发展资源,但自力更生,不等不靠,贯穿在西大考古的发展历程中。在63年发展过程中,西大考古凝练出"志存高远,敢为人先,自强不息,执着奉献"的精神,这是我们的精神财富,也是西大考古人的座右铭。

我们是在考古理念的学科背景下发展起来的。和全国同行一样,西大考古遵循"考古学是根据古代人类通过各种活动遗留下来的实物以研究人类古代社会历史的一门科学"的理念(《中国大百科全书·考古学》),采用地层学和类型学的方法,用将近100年的时间,基本完成960万平方千米的物质文化谱系框架的构建。但值得注意的是,作为舶来品传入中国后,"Archaeology"被翻译成"考古学",这个拉丁文词根"Archae"原意是"开端、来历、起源"。如此来看,考古学应该是从物质材料来探索人类的来历、了解人类社会和文化是怎么产生以及如何发展到今天的。但是,出于对汉语"考古"的理解,在很长的时间内,中国考古学的学科目标基本上定位在"证经补史、复原古代社会"上。断代考古的理念就是在这一背景下产生的。断代考古式的学科划分,已经完成了其历史使命。

西大考古学科的价值诉求定位在历史、艺术和科学方面。我们在全国率先确立"三位一体"的学科理念,形成"立足长安、面向西域、周秦汉唐、丝绸之路"的学科定位,这是作为西大人为之自豪的成果。

编了号的考古标本,并不是经过整理和阐释的历史。考古学科的意义不应局限在内部的肯定和理解,而在于超越自身的畛域,起到启迪其他学科的作用。中国考古学理论与方法的滞后和信息提炼能力的严重不足,制约了考古学在当代国家建设中的影响力,毕竟,一个学科不能总是靠展现祖先的辉煌来维持学科本身的尊严。

近代以来,考古在重建中华民族自信心上作出了重要贡献。但在这一过程中,我们没有思考文化、文明的构架到底是什么样子的,呈现出盲人摸象的态势。我们不知道如何落实让文物活起来,以及让文物中的什么活起来。

2 新时代背景下的西大考古学科

未来,西大考古的荣耀该怎么维护下去呢?

习总书记指出:"新时代坚持和发展中国特色社会主义,更加需要系统地研究中国历史和文化,更加需要深刻把握人类社会发展的历史规律,在对历史的深入思考中汲取智慧、走向未来"。

新时代背景下,考古学应该是通过人类遗存研究古代社会及发展规律的一门学科。西大考古人应该以自己理解的考古学去思考我们的未来。

"何处望神州?满眼风光文博楼。千古兴亡多少事?悠悠!不尽长江滚滚流。"上世纪末以来,考古学学科由建立考古学文化区系类型体系向研究社会结构、聚落、制度、文化扩展,整个学科发展的大背景也处于变革的讨论之中。

考古材料只有在理论方法充分完善的情况下才能被理解,它的价值和重要性取决于我们想要解决的问题,方法选择取决于如何研究问题。考古学理论构建和问题设计是我们研究中最为重要的环节。中国考古学的理论构建现状并不令人兴奋,寄希望于新材料不断累积,理论就会自然而然形成的学者并不在少数。

对同类考古遗存现象在长时段范围内规律性的凝练以及全局性的统筹考虑,是学者们未来努力的目标。我们应该追求蕴藏在物质文化中、约束人们思维方式和行为处事方式的核心文化价值观,为今天和明天提供智慧。透过皮毛,从血肉和骨架的层面去思考中国文化构成和形成的特征,使考古学能够让遥远的过去和无限的未来之间血肉相连。

3 历史学视野下的考古学

"云中谁寄锦书来,雁字回时,月满西楼。"在让文物活起来的时代召唤下,西大考古学科要什么?我们要的是:"问君何能尔?心远地自偏。采菊东篱下,悠然见南山"。未来西大人能立足于世界考古学之林,必须做到,在世界文明的关照下,思考中国文明为什么走的是这么一条路,中国文明的特征是什么的问题。我们需要从考古学角度总结凝练中国社会发展规律,需要在考古学史的背景下,思考文明构成要素的理论体系,也就是文明到底是由什么构成,如何完成文明三观理论下中国文明核心文化价值体系的构建。

西大考古已经确立以物质文化遗产核心文化价值为宗旨的2.0版本"三位一体"学科体系,我们需要不断探索和完善这一体系,西大考古人应该具备将文化遗产的价值和功能阐释到它就是我们生命中空气、阳光和水的功能。

"无限的过去都以现在为归宿,无限的

未来都以现在为渊源"。历史研究是一切社会科学的基础。高层次的史学活动,必须紧紧围绕长时段问题、全局性问题、本质性问题展开,重视规律总结、理论概括和提升,坚持"究天人之际、通古今之变"。

未来,西大考古人应该具有构建有西大特色的中国考古学的学科体系、学术体系、话语体系的雄心壮志,具备阐释中国文化、中国文明形成过程及特征以及周秦汉唐时代特征的能力。我们要在灵魂层面思考中国文化、中国文明发展演变的规律。

从来就没有救世主,尤其是作为省属高校的西北大学,考古学科的尊严只会来自实力,西大考古的荣耀只取决于西大人群体奋斗、拼搏的成果。理论流派的构建来源于扎实的实践和全局性以及深入的思考,这些和喧嚣、热闹没有任何关系。孤独是人生的常态,未来西大考古人在前进的征程上,并不必然铺满鲜花,努力的每一件工作并不一定掌声雷动。但是,只要心中有信念,就不会有"念天地之悠悠,独怆然而涕下!"的感慨。习总书记说幸福都是奋斗出来的,更何况,"莫愁前路无知己,天下谁人不识君"。让我们一起,不辜负时代的期许,共同为构建西大考古学科体系而努力。

考古现场文物遗痕保护的意识和认识
——横水荒帷保护之证

赵西晨

(陕西省考古研究院,陕西 西安 710043)

摘要:本文以山西横水西周墓地荒帷的发现、保护,以及存在问题等内容为例,从这类特殊考古资料的价值认知,保护意义的解读等方面,论述了文物遗痕保护的必要性和可行性。依此举证类似问题的解决,无论从主观思考和客观技术层面上,考古发掘与文物保护都需要在意识和认识层面达成共识。

关键词:遗痕;遗痕保护;荒帷

山西省考古研究所从2004年底开始,在山西绛县横水开展的西周墓地抢救性发掘工作中[1],最为引人关注的是编号为M1、M2的两座大墓,出土了大量青铜礼器、玉石玛瑙、组玉佩等数量众多、制作精美的各式各类文物。而在M1大墓中清理出来的"荒帷"[2],则是整个横水西周墓葬发掘的意外收获。极其偶然的因素和各种机缘巧合成就了这一重大的考古学发现,这一在墓葬埋藏环境下幸运维持着较好保存状况的物质遗存,印证了古籍《周礼》《礼记》等文献中"荒帷"的实物存在,无疑具有重要的史学及艺术研究价值。

横水墓地M1发掘清理和荒帷遗痕的逐渐显露,使发掘清理和文物保护面临着两难的抉择。如何兼顾考古资料的全面记录和出土荒帷遗痕的完整提取保留,在意识认识和技术操作层面都面临着新的挑战。对此参与发掘的全体队员不断创新思维、相互协作,积极借鉴技术保护方面的经验和方法、大胆尝试,在保证发掘清理、资料完整提取的前提下,实现了特殊文物遗痕的实物保留。应该讲这是考古发掘与文物保护有机结合的代表性实践,值得进一步的思考和探讨。

1 "荒帷"的考古学认识

所谓"荒帷",是周代贵族墓葬中重要的装饰之物,以棉麻织物为基本材料加工而成,并且通过刺绣、针织等方式形成各种纹饰图案,并在图案表面整体饰以红色朱砂颜料,主要垂悬于棺和椁之间、功用装饰。早期文献《周礼》《仪礼》《礼记》等对此多有记载[3],大致描述了它的形状及用途。遗憾的是,考古发掘该历史时期的墓葬或因确实没有,或因自然、人为因素的损毁已难睹真容,令人惋惜。

在特定条件下,受到诸多偶然的客观原因的影响,形成了目前极为罕见且保存较为完整的"荒帷"实物资料。该文物历经近3000年的岁月,虽纺织品的材质组织结构已不复存在,但是由于自然条件下土壤流失与淤积作用,使纺织品遗痕及表面朱砂颜料层装饰,被挤附于棺椁之间、夹杂于泥土淤积之中,经清理后,可辨识织物纹饰图案并保留有色泽鲜艳的颜料层,其所包含的纺织工艺、装饰风格和纹饰造型等类信息能基本得到辨识。它的形成可以推断是在下葬之初淤泥随水进入墓室,迅速反复的淤积致使淤土逐渐抬升,使位于棺椁之间的荒帷在完全糟朽之前被淤泥填充并定位。这种保留方式,极大丰富了考古学研究的内容,但是一经发现,它的保护、实物留存则难以实现。

2 "荒帷"保护的技术认识

"荒帷"这种以棉、毛、丝、麻纤维等类织造而成的纺织品属于有机质类文物,主要由许多蛋白质、氨基酸、纤维素等构成。通常条件下的温湿度、有害气体、光老化作用、以及微生物的侵蚀都会引发其腐败变质。众所周知,如果埋藏于地下,会由于潮湿、通风不良等恶劣环境,进一步加剧霉菌和细菌的侵蚀,造成蛋白质分解、纤维素断裂,并不断吸收水分产生水解的恶性循环之中,进而逐渐发生朽烂直至形成纺织品遗留下来的痕迹[4]。因此,早期墓葬极少有古代纺织品实物出土。

考古发掘中往往会见到一些纺织品遗留痕迹。一般来讲这部分纺织品朽烂之后都会完全灰化,多是依附在金属、陶瓷器、玉器等出土器物表面形成印痕而保留下来。而"荒帷"有所不同的是由于纺织品朽烂过程中,依附在淤积土层中,形成了类似松散结构土遗址表面的纺织品遗痕。

这些痕迹出土时虽不具备纺织品的材质属性,但是依然保留有原始形貌的存在,据此可见纺织品的材质、组织结构,可得到研究古代的纺织技术水平等方面的信息。在器物表面附着的古代纺织品遗痕,由于已完全矿化,如果要提取下来非常容易伤及文物本体,即便采用相应措施成功率也很低,所以多见残留纺织品印痕保留在器物表面的情况。对"荒帷"来讲,特殊的地下埋藏形成特殊的保存状况,即依附在松散结构淤积土中的纺织品遗痕,缺乏安全稳定的支撑。它的保护留存需要综合多种手段、体系化设计,才能完成从现场到实验室的过渡,如考古现场稳定性处理、现场提取的分步实施,以及实验室复原等主要环节。

考古现场出土纺织品的提取是一件非常困难的工作,出土纺织品遗痕的提取则难度更大。

3 "荒帷"保护意义的解读

考古学用以研究的实物,通常包括遗物和遗迹两大类。通过科学的调查、发掘,可以收集到各类文物标本和各种遗物,它们的主要特征是自身具备不同的强度、易于移动,属人们通常概念下的实体物质,亦是可移动文物。除此之外,作为考古概念下的遗迹定义,基本具备实物的属性,可以看得见摸得着,大多属不可移动文物范畴。与遗物和遗迹相比,横水墓地出土"荒帷"又有所不同,由于文物的材质属性,决定了它从埋藏"物"到出土"痕"的转变,类似从遗物到遗痕的情况,也是实物资料的重要组成部分,这类各种形式的遗迹、遗痕,或因文物材质、或因埋藏条件、或因环境状况的不同,出土时表现出特定的文物形式—有型但不成器。

上述特定的文物遗痕,同其他遗物遗迹一样,自然包涵了许多科学、历史、文化和艺术信息,也是考古学、文物学、历史学以及其他相关学科研究的重要史料。毫无疑问,保留更多的可见文物遗痕、甚至肉眼难以察觉的信息无疑将支撑相关研究工作的开展,同时为后人直观了解历史文物的原型、原貌提供了可能性。"荒帷"作为目前我国考古发现时代最早、保存最好、面积最大的重要纺织品遗痕,含有信息内容丰富,实物保留价值不言而喻。

对于遗痕形式文物的保留问题,受其保存状况、科技手段在考古发掘中的合理应用、保护技术成熟程度等方面的客观影响,长期以来没有得到重视,造成这类信息大量流失的缺憾。近些年,随着考古工作中科技保护意识的增强,越来越多的考古学、文物保护工作者,都无法接受许多重要的遗物遗迹现象仅仅出现在绘图、照相之后而遭受毁坏的事实。因此,迫切开展相关领域的探索研究与保护实践,是提高文物遗痕有效提取、获取更多考古信息量的重要途径,其中以最大限度获取完整物质遗存资料,进而技术介入使所有文化遗存以实物的状态保留,是考古学研究追求的目标。

可以说"荒帷"的保护是在上述背景下完成的一项探索性工作,既是一项研究课题、同时也是一项挑战性的保护实践。

4 文物遗痕保护问题的意识和认识

考古学是什么,考古学干什么,指导着考古学科理论基础和方法体系的形成[5]。"考古"这一名词,在汉语中出现很早,如北宋时期的学者吕大临就曾著《考古图》(1092)一书,但当时所谓"考古",仅限于对一些传世的青铜器和石刻等物的搜集和整理,与近代意义上的考古学含义有很大的区别。现今考古学的普遍定义为,根据古代人类通过各种活动遗留下来的实物研究人类古代社会历史的一门学科[6]。可以说以发现为基础,把一切与古代人类活动、干预自然而遗留下来各式各样,构成支撑考古研究直接证据的实物资料完整、全面的收集起来,才能客观分析判断、最为趋近历史的本来。因此建立在物证基础上的分析、判别与论证,构成了考古学研究的方法论。

所谓支撑考古学研究的物证,泛属于自然科学体系中的"自然"与"物质"两大核心要素。按照《中国大百科全书·考古学》的解释,作为考古学研究对象的实物,应该是古代人类通过各种活动遗留下来的,是经过人类有意识加工的工具、装饰品、建造物等,以及人们主观改造自然、充分利用自然资源所形成、包含人类活动信息的生态环境遗存。其中,遗物是人类在认识"物质"的基础上、按照自己的主观意愿和想法,有意识的改变"物质"为我所用的遗产;而遗迹概念则较为丰富,泛指古代人类通过各种活动遗留下来的痕迹,许多考古学家对于遗迹的含义也都进行了阐释,其核心是人类认识"自然"、并有意识加以改造和利用的产物。上述物证是考古学家以物论史,透物见人研究的基础。遗迹、遗物两者之间的共同点都是建立在时空跨度产生变化的前提下,通过解释这种变化形成之间的规律和相互之间的必然联系,进而认识、还原古代社会体系的全面状况。

类似"荒帷"这种特殊意义下的文物遗痕,也属于遗存物证的组成部分,它兼具所谓考古学概念下的遗迹和遗物的双重性质,表现形式既是"物"又有"迹"。对于这类文物遗痕的保护,既在确保全面完整记录下来的前提下,如能解决以实物的形式保留问题,无疑是这类文化遗产的研究、保护、展示与传承的最佳方式。

如何实现这类文物遗痕的保护?首先需要大考古学概念下的理念思维,即考古发掘与文物保护在意识和认识层面的共识,明确文物现场保护是考古发掘的有机组成,并贯穿于考古发掘这一主线之中,全程参与,相互配合,协调推进。其次是发挥专业特长分工协作,考古借助发掘和精细化的清理达到见物的目的。再次按照考古资料、信息提取的要求,进行全面的收集。最后文物保护根据现场遗迹遗物保存的具体状况，在兼顾资料完整性和保护技术安全可靠的前提下，使出土遗存在发掘现场到实验室这一特定的时间段得到妥善的维护，实现实物提取保留的目标。

类似"荒帷"这种文物类型的遗痕、遗迹现象，在考古研究与田野发掘过程中经常遇到。由于缺乏有效的考古现场环境控制和现场保护技术措施的支持，致使许多文物赋存信息没有得到充分挖掘，这与发掘工作的良好初衷相违背，造成文物研究过程中的缺憾。以横水西周"荒帷"的保护实践来看，项目负责人宋建忠、吉琨璋首先是意识先行，深刻理解了"荒帷"、漆木器、苇席等文物遗痕的发现和保护成果的学术影响，并充分认识到积极引入文保力量、发挥科技考古在信息采集、价值挖掘方面的作用，是深化考古学研究成果的重要手段，同时在工作实践中建立协商机制，兼顾发掘与文保的对立统一，做到了资料提取与文物实物留存双赢结果。可以说横水墓地的发掘实践和取得的成果是探索考古研究方法的有益尝试。

坚持以考古学理论方法为基础，借鉴运用现代科技手段与成果，开展现场文物保护的探索与实践，真正融"考古、文保、科学研究"于一体，达到提升考古学研究水平、创新工作方法体系的目的，就需要思想上有意识、行为上有认识，要有跨界思维，形成学科之间相互尊重，彼此理解交流互动的良好协作氛围，才能真正促进深度融合，促进考古学科发展进步，也符合考古学研究发展的趋势。

参考文献

[1] 宋建忠,谢尧亭. 山西绛县横水西周墓地[J]. 考古,2006(7).

[2] 宋建忠,吉琨璋. 山西绛县横水西周墓发掘简报[J]. 文物,2006(8).

[3] 吉琨璋. 山西绛县横水西周墓地研究三题[J]. 文物,2006(8).

[4] 龚德才,魏彦飞. 出土灰化纺织品保护研究[M]. 合肥:中国科技大学出版社,2016.

[5] 俞伟超. 考古学是什么[M]. 北京:中国社会科学出版社,1996.

[6] 夏鼐. 中国大百科全书·考古学[M]. 北京:中国大百科全书出版社,1986.

跨学科背景下的文物保护学科建设之思考
——《文物保护基础理论》一书写作有感

龚德才

(中国科学技术大学,安徽 合肥 230026)

从 1989 年西北大学开创文物保护专业以来,中国的文物保护学科建设已有 30 年的历史,并取得了辉煌成就。西北大学为中国的文物保护事业作出了巨大贡献,许多优秀毕业生现已成为文物保护骨干力量。但遗憾的是文物保护至今仍不是一门正式的学科,学科发展的制约因素还有许多。

世界上第一所开办文物保护修复专业的学校是 1939 年创立的罗马中央修复研究院,作为国家认可的文物保护修复专业,已走过了 80 年的历史。目前,国内已有 70 余所高校相继开办了文物保护专业,或文物保护方向学科。中国的文物保护学科发展处于历史最好时期,发展势头良好,成果丰硕。同时,至少涉及 17 门一级学科以上的文物保护专业也面临跨学科背景下学科如何建设和发展的若干亟待解决的重大问题。2019 年 4 月笔者花费十余年编写的《文物保护基础理论》(中国科学技术大学出版社)一书出版了,从 2001 年的"文物保护科学与文物的科学保护"(2001)一文算起,对文物保护基础理论与学科建设的思考已有十余年,期间陆续发表了"考古发掘现场保护的理念与实践""论文物保护学的理论模型""文物保护学视角下的文物信息学""文物保护的可逆性""文物本体的定义与应用""标准样品在古代丝织品保护研究中的地位和作用"等与文物保护理论和学科建设相关的理念、理论探讨性文章。《文物保护基础理论》可谓是十年心血终成一著,本书以文物实体为研究对象,以文物实体质点模型为主线,共有十个部分内容,分别是文物保护学理论模型、文物与环境、文物材料的脆弱理论、文物信息学、文物材料学、文物病害学、研究方法与保护原理、文物实体材料表界面、文物实体材料孔隙和考古残留物。

笔者试图通过本书回答文物保护学科中的几个重要问题:一是怎样实现文物保护领域的理论研究从个性向共性的转变;二是如何改变文物保护学科建设中存在的"用解决具体问题的思路代替对文物保护学科本质问题和发展规律的思考",以及难以形成规范化文物保护学科的现状;三是怎样将目前碎片化文物保护学科理论整合成系统;四是什么是文物保护的学科视野;五是文物保护领域有无自身特色基础理论的问题。下面从四个方面谈谈笔者对上述五个问题的认识。

1 实现文物保护领域的理论研究从个性向共性的转变

如果承认文物保护是一个学科的话,那么必须明确文物保护领域共性问题是什么?回答这个问题,最关键的是要建立适用于文物保护学科的理论模型。经典物理学中,牛顿运动定律将物体视作为质点,其运动规律可以用公式表示为 $F=ma$,受此启发,不同质地文物尽管形状各异,但都是由不同性质质点在空间分布而成。因此,构成文物实体的质点可以用分布函数表示:

$$f(j,t) = \sum_{i=1}^{n} f_i(x,y,z,t) \cdot \varphi_i(j)$$

其中 $\varphi_i(j) = \begin{cases} 1, i=j \\ 0, i \neq j \end{cases}$

式中的 x、y、z 是三维空间坐标,t 是时间坐标。

文物实体不但有物质属性,同时还含有人文属性,即历史人文信息。其中文物实体质点运动的各个状态,既是人文学科研究的信息来源,也是文物保存现状。上述公式将书画、青铜器、砖石等各种质地形状各异的文物实体总结归纳,用一个统一的数学公式表达,凸显了文物实体的共性,即物质属性和人文信息属性,文物实体质点的运动是文物实体产生直至消亡的根本原因。

建立在文物实体质点模型之上的文物保护基础理论,实现了文物保护领域的理论研究从个性向共性的转变。有益于改变文物保护学科建设中存在的"用解决具体问题的思路代替对文物保护学科本质问题和发展规律的思考",以及难以形成规范化文物保护学科的现状,亦有利于规范化文物保护学科建设。

2 构建系统的文物保护学科理论

迄今为止,文物保护学科未能建立具有自身特色的系统理论。多年来,国内外文物保护专家学者一直在尝试构建文物保护专业理论,但绝大多数都是将与文物保护相关的化学、材料学、物理学、生物学等学科的通识知识归纳总结,加上文物保护的理念原则,结合在一起作为文物保护的理论。这种做法存在较大隐患,首先,文物保护涉及的学科很多,难以将与文物保护相关的所有学科知识全部囊括。其次,采用其他学科的通识知识,缺乏对相关学科的系统训练,理论学习深度和广度远远不够。最后,涉及学科众多,理论呈现碎片化,难以形成系统理论,且缺乏自身特色。

以文物实体质点模型为依托,可以构建文物保护九大分支理论:①文物与环境。研究环境因素对文物实体质点改变或位移的影响,以及文物实体稳定性与环境因素之间的关系;②文物脆弱理论。研究文物实体质点改变或位移结果对文物实体材料性能影响;③文物信息学。通过研究文物实体质点改变或位移状态,探讨文物实体与人类活动、自然环境变迁相关信息的变化规律;④文物材料学。研究复杂因素超长期作用下,文物实体质点产生的改变或位移,对文物实体结构和性能的影响;⑤文物病害学。通过研究文物实体质点改变或位移,探讨文物实体损毁原因及病害表征方法;⑥文物保护方法和原理:研究文物实体质点改变或位移,探讨通过阻止或减缓文物实体质点改变或位移运动使文物实体力学结构和材质稳定的理论途径和技术原理;⑦文物材料表界面。通过研究文物实体质点特别是文物实体表面质点改变或位移,探讨文物材料表界面性质和表征方法,以及文物材料表界面性质与文物保护的关系;⑧文物材料孔隙。通过研究文物实体质点改变或位移,探讨文物实体材料孔隙的形成、发育和结构特征,以及文物实体材料孔隙结构与文物保护的关系;⑨考古残留物。研究文物实体质点改变或位移趋于极限状态时的信息采集的理论基础及其应用(质点改变趋于100%以及质点逸出文物实体为质点改变和位移的极限状态)。图1是笔者制作的文物保护基础理论架构图。

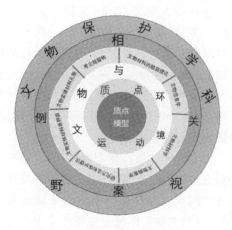

图 1　文物保护基础理论架构图

从图 1 可知,文物保护基础理论的核心是文物实体的质点模型,由于环境对文物质点的影响,导致文物实体质点运动呈现多种形式,如发生化学反应、质点间距离变大或变小等。文物实体质点运动形式的不同,产生了图 1 中绿色部分的多个分支理论。

3　培养文物保护学科视野

从文物保护学的角度来看,文物有两大属性:一是客观世界的物质属性。文物是物质的,在历史发展的过程中遵循自然科学的普遍规律而发生各种变化;二是承载人文历史信息的属性。人文历史信息体现了文物的价值,这一属性决定了文物与一般物质实体有所不同,主要区别在于文物实体经历了漫长的岁月,其物质本体及人文历史信息均发生了各种变化,文物保护科学所提出的理论模型必须对此有所体现和解释。

学科视野决定了文物保护专业培养人才的水准和发现文物保护领域科学问题的能力。《文物保护基础理论》一书试图让读者认识文物实体质点构成、质点运动方式和运动状态,文物实体质点运动的产生、变化及发展趋势,文物实体有各种各样的状态,以及影响文物实体质点运动内在和外在因素,与文物实体质点运动相关的文物信息、文物病害,从微观、宏观等多角度,理解文物保护的科学原理,发现文物保护领域中共性和科学问题,并能够上升为研究方向。因此,文物保护的学科视野由以下几方面组成:①文物实体质点组成;②文物实体质点运动方式;③文物实体质点运动状态与文物信息;④文物实体质点与文物保护的科学原理,所形成的文物保护学科视野,综合了自然科学和人文科学内涵,同时亦具有文物保护学科特色。比如,作为文物实体的一种状态,文物病害的背后隐含了大量与文物实体制作工艺、保存环境、文物实体材料相关的信息。这些重要信息对研究文物的病因、保护修复技术的研发以及考古学研究的方方面面都具有一定的学术价值,有助于探究阻止或减缓文物实体质点改变或位移,使文物实体力学结构和材质稳定的理论途径和技术原理。纵观其他学科,培养学生的学科视野均是专业教学的重要目标之一,文物保护专业亦不例外。

4　基于《文物保护基础理论》一书之上的文物保护学科理论体系架构

据调查分析,目前在一级学科目录里,与文物保护密切相关的学科就有 17 个之多。仅自然科学就包涵化学、材料科学、地质、工程力学、岩土力学等一级学科。由此可见文物保护学科理论是一个庞大体系,文物保护专业培养的专业人才,应具有一定理论水平、专业视野,善于发现和解决文物保护领域科学问题,引领学科发展,同时又具有一定实践经验和动手操作能力。按此培养目标,笔者探讨搭建了文物保护学科架构,见图 2。

图 2 的文物保护学科理论体系架构能够指导文物保护学科系列教材的编撰,系列

教材的出版完成，相信不会再有"文物保护能否成为一门独立学科？""文物保护有自身特色的学科理论？""文物保护学科视野是什么？"等质疑之声。同时，文物保护专业一定会迎来一个全面发展、质量提升的新的时期。

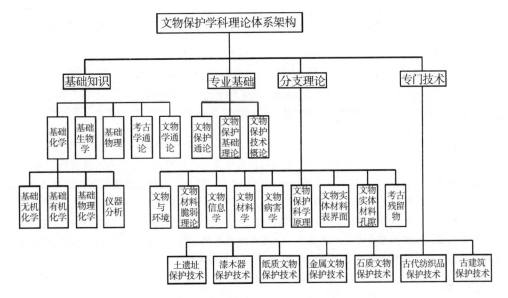

图2　文物保护学科理论体系架构

在图2的分支理论部分，可根据教授对象的不同，如硕士生和博士生，在专业教学的过程中，应有不同的深度，这样较好地解决了教学内容不明晰的问题。文物保护专业特色通过图2中的专业基础、分支理论和专门技术得以彰显，这正是目前文物保护专业亟待解决的关键问题。

在这里笔者想重申一点，《文物保护基础理论》并不是一本解决某一具体技术问题的专业书籍，但它提供了文物保护专业的学科视野、发现文物保护领域科学问题的思路，以及研究方向。笔者愿与行业同仁一同努力，为文物保护学科建设贡献一份微薄之力。

西北大学文物保护专业发展历程与现状分析[*]

杨 璐[1,2]，冯圆媛[1,2]，葛若晨[1,2]，张杰妮[1,2]，郭 郎[1,2]，贺 源[1,2]

(1. 西北大学文化遗产学院，陕西 西安 710069；
2. 文化遗产研究与保护技术教育部重点实验室，陕西 西安 710069)

摘要：为了厘清文物保护专业发展的背景、现状及未来方向，文章回顾了西北大学文物保护专业建立、发展的历史，探讨了其发展过程中遇到的问题及其背后的原因。并基于对现状的分析，在师资队伍建设方面，提出了从教学需求向科研需求的导向转变以及提高师资队伍国际化的两个途径；在人才培养方面，提出了"三位一体、一体两翼"的文物保护修复人才培养模式；在毕业生方面，提出了聚焦于缓解毕业生分布不均衡问题的填补空白结合均衡比例的双向措施。还提出了加大高层次人才的培养力度以提高毕业生专业留存率的设想。通过这些措施的推行，西大文保在未来必将为中国乃至世界培养出更多、更优秀的文物保护专业人才。

关键词：文物保护专业；发展历程；现状分析；西北大学

The Development and Current Situation Analysis of the Culture Relics Conservation Major, Northwest University

YANG Lu[1,2], FENG Yuan-yuan[1,2], GE Ruo-chen[1,2], ZHANG Jie-ni[1,2], GUO Lang[1,2], HE Yuan[1,2]

(1. School of Culture Heritage, Northwest University, Xi'an 710069;
2. Key Laboratory of Ministry of Education for the Preservation and Conservation of Cultural Heritage, Northwest University, Xi'an 710069)

Abstract: In order to clarify the background, current situation and future direction of the development of the major of cultural relics conservation, the paper reviews the history of the establishment and development of the major of cultural relics conservation in Northwest University. Based on the problems encountered in its development, the reasons were disclosed. In the aspect of the construction of teaching staff, two ways are put forward to change the orientation from teaching demand to scientific research demand and to improve the internationalization of teaching staff. In the aspect of teaching, the training mode of cultural relics protection and restoration of "Three In One and One Body Two Wings" was proposed; And in the aspect of graduates, two ways of filling the gap and balancing the proportion are proposed to alleviate the imbalance of distribution of graduates. It also puts forward the idea of increasing the training of high-level talents to improve the professional retention rate of graduates. By the measures above, more and more excellent cultural relics conservator will graduate from Northwest University in the future.

Key words: The major of culture relics conservation; development; current situation analysis; northwest University

---

[*] 本文受到西北大学教学研究与成果培育项目(JX18069)资助。

1 发展历程

我国的文物保护工作起步于20世纪50年代,但早期的工作重心是防止文物遭受人为破坏,较少涉及采取科学技术手段延缓文物自然老化进程的科技保护。50年代末,在"学习苏联"的社会大环境下,苏联、捷克等国的文物保护开始被介绍进入中国,其主要内容虽仍以管理为主,但已附带了部分科技保护的内容[1-3]。在这一进程的影响下,中国学者开始关注文物保护的具体科学技术问题,并尝试将化学、物理学等自然科学知识引入文物保护中[4]。西北大学文物保护(简称西大文保)工作最早就可以追溯到这一时期,20世纪50年代刘致和教授对半坡遗址的保护加固是西北大学在文物保护领域的初次尝试[5]。1960年国务院通过《文物保护管理暂行条例》,并于1961年公布了《第一批全国重点文物保护单位名单》。1963年文化部文物局召开全国文物保护科研规划会议,制定了《1963—1972年文物保护科技发展规划》。这是中国首次制定的文物保护科研规划,在很大程度上促进了我国文物科技保护事业的发展。

20世纪80年代初,我国迎来了改革开放,基础设施建设空前高涨,在这片东方文明古国的故土上开展基础设施建设必然会发现大量地下文物,但文物保护行业并没有为此做好准备。1982年全国人大常委会通过《中华人民共和国文物保护法》,为加强文物保护工作提供了法律依据,但出土文物数量众多与文物保护专业人员严重不足的矛盾依旧尖锐[6,7]。为了解决国家急需、满足社会及行业对文物保护人才的需求,西北大学在这一时期成立了文物保护研究室。研究室由来自化学、物理、化工、地质、生物、历史六个学科的22位教师组成,方向涉及青铜、石质、纸张、金银器、古建筑及文物保存环境。到80年代末,研究室已与当时的欧共体及日本在文物保护研究中开展了卓有成效的合作,并开始举办考古及文物保护化学学术交流会[8,9]。此时,西北大学文物保护的研究空前高涨。但西大并未止步于此,而是在此基础上率先开始筹办文物保护专业。在时任西北大学校长张岂之先生的力主下,该专业的筹备工作被放到了当时的历史系下,并采用留校、校内调动等方式,形成了由4位化学背景的教师构成的第一届文物保护教研室。这个教研室刚刚成立就开始着手进行文物保护方向的系列基础及选修课程的建设工作。1989年,在教研室成员的共同努力下,文物保护专业的第一份人才培养方案论证通过,这标志着我国高等院校第一个文物保护专业的诞生。1990年,西北大学文物保护专业招收了第一届大专学生。在招收两届大学专科学生之后,经教育部批准,西北大学文物保护技术专业成为特设专业,并正式开始招收本科生。之后,除1997年外西大文保专业一直保持着连续招生,为我国文物保护事业培养了大批中坚力量[10]。

时至今日,西大文保专业已经走过了30年的发展历程。在这个过程中,西北大学作为省属院校,地处发展相对滞后的西部,在经费、平台、资源分布极不均衡的情况下,西大文保人筚路蓝缕,以启山林,在人才培养、科学研究、平台建设等方面取得了一系列的成果。西大文保专业2006年获批陕西省普通高校本科名牌专业,2007年获批陕西省特色专业,同年获"文物保护学"硕士、博士学位授权点,2008年获批陕西省重点建设学科,2017年获批陕西省一流专业(培育)。专业现拥有"文化遗产保护技术国家级实验教学中心""文化遗产研究与保护技术教育部重点实验室""丝绸之路科技考古与文化遗产保护教育部创新引智基地""砖石质文物保护国家文物局重点科研基地"等多个高水平教学、科研平台,为高质量专业人才的培养提供了坚实的保障。

2 现状分析

2.1 师资队伍

西大文保在发展过程中也曾遇到瓶颈。20世纪90年代后期至本世纪初是西大文保发展历程中最困难的时间段,发展思路不清、师资队伍规模小、年龄结构不合理、人才流失严重、社会关注度低等一系列问题的集中爆发,导致西大文保曾一度仅剩两位专业教师,最基本的教学工作都几乎难以为继,专业险些停办。也正是因为经历了这个痛苦时期,西大文保人痛定思痛,开始深入思考专业的发展问题。

师资队伍是专业发展的基础。从2002年开始,西大文保开始了教师队伍的再次构建。采用选留毕业生及外部引进相结合的方式,经过十余年的努力,西大文保现已形成了由17位教师组成师资队伍。在这支队伍中,58.8%的教师具有高级职称,88.2%的教师具有博士学位,39.3%的教师具有海外经历,52.9%的教师为非西北大学学缘。师资年龄方面,45岁以上5人,35～45岁7人,35岁以下5人。教师的研究方向涉及陶瓷类文物保护、金属类文物保护、皮毛骨角类文物保护、砖石质文物保护、土遗址保护、壁画保护、考古发掘现场文物保护、文物保护材料、科技考古等多个领域。该队伍专业方向丰富、学缘结构多样、年龄梯队合理、充满活力,是西大文保未来发展的重要支柱。

近年来,随着专业的快速发展,西大文保的师资队伍建设思路也出现了一些新的调整。从2002年开始的师资队伍构建一直是以教学需求为导向,即依照人才培养的需要缺少哪个方向的课程就引进该方向的教师。这种做法最大限度的满足了教学需要,保证了人才培养的全面性,但也造成了西大文保专业教师研究方向分散的现状。该状况不利于教师在科学研究中组建团队,进而在某一领域形成优势方向。为了进一步加强并优化西大文保的师资队伍,从2018年开始,专业调整了师资队伍的建设思路,在保证教学的基础上,以科学研究为导向,凝练研究方向,组建教学科研团队,并围绕有发展潜力的团队引进相关人才。希望通过这种建设思路的调整,为西北大学文物保护专业未来形成优势教学及科研方向奠定人才基础。

此外,西大文保师资队伍当前的国际化程度仍有待提高,39.3%的海外经历占比偏低,不利于和国外高水平大学及研究机构的合作与交流。专业将通过两种方式提升教师团队中的海外经历占比,其一是在引进人才时侧重海外知名高校的博士毕业生或在求学期间具有一年以上海外经历的国内知名高校的博士毕业生;其二是积极联系海外知名院校及研究机构,建立长期合作关系,选派已有师资赴海外访学。通过这些举措,既能提升教师队伍的海外经历占比,也能通过海归教师的带动拓宽学生的国际视野,为文物保护专业的国际化奠定基础。

2.2 人才培养

西北大学文物保护专业经过30年的发展,逐渐确立了以化学、考古学、历史学为核心的文物保护教育模式,形成了文、理、工交叉渗透,自然科学技术与人文科学知识相结合,理论知识学习与实践操作训练相结合的独具特色的人才培养方法,先后出版了《文物与化学》《文物保护材料学》《防腐防霉杀菌概论》《文物保存环境概论》《文物保护学》《科技考古学概论》《土遗址保护初论》

《考古发掘现场文物保护技术》《文物保存环境基础》等一系列专业教材,构建了完备的文物保护人才培养体系。以西北大学2018级文物保护本科专业人才培养方案为例,文物保护专业的学生在校学习期间需获得149.5学分方可毕业,所修的课程包括通识通修、学科专业(包含专业基础和专业核心二个类别)、专业选修(包含基础拓展、专业方向、专业实践、自由选修四个类别)和其他四个模块。其中,通识通修模块课程合计58.5学分,占总要求学分的39.1%;学科专业模块课程合计25学分(其中专业基础5学分、专业核心20学分),占总要求学分的16.7%;开放选修模块课程合计92学分(其中基础拓展26学分、专业方向30学分、专业实践22学分,自由选修14学分),学生须在这个模块的四个类别中根据需要选修并获得44个学分,占总要求学分的29.4%;其他模块包含毕业论文、综合实习、创新创业教育实践和学年论文,合计22学分,占总要求学分的14.7%。从以上分析可以看出,在所有模块中通识通修课程的占比最高,这符合"厚基础、宽口径"的我国高等教育人才培养目标模式;占比第二的是开放选修模块,这保证了文物保护专业人才培养的灵活性与多样性,使学生在专业方向的选择上具有更多的自主性。在西北大学文物保护专业开设的各类课程中,实践、实验类课程的占比为24.4%。高比例的实践、实验环节从创办之初就一直是西大文保的优势与特色,也符合该类专业人才培养的实际需求。这种特色与优势,专业会在之后的办学过程中坚持并继续扩大。

此外,在西北大学文物保护专业传统的人才培养过程中,对学生艺术素质的培养存在明显缺失。但随着时代的发展,艺术素养在文物保护修复过程中的重要性日益凸显。为了提升学生的综合能力,使毕业生更适应社会及行业的最新需求。在最新的人才培养方案中,专业基于西北大学综合性院校的优势,与本校艺术学院及其他相关机构合作,增设了《中国艺术史》《艺术基础》《国画基础》等系列艺术类课程。在此基础上,探索"三位一体"(以文物保护技术为文化遗产价值的保存体系,以考古学研究为认知体系,以文化遗产管理为实现体系,三者相互融合、缺一不可)为本,科学、艺术为翼的"一体两翼"的全新文物保护修复人才培养模式,以期为我国培养更多优秀的综合性文物保护修复人才。

2.3 毕业生情况

截至2019年7月,西北大学文物保护专业共培养了2届专科生、22届本科生、18届硕士研究生、5届博士研究生,总计728人,其中本、专科毕业生589人,硕士及博士毕业生139人。

图1是西北大学文物保护本专科招生规模统计图,从图中可以看出,西大文保专业自创办以来招生规模呈现稳步提升的状态。除1991年及1997年未招生外,其他年份均有招生。其中招生规模最小的是1994年,仅为10人;招生规模最大的是2006年,为32人。2005年以前,招生规模相对较

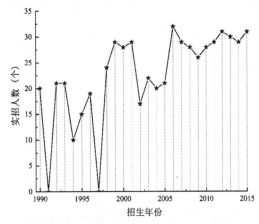

图1 西北大学文物保护本专科历年招生规模统计图

小,且年招生人数波动较大。2005年以后,招生规模略有扩大,年招生人数基本稳定。这从一个侧面反映出西北大学文物保护专业从弱小逐渐壮大,2005年以后渐渐走向成熟的趋势。当然,这也是从2002年开始的师资队伍构建后续效应的体现。

根据西北大学文物保护30周年校友普查数据,专业培养出的毕业生现分布在全国31个省、市、自治区,就业地点形成了以陕西为中心,全国遍布,海外地区存在的分布状况。毕业生分布比例前三的省份分别是陕西、北京和广东,其毕业生人数占提供该信息毕业生总人数的比例分别为43.5%、9.55%和5.16%。从这一数据可以看出,虽然西北大学文物保护的毕业生分布范围较广,但分布存在明显的不均衡。其中,毕业生在陕西省的分布比例最高。这当然与陕西是文物大省有关,但同时也与西北大学为陕西省省属院校,在招生指标上需要保证一定比例的陕西省考生有密切的关系。这一点并不利于专业的均衡发展与进步。此外,我国的澳门与台湾地区及宁夏回族自治区至今尚无西北大学文物保护专业的毕业生。西大文保学生分布较少的还有黑龙江、西藏、青海、江西、云南等地。为了扩大专业的影响力,保证专业的可持续发展,西大文保未来需要在毕业生分布上采取填补空白结合均衡比例的双向措施。面对尚无学生的省份,应加强与该地区文博单位的联系,鼓励其文博机构的从业人员来西北大学进修或攻读学位,同时推荐优秀毕业生前往这些机构就业。对于比例不均衡的问题,应从源头入手,在本科招生时有意控制陕西省生源数量,将招生指标更多的分配到那些毕业生分布较少的省份。通过这些综合措施,若干年后西大文保的毕业生必定能够遍布全国,且分布比例更加均衡。这将对西北大学文物保护专业的未来发展产生深远的影响。

另据校友普查数据统计,西北大学文物保护专业培养人才的行业留存率较高,毕业生在文博相关行业的整体留存率为82.9%。行业留存率标志着西北大学文物保护专业为行业培养人才的效率,同时也反应出行业对西北大学文物保护专业毕业生的认可程度,是体现学校在行业中影响力的重要指标。当然这个比率依培养层次的不同有所差异。图2是西北大学文物保护专业不同培养层次毕业生的行业留存率统计图。从图2中可以看出,随着培养层次的提升,毕业生的行业留存率明显升高。专科毕业生的行业留存率最低,仅为72.7%。这与西大文保专科招生较早、只有两届毕业生以及当初社会对文博行业的关注度低等因素有关。获得学士学位毕业生的行业留存率较高,为82.2%,略低于该专业毕业生的行业整体留存率。获得硕士学位毕业生的行业留存率更高,为87.8%。获得博士学位的毕业生该数据最高,为100%。这是符合客观规律的趋势,即在专业学习上投入时间越多的毕业生自然有更大意愿且有更多可能留在本行业工作。诚然,西北大学文物保护专业的毕业生具有如此高的行业留存率与我校文物保护专业的人才培养质量及行业对专业的认可度较高密不可分。但也

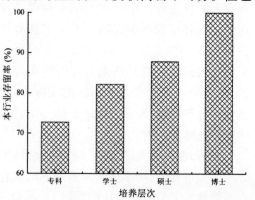

图2 西北大学文物保护专业毕业生的
行业留存率统计图

必须同时看到,这一点与早期设置该类专业的高校数量较少,行业专业人才的缺口较大也有一定的关系。近年来,随着开办文保类专业高校数量的不断增加,以及行业专业人才的不断充实,未来文物保护毕业生的就业竞争压力一定会更大。在这种情况下,西大文保若想保持进一步提升毕业生的行业留存率,应在稳定本科人才培养规模的基础上,加大高层次人才的培养力度。

除培养规模较大外,西北大学文物保护专业学生的培养质量也很高。毕业生们在"公诚勤朴"的校训激励下,在各自的岗位上刻苦钻研、踏实奉献,取得了许多突出成就。如1998级本科毕业生刘乃涛主持的北京延庆大庄科辽代矿冶遗址群研究获"2014年度中国十大考古新发现",2000级本科毕业生胡胜主持的江西鹰潭龙虎山大上清宫遗址研究获"2017年度中国十大考古新发现",2003级本科毕业生付巧妹在2016年被Nature评为"中国科学之星",2006级本科、2010级硕士毕业生吴晨在乌兹别克斯坦的文物保护工作中,受到了习近平总书记的亲切接见与表扬。未来,西大文保的毕业生们必将在各自的工作岗位上创造出更多辉煌的成就,为我国乃至全球的文物保护工作作出更大的贡献。

3 结 语

西北大学文物保护专业至今已走过了30年的发展历程,但我们仍是一个年轻的专业,还存在许多问题亟待解决。下一步,专业要围绕当前发展中暴露出的不足,有针对性的研究解决途径,锐意进取、砥砺前行,努力为我国培养出更多、更优秀的文物保护专业人才。

参考文献

[1] B.K.格尔达诺夫,惕冰.苏维埃政权初期的博物馆建设与文物保护工作(一)[J].文物参考资料,1957,(11):28-33.

[2] B.K.格尔达诺夫,惕冰.苏维埃政权初期的博物馆建设与文物保护工作(二)[J].文物参考资料,1957,(12):5-9.

[3] 武伯纶,罗哲文.记捷克斯洛伐克的文物保护工作[J].文物参考资料,1958,(7):49-51.

[4] 赵人俊.谈泥炭对地下文物的保护作用[J].文物,1959,(12):57.

[5] 刘林学,张宗仁,薛茜,等.古文化遗址风化机理及其保护的初步研究[J].文博,1988,(6):71-75.

[6] 新华社.政协第五届全国委员会常务委员会第十次会议提出关于抢救、保护文物古迹的建议[J].江西历史文物,1980,(3):2-3.

[7] 新华社.全国文物工作会议在北京举行[J].江西历史文物,1980,(3):1.

[8] 王治浩.首届考古及文物保护化学学术交流会在西安召开[J].化学通报,1990,(1):44.

[9] 彭树智.把西北大学文博学院办成培养文博专门人才的基地[J].文博,1990,(6):74-79.

[10] 杨璐.开创、奋进、创新:西北大学文物保护专业30年发展历程与改革探索[N].中国文物报,2019-05-31(8).

试论基于历史学学科基础的文物修复学
——学科体系构建

周 华

（北京联合大学应用文理学院，北京 100191）

摘要：应用史学人才培养是应用型人才培养的重要方面，是部分历史学专业转型与发展的重要方向，本文阐述了构建文物修复学这一新的应用史学专业方向的必要性和可行性。文中重点讨论了文物修复学的学科体系框架，提出文物修复学专业建设新思路：以历史学、考古学、艺术史为基础，构建以文物及文物修复技术的历史价值认知的知识与能力的课程体系；以物理、化学、材料学等自然科学及工程科学为基础，构建文物材料学及保护材料学知识与能力课程体系；以文物修复工艺学及伦理为基础，构建恢复破损文物原状为目的技能与理念的实践课程体系。

关键词：应用史学；文物修复学；历史价值；材料学；跨学科

Construction the Subject System of Cultural Heritage Restoration
—Based on the Subject of History

ZHOU Hua

(College of Applied Arts and Sciences, Beijing Union University, Beijing 100191)

Abstract: The cultivation of applied historiography talents is an important aspect of the cultivation of applied historiography talents, and an important direction for the transformation and development of some historiography majors. This paper focuses on discussing the framework of the discipline system of cultural relics restoration, and puts forward new ideas for construction of the major of cultural relics restoration: based on history, Archaeology and art history building a curriculum system to recognize the historical value of cultural relics and cultural relics restoration technology; on the basis of natural sciences and engineering, such as physics, chemistry, materials science, construct the curriculum system of knowledge and ability of materials science of cultural relics and conservation materials; on the basis of technology and ethics of restoration of cultural relics, construct the practical curriculum system of skills and ideas aiming at restoring the original status of damaged cultural relics.

Key words: Applied history; heritage restoration; historical value; material science; interdisciplinary

1 引 言

2018年1月30日教育部发布《普通高等学校本科专业类教学质量国家标准》，该国标突出产出导向，要求各专业主动对接经济社会发展需求，切实提高人才培养的目标达成度、社会适应度、条件保障度、质保有效度和结果满意度[1]。"应用型人才"，是从学科知识体系与社会需求、社会实践相结合的角度出发，强调将专业知识和技能应用到实际的生产、生活或者文化等领域的一种人才类型。"应用型人才"也成为部分本科及专科学校人才培养的方向[2]。

尽管"应用型人才"的培养已经全方位的在中国高校中得到实践,但是作为基础学科的历史学,在这方面的努力还相对滞后。在以市场为导向的专业人才需求中,历史学的本科教育日益显露出自身的疲弱,在上世纪末本世纪初,由于招生就业的困境,很多历史学专业相对萎缩,甚至出现大量撤销的局面,在二、三本院校中尤为明显[3]。探究其原因,可知长期以来,史学一直被作为单一理论专业来对待,只强调总结规律的一面,而忽视指导实践的一面,从而使史学的社会作用得不到应有的重视,未能从理论上探讨和解决史学的应用问题[4]。

实际上,应用史学能够促进理论史学同其他社会科学学科(甚至还有自然科学学科)的相互联系,史学同其他学科的交结点和边缘区往往是空白的,有极大的发展空间的[5]。本文论述的就是历史学在文博领域的交叉应用。

根据国家文物局组织的调查,考古文博类人才培养模式所存在的主要问题有两个方面:第一,人才的培养模式与现实需求严重脱节,集中表现在学历教育中的课程框架、培养体系乃至学科理念都与文化遗产事业的现实人才需求相冲突,职业技术教育更呈现出混乱无序的状态。第二,高等院校中考古学、文化遗产管理、博物馆学、文物保护技术等专业设置极不平衡,文化遗产管理、文物保护技术等专业的设置寥寥无几[6]。

考古学在历史学框架下,已有半个多世纪的发展,学科体系成熟、稳定,为我国的文化事业发展作出巨大贡献。但是文物保护与修复相关专业的设置与学科发展相对缓慢,至今没有明晰自己的学科定位。全国虽然有20多所高校设立了文物保护或修复相关专业或研究所,但人才培养定位单一,多面向文物保护综合事业岗或研究岗,面向一线文保修复岗位人才培养者少,对文物保护修复师和文物保护科学家培养思路与界定模糊。

本文将详细介绍文物修复学学科体系构建思路。

2 文物修复学学科体系探讨

2.1 文物修复学相关概念

切萨雷·布兰迪在《文物修复理论》一书中提到:文物修复是为了维持某件文物物质性上的无欠缺性、为保证其文化价值的保全、保护而实施处理的行为[7]。

在1999年的《巴拉宪章》中,则对修复的定义是:将现存的残片恢复位置,实现一个之前已知的状态,要移去添加物或着重构而不添加新的材料[8]。

在中国文物古迹保护准则中提出修复包括恢复文物古迹结构的稳定状态,修补损坏部分,添补主要的缺失部分等[9]。

文物修复学:文物修复学专业则是根据历史学、考古学、艺术史的特征来认识文物的真实性及完整性;根据材料学方法识别与评价文物材料病害;根据文物修复工艺学实践掌握修复技法;根据现代文物保护理念确定并执行修复方案的新型交叉学科。

2.2 文物修复学学科体系框架

针对文物修复学学科体系的构建问题,可以从不同的角度和分类出发,形成不同的学科体系框架,但均应能够体现出学科的研究对象、特点、核心内容和分支任务,能够为学科的建设和可持续发展提供导向。

本文构建文物修复学学科体系的思路是以文物修复学的研究对象为切入点,按照"理论—方法—应用—分支学科"的逻辑主线,构建了以"理论体系—方法论—应用实践"为核心内容支撑,以分支学科为导向的文物修复学学科体系框架。该体系包括:第一,文物修复学的研究对象。明确的研究对象是学科的立足之本,其涵盖的基本要素既能彰显出学科自身的特点和不可替代性,也能表现出与相关学科的联系及区别。第二,文物修复学的核心内容(理论体系、方法论和应用实践)。理论、方法和实践三者相辅相成,构成一个严密的系统,是学科的重要组成部分,也是学科发展的主要推动力。第三,文物修复学的分支学科。按照研究对象、研究范围和手段的不同,可细分为不同的分支体系。

2.3 文物修复学的研究对象

文物修复学的研究对象包括:传统文物修复技术(文物修复相关非物质文化遗产)传承与研究,文物材料及文物修复材料研究,文物制作工艺与技法研究,现代文物修复工艺研究。涉的领域以历史学与文化遗产为主,但离不开自然科学与艺术学。

2.4 文物修复学的核心内容

2.4.1 文物修复学专业的内核——价值评估

价值评估是文物保护与修复工作中一项基础的概念,文物保护修复的第一步便是挖掘文物的价值。文物的价值内容包括文物的历史、艺术及科学价值的挖掘与评估。文物的价值挖掘与评估是开展文物保护工作的先决条件,对文物历史价值的研究离不开考古学及历史学的学科支撑,对文物艺术价值的研究离不开工艺美术史和艺术史的学科支撑,另外对文化遗产科学价值的认知则需要科技史与科技考古学科的支撑,而后才能开展材料层面的病害诊断,方案设计,及修复方案实施,评估修复效果。

2.4.2 文物修复学专业的内核——材料学

材料与价值是文物的两个纬度,价值作为文物精神的一面,是传承、保护的核心内容;材料作为文物的物质载体,同样需要保护与保存,皮之不存,毛将焉附。延长其有效寿命,延缓其劣化,是文物保护工作者的历史使命。

文物的材料学涉及文物材料学与文物保护修复过程中应用到的材料学问题,文物材料学则属于古代材料研究范畴,与文物科技价值认知有相通之处,需要开展科技史与科技考古、工艺美术史等研究与调查;文物保护修复材料学则需要开展材料工艺与材料发展史,材料研发,材料耐候性,材料相适性研究。

从以上两点可知,文化遗产保护与修复研究与人才培养离不开史学与应用史学相关知识的掌握与学习,或者说以考古学、文物学、博物馆学、历史学为核心知识的史学,以科技史、科技考古、技术艺术史、工艺美术史、各类材料学史为核心知识的应用史学是文化遗产保护与修复专业的核心知识,是该专业需掌握的必要知识与能力。

2.4.3 文物修复专业的内核——文物病害调查与诊断学

在掌握文物相关历史学、化学、美学、材料学等基本知识与能力后,需要根据文物病害调查规范与方法对文物病害现状进行认知与评估,首先依据"不改变文物原状"与"最小干预"原则,优先采用直接观察法识别病害种类,将文物置于适当的光线条件下进行目视检查,对直接观察无法判定的病害,视文物的具体情况,进一步采用实验分析方法判定、识别病害种类,绘制病害图,记录病害分布位置。根据文物特点和仪器类型,应优先选用无损分析设备对文物病害进行识别。对不能通过直接观察及无损分析方法识别的病害,根据文物的具体情况并按照相关规定,采用取样分析的方法确定。病害分析内容不仅包括病害的识别、测量,还需要确定病害的性质,将其分为稳定性病害,活动性病害及可诱发性病害,经过以上调查与诊断,综合得出该文物的健康综合情况,为下一步的修复方案提供支撑[10]。

2.4.4 文物修复专业的内核——文物修复工艺学

文物修复工艺学不仅包括传统文物修复技艺的内涵与价值的挖掘、研究与传承,涉及田野调查,传承人口述史调查、文献索引、传承人脉络梳理、技术的考证、技术的革新、技术的传承。也包括为了达到更好地保护修复效果,对现代工艺的引进与改进。

在国际化趋势下,传统文物修复技术还应该面临传统文物修复技术的科学化。以传统文物修复工艺实地调查为基础、以现代科学知识和科学方法为科学化分析手段,并利用现代科学原理、科技理念进行工艺解释,揭示传统技术与工艺的科学内涵,实现技术的不断优化与提升,从口传身授到科学定性、定量,实现将工匠的传统经验上升为科学理论,进而全面推动现代科学技术和传统工艺的有机结合,最终实现建立一套规范化的传统工艺科学化体系的目的。

如本文作者在编写《金属文物修复工艺学》教材时,内容涉及:美术基础、刻花、翻模与塑型、打磨抛光作旧、钣金钳工、焊接粘接、传统工艺与案例、工具制作等八个章节。

2.4.5 文物修复专业的内核——修复伦理

根据《威尼斯宪章》要求:①修复过程是一个高度专业性的工作,其目的旨在保存和展示古迹的美学与历史价值,并以尊重原始材料和确凿文献为依据。一旦出现臆测,必须立即予以停止。此外,即使如此,任何不可避免的添加都必须与该建筑的构成有所区别,并且必须要有现代标记。无论在任何情况下,修复之前及之后必须对古迹进行考古及历史研究。②缺失部分的修补必须与整体保持和谐,但同时须区别于原作,以使修复不歪曲其艺术或历史见证。③一切保护、修复工作永远应有准确的记录。

《中国文物古迹保护准则》则提出:文物保护修复需建立在文物真实性与完整性基础上,保护修复过程中,要遵守最低限度干预、保护文化传统,使用恰当保护修复技术,防灾减灾等原则。

可见,文物修复并不是简单的科学与技术的叠加,而涉及文化与意识形态,涉及行业伦理。只有在行业伦理指导下,依照程序,才可正确的开展文物保护与修复工作。

2.5 文物修复学的研究方法

首先要对文物进行价值评估、工艺研究和病害调查,评估文物的劣化程度,确定是否需要开展保护修复工作;其次需要开展修复材料和修复工艺的筛选及实验研究,确定文物修复方案,然后在修复方案指导下,进行文物的修复实践工作;最后利用现代的科学仪器设备和检测方法对文物的修复效果进行评估。

当然文物修复学需要和文物保存科学或文物保护技术紧密结合。文物保存科学的任务是研究环境、时间因素,各种物理、化学、生物等因素对遗产本体的作用机理和作用规律;结合考古及人文科学的研究方法,利用现代的科学仪器设备和检测方法对文物的材质与文物表层、内部结构、构造特性进行研究,判断文物的信息与价值;如何将文物资料长久保存的预防性保护研究。这些科学探索和研究为文物修复学在修复材料选择,修复技艺选择提供了理论支撑。

文物修复学专业的培养目标就是要让所有学习文物修复的毕业生能够运用文物修复理论与方法,独立开展文物病害描述绘制及修复工作,同时具备组织多学科合作的科学素养,与文物保护技术专业人员合作确定文物的受损状态,能够预防、保护和修复文物,并减少文物材质的进一步退化;可以根据正确的艺术和文化价值对文物进行分类,能够深入了解预防措施所需要的保护和修复方法,系统掌握专业技术知识。总之,文物修复学专业的教育宗旨是培养他们(学生)识别与评价病害,并拥有高超的手工技能和灵敏的艺术敏感度。

2.6 文物修复学的分支学科

文物修复学由众多分支学科组成，各分支学科间互有联系，有时又自成体系。本文按照文物修复项目实施的逻辑性，及材质对文物修复学进行分类。

根据文物修复项目实施的逻辑性分类。①文物的价值评估学，以文物的历史脉络为研究对象，重点研究文物的历史价值、艺术价值、科学价值，以及文物的传统修法与修复史。②文物病害诊断学，以文物材料的病害为研究对象，重点研究文物材料病害分析、识别、开展病害测量，对病害性质作出判定，并基于文物多样化特点实行病害综合评测，在此基础上探讨文物修复方案的制定。③文物修复工艺学，以文物修复技法与文物修复材料为对象，重点开展传统文物修复技法的传承与科学化研究，现代修复技法研究；传统文物修复材料的传承、科学化、改性研究，现代修复材料的研究及修复材料筛选、修复效果评估等若干科学问题。

根据"板凳理论"，对文物修复学进行分类。曾有一位外国专家把文物保护修复领域比喻为一个三条腿的凳子：一条腿是历史/艺术史（history/art hitory），一条腿是科学（conservation science），一条腿是匠人的艺能（studio art），当然还不能缺椅子面，有了椅子面才能真正坐得稳，这个椅子面就是保护修复伦理（conservation ethics）。可见保护修复伦理的重要性，日常，我们总把文物修复当成一门技术科学，实则文物修复是一门非常复杂的决策科学。文物修复方案的制定、决策及执行由许多因素决定，如经费数量、材料稀缺、文化异同、保护原则、保护修复伦理等。在文物的价值评估学、文物病害诊断学、文物修复工艺学基础上，文物修复学的学科分支还应该包括文物修复伦理学。在《奈良真实性文件》《曲阜宣言》《北京文件》中都强调了中国木构建筑遗产的特殊性，在中西方开展古陶瓷、古书画、青铜器等保护修复工作时暴露的理念差异与冲突，充分表明基于中国文化特点的修复伦理学构建的必要性。

材质不同，则修复方法、修复理念各有异同。根据文物材质与脆弱性不同，可以分为陶瓷文物修复学、金属文物修复学、纸张文物修复学、纺织品文物修复学等。或者归类为硅酸盐类文物修复学、有机质文物修复学、金属文物修复学等。

3 文物修复与文物保护的异同

前面论述了文物修复的概念，这里不再赘述。狭义上的文物保护指的是研究文物在内外因素影响下的变化规律，应用科学技术手段，对抗自然力对文物的破坏，延缓文物的劣变，延长文物的寿命，使其尽可能长久的发挥作用。在西方文物保护科学是一门多学科交叉，需要理工科学术背景的科学，在中国也同样如此，教育部本科专业目录中的文物保护技术专业招生则以理科学生为主。文物修复则有较大差异，在西方多以美术或艺术学院开设文物修复专业，采取本硕连读模式，兼顾多个学科的知识与能力；中国的文物修复专业则刚刚起步，设置在艺术学或历史学下面为主。

根据前面的描述可知，在西方文保界，文物修复师需掌握一定科学知识，能独立或与文保科学家合作进行材料修复、工艺选取等工作，以动手修复为主；文保科学家的研究课题与修复师面临的实际问题息息相关，他们从事文物保护基础研究，如材料病变老化机理，保护材料与工艺研发等，同时也对文物进行科学分析，然后与包括修复师、艺术史专家在内的博物馆其他专业人员共同合作，确定文物修复的测试、评估和最终方案。

无疑文物保护科学属于自然科学的范畴；而文物修复则更倾向于历史学的学科延伸。

4 文物修复学学科发展前景

文物修复学是实践性很强的应用科学，以继承总结传统文物修复技艺为核心，吸取引进其他学科的理论与技术，逐渐发展完善形成自己特有的科学体系。

文物修复学需要采用多种学科的方法研究并解决如何修复好文物的诸多难题，要求我们把传统文物修复技术和自然科学技术、历史学、艺术学知识结合成为一个创造性的综合体，在文物保护及修复伦理和理念下，进行不断的实践及验证，最终用于文物的保护与修复工作当中。

在2015年开展的文博系统首次关于全国文物修复人员的调研中，参与调查的533家文博单位中，92%的单位认为文物修复人员配备不足[11]。

另外由于高等院校文物保护与修复人才培养质量与文化遗产事业的发展需求存在较大差距，严重滞后了文物保护行业的发展。着力围绕文物保护与修复高等教育领域开展学科理念，专业设置，培养模式、课程体系等探索与研究，形成文物修复学、文物保护技术、文物预防性保护等多个跨学科专业或课程群。加强文博行业和文物保护与修复相关专业建设产教融合，努力解决目前人才队伍在整体上数量明显不足的状况，提升我国文物保护与修复教育水平的提高。

5 结 语

文物修复学作为应用史学具有一定的理论基础。作为跨学科专业，提出基于文物的精神属性与物质属性，以历史学，考古学、艺术史为基础，构建文物的历史脉络知识与能力的课程体系；以物理、化学、材料学等自然科学及工程科学为基础，构建文物的材料学知识与能力课程体系；以恢复破损文物原状为目标，构建文物修复工艺学知识与技能的课程体系。

文物修复学人才培养有着广泛的发展前景和就业市场，在国家高度重视中华优秀传统文化传承发展的背景下，加强历史学在文物修复学教学中的作用，加强应用史学教学研究，加强历史学与自然科学的融合，聚焦文化遗产，以新理念、新模式、新学科探索培养文物修复学高素质技术型人才培养模式已经成为突破行业高端人才紧缺的重要途径。

参考文献

[1] 王梅.我国高校人才培养模式的演变及未来走向[J].课程教育研究,2016,(1):5.

[2] 中华人民共和国教育部.普通高等学校本科专业类教学质量国家标准[S].北京:中国标准出版社,2018-01-30.

[3] 胡玉霞.地方高校历史学应用型人才的人文素养培育路径探析[J].白城师范学院学报.2016,30(12):32-35.

[4] 沈一民.历史学"知识应用型人才"培养模式的构建[J].继续教育研究.2004,(7):104-106.

[5] 徐善伟.公共史学在中国高校发展的可行性及目前存在的问题[J].史学理论研究.2014,(4)16-19.

[6] 段清波.论文化遗产的核心价值[J].中原文化研究.2018,(1):102-110.

[7] 布兰迪.修复理论[M].陆地,译.上海:同济大学出版社,2016.12.

[8] The Burra Chrter 1999 http://australia.icomos.org/publications/charters.

[9] 国家文物局.中国文物古迹保护准则.2015.

[10] 容波.陶质文物病害评估研究[J].文物修复与研究.2014,83-89.

[11] 张晓彤,詹长法.万古传物 百年树人:浅谈文物修复人才现状及教育[J].遗产与保护研究.2016,(1):122-125.

他山之石
——美国文物保护培训项目考察综述*

冯 楠

(吉林大学考古学院,吉林 长春 130012)

摘要:美国是世界上拥有博物馆数量最多的国家之一,经过百多年的发展积淀后,美国博物馆业已形成较为成熟的发展模式和鲜明特点,在博物馆藏品保护、利用、人才培养以及公众教育等方面取得的相关成果不可避免地成为世界博物馆业发展的参照系,值得我们借鉴与学习。2014年笔者有幸参加了一年的纽约大学/大都会博物馆的国际文物保护人才培训项目,在纽约大都会博物馆、纽约大学文物保护中心做了全面的考察和学习。随着我国博物馆建设的快速发展及功能转变,积极借鉴西方博物馆人才培养、文物保护等方面的成功模式成为了急迫的需求。本文试图将培训所学所得作一简要介绍,希望能他山之石,学习值得我们借鉴之处,取利去弊,以敦促我国博物馆更有效地利用其藏品和展品,更好地为我国博物馆事业、文物保护事业服务。

关键词:大都会博物馆;博物馆学;文物保护;藏品管理;教育

A Review of an Inspiration Based on a Conservation Training Program at the Conservation Center of Institute of Fine Arts and the Metropolitan Museum of Art

FENG Nan

(School of archaeology, Jilin University, ChangChun, 130000)

Abstract: The Unites State is one of the country which have the most museums in the world. At the same time, they have a mature development mode and distinct characteristics, especially in conservation, professional cultivation and public education, which become the frame of reference for the whole world. From 2014 to 2015 I was chosen to be a student at the conservation program of the conservation center of New York University and the Metropolitan museum of Art for almost one year and make a full investigation of conservation in the US. With the rapid development of museum and its changes in social function, we should use for reference experience for applying the style of the professional cultivation and conservation to our country. This article will give a review of these inspiration based on this training experience and benefit our country's disciplinary status of museology and Conservation in the future.

Key words: The Metropolitan museum of Art; museum; conservation; collection management; education

---

* 本文受到吉林省社会科学基金项目资助(2019c119)以及吉林大学基本科研业务费资助(2018QY15)。

1 美国的博物馆相关人才培养及课程设置

美国的博物馆业起源于19世纪中叶，博物馆建设的第一个高峰期出现在19世纪70年代，纽约大都会博物馆等都在美国独立百年后兴建。二战之后第二个建设高峰期随着到来，数量每30年就翻一番，目前增长有所放缓但仍稳步增长。现今美国约有17500座博物馆[1]，大部分建于美国国力增强的时期——20世纪70年代，当时博物馆行业也开始快速发展并提出了对专业人才的急迫需求，紧接着高等教育开始着力发展博物馆学科，培养既有专业学术素养又具备博物馆运行知识和专长的博物馆专业人才。首个博物馆学专业成立于1976年乔治华盛顿大学（The George Washington University），现今美国已有155个博物馆学的研究生培养项目[2]。美国最早的四名文物保护研究生1960年毕业于纽约大学文物保护中心[3]，紧接着在1970年、1974年又有三大重要的文物保护培养机构逐个建立[4]，现阶段北美地区具备文物保护专业研究生学历培养资格的机构有纽约大学文物保护中心（The Conservation Center of the Institute of Fine Arts, New York University）、纽约州立大学布法罗分校艺术保护系（Buffalo State's Art Conservation Department）、宾夕法尼亚大学考古学与人类学博物馆（University of Pennsylvania）、纽约哥伦比亚大学（Columbia University）、加拿大弗莱明学院（Fleming College）、皇后大学（Queens University）、加州大学洛杉矶分校/盖蒂文物保护研究所（UCLA/The Getty Conservation Institute）、温特图尔的特拉华州大学（Winterthur/University of Delaware）、德克萨斯大学（University of Texas）等，学期基本都是2~4年。

除此之外，美国地区提供1年的短期培训资格的机构还有盖蒂基金会（Getty Foundation）、美国史密森尼博物馆文物保护机构（Smithsonian/Museum Conservation Institute）和哈佛大学艺术博物馆施特劳斯中心（Straus Center/Harvard University Art Museums）。美国博物馆对工作者的教育背景方面有着非常严格的门槛，低于硕士研究生水平的人一般是无法从事博物馆核心工作的，以美国最早培养文物保护研究生的纽约大学文物保护中心为例，每年中心招收4~5名学生，毕业后可授予两个证书——历史文化艺术保护高级资格证和艺术历史考古学院的硕士学位。四年的学习会涉及实验室操作联系、参加学术研讨会、由首席文保专家带领开展每年一次，一次四周的考古发掘中的文物保护工作以及参加短则几周、长则几年的兼职博物馆实习。美国非常重视博物馆人才和文物保护专业人才的"馆校联合培养"，纽约大学文物保护中心的合作单位有纽约大都会博物馆、美国现代艺术博物馆、惠特尼博物馆、美国自然历史博物馆以及布鲁克林艺术博物馆。四年之内根据所研究方向选取课程，课程基本设置除了有不同材质文物保护的专题课程（石质、木质、油画、玻璃和纺织品文物保护等）之外有材料科学、材料工艺分析、仪器分析、预防性保护和文物摄影等，文物保护概念性课程有文物保护原则、文物保护必要性以及风险危机管理等。每堂课程都有理论课和实践课，会借用当地博物馆馆藏文物进行分析，并完成大量的文物保护分析报告（Conservation Report）和保护处理报告（Treatment Report）。值得一提的是美国非常重视文物信息存档（Documentation），报告内要包含保护前多角度照片（Before Treatment）和保护后多角度照片（After Treatment），这些照片都由学生自己拍摄完成，并严格要求使用美国历史文物保护机构 AIC 通用的带色卡的比例尺,见图 1[5]。

图 1 笔者所拍摄的带比例尺的瓷器的照片以及左侧美国历史文物保护机构 AIC 下发的标准带色卡比例尺

在校学生不论所选取研究方向如何都必须选取文物材料科学、文物制作工艺的基础课程,实践课会到专业的制作工作室学习不同材料文物的制作方法,例如,玻璃的吹制(图 2)、版画的鎏金(图 3)、手工制纸等。

图 2 笔者在纽约布鲁克林烧制玻璃工作室学习玻璃的吹制法

图 3 笔者临摹并制作的鎏金版画

2 美国的文物保护机构——以大都会博物馆为例

美国的文物保护研究机构一般都附属在博物馆、艺术馆、美术馆以及大学的考古系、历史艺术系及人类学系内。纽约的大都会博物馆是被列为全球四大博物馆之一,拥有超过 300 万件藏品的全球最大的艺术博物馆,当之无愧具有较高的行业影响力。博物馆内部的文物保护部门位于大都会地下一层,分为物体保护(Objects Conservation)、纸张保护、照片保护、油画保护、纺织品保护五个主要研究方向,另还有科学分析部门和一些专项工作室,如亚洲艺术、服装和书籍保护部。科学分析部门专门与其他部门合作进行文物组成、结构和工艺的分析,已配备的仪器有拉曼光谱仪、X 光探测、XRD 和 XRF。大都会博物馆文物保护部门中技术较成熟的是纸张和油画保护,对油画的破损、龟裂修复、漆层补釉和纸张的脱酸、清洗、修补等方面有自己的优势。纸张的无损检测分析仪器包括北美首台拉曼显微镜、立体双目显微镜、环境监测仪器、红外摄像机、紫外透射光装置、偏振光显微镜和显微镜照相系统。纸张的去酸、清洗等配备了大型的水槽、真空吸水器操作台(Vacuum Suction Tables)、净水系统、霉菌清洗修复通风橱等。纸张的修复修补中大量使用了一种日式薄纸(Japanese Tissue Paper),可以将这种薄纸打浆,通过颜料调节与被修复的纸张色调统一,在真空吸水器操作台上将调色后的纸浆贴在破损处,吸水器快速的将水分吸收、并展平纸张;也可以先将破损纸张反面边缘用手术刀刮去一定厚度的纤维,选取与之相近的纸张并也刮掉反面边缘,将两者留存下的纤维丝缕相吻合以达到修复的目的。美国很多文物保护机构如大都会博物馆及纽约大学文物保护中心都配备有X光探测室，对于X光探测在文物分析中的应用颇为重视，同时也高度强调安全操作规范。如用X光无损探伤仪来检测青铜器、铁器上的孔隙和制造工艺、彩绘木雕内部构造、器物的破损状况以及修补部位等[6]。

值得一提的是美国较为重视XRF技术，便携式XRF或普通X射线荧光光谱仪使用频率较高，XRF可以作为文物分析检测的必备手段，与其他分析手段结合得出分析结果。可用来分析油画、壁画、彩绘雕塑和瓷器上颜料的元素、文物表层沉积物的元素分析。

3 美国的文物保护工作分类及工作内容简述

美国的文物保护研究设计的面很广，有纸张、油画、相片、物件保护，其中物件还按文物类型分为考古发掘文物、服装、雕塑、当代艺术品、装饰艺术品；物件保护还可以按文物材质分为石质、木质、金属、玻璃、陶瓷、珐琅、纺织品、感光材料、人工合成材料。不论所研究的方向是什么，文物保护工作者统称为Conservator，文物工作者按职业等级分为首席文保专家、高级文物保护专家和普通文保工作者。除了博物馆或研究所内全职的文保工作者，还会在有特殊大项目开展的时候聘请社会上的兼职人员，很多文保工作者都是自己开设有工作室或在家办公，遇到一些项目时会带着自己的工具箱开始工作，这些有着不同方向特长的工作者也成为了美国几大文物保护工作者培养机构的兼职教师。

以大都会博物馆为例来介绍美国文物保护工作人员的日常工作，面对着三百万件的馆藏品和频繁的外展文物的短期维护，他们工作非常繁忙，仅以几个让我印象最为深刻的几个方面做介绍。一是美国对预防性保护（Preventive Conservation）的重视程度越来越高，很多博物馆内部都加设了预防性保护这个部门，大都会博物馆和美国国家艺术馆都在2014年将预防性保护单独成为一个新的部门，将文物外展出借等纳入管理范畴，并且负责博物馆日常环境监控、调控的工作。大都会博物馆采用自然光和人工照明结合的照明方式，如何减缓自然光季节性的不稳定性和避免高强度的紫外光对文物造成的伤害是预防性保护部门的重要工作，大都会展厅自然采光的玻璃全部贴有紫外光防护膜并且按周期利用光照波段分布检测对紫外光防护膜的防护效果进行全面评估。二是美国对于文物包装、储存、运输中的人为操作（Handling）非常重视。新生入学、新职工入职之前在培训中一定会强调其重要性。美国的PACCIN（Packing, Art-handling& Crating Information Network）组织就是专门负责文物包装、储存、运输的机构，机构的委员会顾问，同时也是大都会博物馆专门设立的包装艺术服务部门经理恰克在给我们的培训课程中强调了人为操作的重要性和原则：实现任何一次操作的所有步骤的前后顺序都要提前理清，要提前预知哪个步骤中含有最大风险，做任何操作之前都深思熟虑这个含有风险的步骤是否可用其他方法替换。在文物包装、储存、运输中可能会产生的威胁有振动和撞击、温湿度骤变、潮湿环境、昆虫和害虫、污染物和人为损坏等，对于馆藏博物馆内文物短期或长期的储存，最重要的是存放文物本身的外包装具备一定的物理支撑，并且特殊材料的文物保证防尘或防光等特殊要求，不同文物本身的结构和现状要用不同的包装物，见图4[7]，最终目的为了防止变形和破损，包装材料必须是惰性的（化学性质稳定不会与文物本身发生化学反应）。

为了避免文物馆内运输中遭受颠簸,必须使用专用的推车和沙袋,见图5与图6[7]。

不同尺寸和重量的文物需要的包装也不同,需要设计特殊的包装盒防止运输中文物发生任何危险,大都会博物馆和纽约大学文保中心都设立有专门的文物包装室,每一件文物的支撑材料和包装盒都是学生和馆职工自己设计制作,见图7,8[8]。

图4 根据文物尺寸和形状设计的文物支撑物和包装物
(左:对珍珠镶嵌的漆木器储存;右:玻璃罐的储存外包装)

图5 基本每个文物保护实验室都会配备的运输车　　图6 运输车上必备的沙袋,用来隔挡文物跌落或固定

图7 文物保护包装室内学生自己制作的文物包装盒　　图8 用泡沫制作的符合文物特殊尺寸的支撑包装盒

4 观众与博物馆之间沟通的新思路

博物馆面向观众的传统形式是展示艺术作品,以说明牌来阐释展品。随着沟通媒介的多样化,观众对博物馆的要求越来越高,博物馆与观众沟通的传统的方式已渐渐不能满足公众对知识和审美的需求。纽约大都会博物馆非常重视利用网络和多媒体技术与观众交流,不仅将博物馆内展品的高

质量物品图像传到网络,还可以把博物馆导航系统免费下载到手机和无线终端接收设备上,可以让观众在博物馆内得到10种语言的免费实时解说。不仅如此,大都会博物馆还成功地把可能发生在博物馆最糟糕的事件转化为一场文物保护修复的大型表演,意大利文艺复兴时期雕塑"亚当"的"复活"受到了全社会的瞩目并让公众对文物保护专家的信任程度愈发强烈,事件起源于2002年真人大小的大理石雕像在闭馆时间摔落在地(摔落原因未知),该雕像曾是大都会博物馆的重量级藏品,是威尼斯文艺复兴大师图里奥·隆巴多(Tullio Lombardo)雕刻的大理石雕像《亚当》,"亚当"整个头部与身体脱落,身体碎成无数块,大都会博物馆当时的馆长菲利普蒙泰贝洛痛心地说:"这是可能发生在美术馆的最糟糕的事情",在经历了社会上各种负面的质疑,耗时12年,博物馆将十多位科学家和工程师细致的修复过程和复原过程,包括碎片的复原记录、岩相学研究、工程学研究、3D激光扫描、有限元分析、材料学研究、粘结剂试验和拴体试验等记录全部公之于众,最终将整个保护修复过程制作了一部长达20分钟的视频并于"亚当"复出展示的一楼独立展厅内进行同期播放,展厅内对保护修复视频感兴趣的观众甚至超过了雕像本身,"亚当"复活事件将博物馆与观众进行对话的内容更加广泛,对藏品延展信息的传播、展示形式的创新可以促进公众和社会更好地参与到与产品更丰富深入沟通的探索与实践中,也是我国博物馆行业发展中可以借鉴的新思路和新方法。

5 结 语

尽管中美两国体制和国情不同,但我国近现代博物馆的发展一直受西方的影响,学习和借鉴了一些西方国家的博物馆的经验。截至2019年1月我国博物馆总数已达到了5136家,继续保持高速增长态势。而作为交叉学科的文物保护学,在理论与实践结合下蓬勃发展,积累了大量的数据和实践经验,随着我国博物馆建设的快速发展及功能转变,对文物保护学科也提出了更高的要求。如今中国博物馆事业的迅速发展与20世纪70年代的美国有着惊人的相似,积极借鉴美国等发达国家重视人才培养的成功经验,将国外文物保护、博物馆藏品管理利用以及博物馆公众教育等方面的最新理念与中国博物馆工作密切结合,以他山之石,更好地为我国的博物馆事业、文物保护事业服务。

参考文献

[1] List of museums in the United States, WIKIPEDIA. American Alliance of Museums.

[2] 陆建松. 论新时期博物馆专业人才培养及其学科建设[J]. 东南文化. 2013,(5):104-109.

[3] Institute of Fine Arts-New York University". nyu. edu. http://www.nyu.edu/gsas/dept/fineart/

[4] Become a Conservator: A Guide to Conservation Education and Training. American Institute For Conservation of Historic and Artistic Works.

[5] http://www.conservation-us.org/publications-resources/special-projects/photodocumentation-targets#.Vkhbqf2heT8.

[6] http://www.metmuseum.org/about-the-museum/now-at-the-met/2015/avalokitesvara

[7] http://www.fieldmuseum.org/science/research/area/conserving-collections/preventive-conservation.

[8] http://www.nytimes.com/2007/03/28/arts/artsspecial/28getty.html?_r=2&.

温湿度对墓葬壁画现场保护及保存方式的影响
——以西安理工大学西汉墓壁画保护为例

冯 健[1]，郭 瑞[1]，赵凤燕[1]，夏 寅[2]，李书镇[1]，吴 晨[1]

(1. 西安市文物保护考古研究院，陕西 西安 710068；

2. 秦始皇帝陵博物院，陶质彩绘文物保护国家文物局重点科研基地，陕西 西安 710600)

摘要：墓葬壁画一经揭示，从封闭稳定的埋藏环境到半封闭的发掘展示环境的变化过程中，温湿度优先变化且最为明显，不仅可以引起壁画起翘、褪色等病害的产生，也为微生物等其他有害因素的形成创造条件，成为影响墓葬壁画保存状况的最主要因素，选择适宜的方式对壁画所处环境温湿度变化进行控制将很大程度减缓壁画的劣变。为使壁画在现场得到稳定保存，本文以西安理工大学西汉墓壁画现场保护为例，通过监测墓葬结构中露天环境、保护大棚、墓室口、墓室内4处不同位置环境变化，确定温湿度变化为壁画稳定性的主要影响因素，探究温湿度变化与壁画稳定保存之间的联系，进一步采取环境稳定措施，提出一种使壁画稳定保存的环境控制系统，并成功应用于其他墓葬壁画，实现壁画有效原址保护。

关键词：温湿度变化；墓葬壁画；原址保护

Effect of Temperature and Humidity on Site Protection and Preservation of Tomb Murals
—Take Western Han Dynasty Tomb Murals Protection of Xi'an University of Technology as an Example

FENG Jian, GUO Rui, ZHAO Fengyan, XIA Yin, LI Shuzhen, WU Chen

(1. Xi'an Academy of Cultural Relics Conservation and Archaeology, Shaanxi Xi'an 710068;

2. Emperor Qinshihuang's Mausoleum Site Museum, Key Scientific Research Base of State Administration of Cultural Relics for the Protection of Ceramic Painted Cultural Relics, Shaanxi Xi'an 710600)

Abstract: After archaeological excavation, the environment of mural painting was changed from stable sealing to semi-open space. During this process, temperature and humidity changed firstly, which not only caused deterioration such as curling, fading would emerge easily but also created living condition for the microorganism harmful to the painting. Temperature and humidity were the main factor and impact the stable condition of mural painting consequently. In order to keep mural painting stable in the excavation site, in the case of conservation on western Han mural painting, by monitoring the environment at 4 positions in the tomb, the change of temperature and humidity was thought to be the main factor. Relationship between the environment changing and the stability of mural painting was studied furtherly. Some measures were taken for environment controlling and a controlling system for painting stability was constructed. This system was applicate on the conservation of other mural painting successfully, which realized effective in-situ conservation.

Key words: Temperature and humidity changing; mural painting; in-situ conservation

1 引言

2004年2月,西安市文物保护考古研究院在配合西安理工大学曲江校区建设中,发现了一座西汉砖室壁画墓,是西安地区目前发现的四座西汉壁画墓其中之一[1]。该墓葬位于西安市南郊乐游塬岳家寨村北的台塬上,为斜坡墓道竖穴土扩砖室墓。墓葬平面呈甲字形,由墓道、耳室、甬道、墓室四部分组成。斜坡墓道位于墓室南侧开口,长27.5m、北宽4.2m、南宽1.3m,斜坡长29m、宽1m,底部距开口深10.8m。墓室为券顶砖室结构,南北长4.6m、东西宽2.05m、墓室通高2.1m、四壁高1.25m。墓室中绘有颜色艳丽的精美壁画,遍及墓室四壁及券顶,内容涉及车马出行、狩猎、宴乐等生活场景以及日、月、翼龙、翼虎、蜂鸟、仙鹤、乘龙羽人等升仙场面,是研究汉代社会生活、丧葬习俗、绘画艺术的珍贵资料。

在壁画揭示的第一时间,采用体视显微镜、X射线荧光光谱、偏光显微镜、拉曼光谱等多种技术手段分析确定了壁画的制作工艺及绘制材料:即在砖墙支撑体表面采用白土打底,再于白土上采用朱砂、铁红、石青、石绿等颜料进行绘制,同时还发现使用了古代壁画上少见的中国蓝、中国紫和钒铅矿等颜料作为蓝、紫色及黄色[2],为研究古代壁画材料选择、设色应用、绘制工艺等技术历史信息提供重要实物资料。该墓葬具有较高的历史、艺术、科技价值,被公布为"陕西省第五批文物保护单位"。

墓葬揭示时,环境的骤变使壁画迅速产生了开裂、起翘、剥落、微生物等病害。为减缓发掘过程中露天环境因素对壁画稳定性的不利影响,对墓葬整体架设保护大棚,并对壁画及所处环境进行定期巡查观测,同时对上述病害及时处理。为使壁画及其原始信息得以完整、稳定保存,我们不断探索适宜的保护方式,试图通过调节、控制环境减

图1 西安理工大学西汉壁画墓地理区位图

少壁画新的劣变。事实上,在最少干预的前提下墓葬壁画的现场保护及保存一直为学术界所关注,为延缓环境突变对壁画的不利影响,从考古发掘乃至壁画原址保护过程中都能使壁画稳定保存,保护方式的选择以及保存环境的控制成为技术关键点和难点。

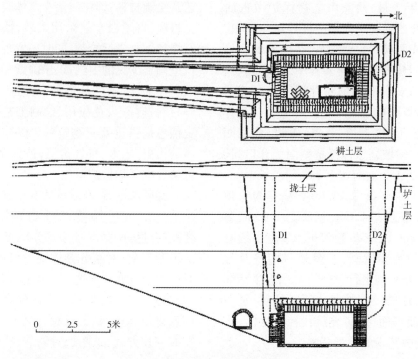

图2 壁画墓结构平剖面图

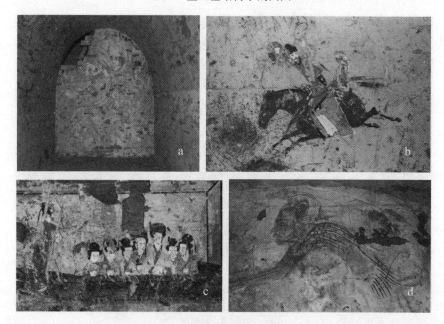

图3 墓室壁画保存现状
a. 墓室壁画分布;b. 狩猎图;c. 宴乐图;d. 羽人图

目前,墓葬壁画采取的保护方式主要有揭取或搬迁保护[3-9]和原址保存[10,11]两种。不论采取何种保护形式,壁画都会经历一段环境骤变到新平衡建立的过程,在此过程中壁画的劣变极易发生,环境控制及稳定始终是影响保护效果的技术难题,从已有的高松塚壁画古坟、高句丽壁画墓[12]、北齐徐显秀墓[13]等壁画原址保护实例来看,保存环境控制工作成功案例不多,有待进一步探索。

基于此,本文以西安理工大学西汉墓壁画现场保护方式为例,通过解读壁画保存环境数据,探究现场环境因素与墓葬壁画保存状态之间的联系,进一步采取环境稳定措施,提出一种使墓葬壁画现场稳定保存的环境变化控制体系,将为此类文物的现场保护及保存提供新的思路。

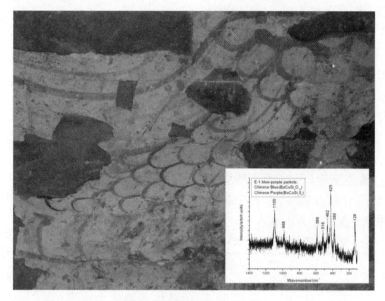

图4　壁画中的汉蓝、汉紫

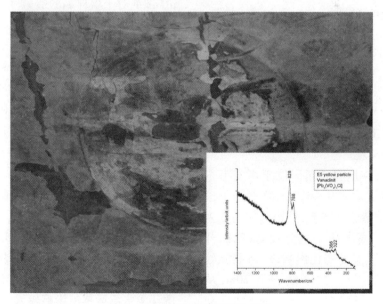

图5　壁画中的黄色颜料钒铅矿

2 环境监测结果与讨论

2.1 西安市气候特征

西安市位于陕西省中部,以秦岭山地和关中平原为主体。西安气候属暖温带半湿润大陆性季风气候。四季分明,夏季炎热多雨,冬季寒冷少雨雪,春秋时有连阴雨天气出现。最高温一般出现在7月,月平均气温26.1~26.3℃,月平均最高气温达32℃左右,最低温一般出现在1月,月平均气温-0.3~-1.3℃,月平均最低气温达-4℃左右,年温差达26~27℃,年温度极差可达36℃。据西安1970—2009年各时段降水量的统计数据(表1),西安地区降水分布年际变化极不均匀,主要集中于夏、秋两季,约占全年的45%。整体来看,西安地区环境具有温差大、干湿变化明显的特点,对于暴露于空气的文物稳定保存极为不利。

表1 西安1970—2009年各时段降水量统计

时段	平均降水量(mm)	占全年百分比(%)
春季回暖期(4月1~30日)	40.2	7.2
初夏少雨期(5月1日~6月20日)	90.6	16.2
初夏多雨期(6月21日~7月20日)	102.0	18.0
盛夏伏旱期(7月21日~8月20日)	73.1	13.1
初秋多雨期(8月21日~10月10日)	151.2	27.1
秋季凉爽期(10月11~31日)	34.4	6.2

2.2 西安理工大学西汉壁画墓区域环境

2.2.1 地上环境

壁画墓所在地曲江新区位于西安市东南部,海拔范围为420~520m,墓葬处于该区域北部的乐游原高岗上,平均海拔高度为460m(图6)。墓葬所处地势较高、四面开阔,受光照及温湿度变化影响较多;而此处地下水位较低,至少位于地表下20m,从10.8m的墓室深度来看,未触及地下水活动范围,受地下水影响较小,且处于一个温湿度相对稳定的封闭空间;墓葬所在区域周围无化工厂、工业基地等机构,墓葬深埋于地下几乎未受到空气污染物、有害气体等不利因素影响。

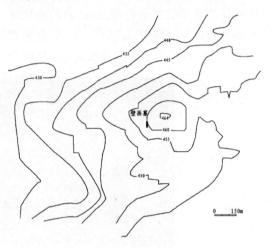

图6 壁画墓地理位置地势图

2.2.2 埋藏环境

为全面获取壁画埋藏环境信息,在墓葬不同位置的土壤及壁画支撑体砖墙取样,利用干燥法测定墓道和墓室内的土壤、壁画支撑体砖墙的含水率(表2,表3),同时采用pH试纸对土壤样品的酸碱度进行测试。结果显示:墓道至墓室土壤含水率逐渐增加至15%且呈中性,墓室中壁画支撑体砖块的含水率为19%,较土壤含水率高。墓室处于墓葬结构最深处,由外至内空气流动逐渐减弱,空间水分分散速度慢,因而土壤含水率呈逐渐上升趋势;支撑体砖墙介于墓室土壤与壁画颜料层之间,墓室结构的含水率由土壤向砖体呈上升趋势,表明墓葬打开后在发掘过程中,墓室中可能存在水分迁移的现象。

综上所述,空气污染物(粉尘、颗粒等)、有害气体、地下水、酸碱度等环境因素对壁画的影响较小,温湿度变化及其引起的微环境水汽运移的影响较大。

表2　理工大区域墓采样土壤的含水率

序号	取样位置	烧杯重量(g)	干燥前土壤烧杯重量(g)	干燥后土壤烧杯重量(g)	土壤含水率(%)
1	墓道口	97.56	136.03	131.39	12.06
2	墓道中	95.33	113.61	111.23	13.02
3	墓室口	94.53	133.74	128.18	14.18
4	墓室内	94.16	130.95	125.25	15.49

表3　理工大学壁画墓采样砖块的含水率

取样位置	烧杯重量(g)	干燥前砖块烧杯重量(g)	干燥后砖块烧杯重量(g)	砖块含水率
理工大墓室	106.71	167.98	156.23	19.18%

3　温湿度监测与调控

墓葬发掘过程中由原简易保护棚改造为照明、通风的钢架保护棚(图7、图8),避免外界环境对墓葬及壁画产生直接影响,但也因此形成了一个新的保存环境。为全面获取新环境中温湿度变化信息,在保护棚内外,选择4处环境特点相异的位置作为环境监测点(图9),分别代表露天环境(A)、保护棚内(B)、墓室口(C)和墓室内(D),监测点处安装环境记录仪持续自动记录温湿度变化情况,并采集上午9点、中午2点和下午5点温湿度值代表当日环境数据,形成环境变化曲线,见图10～图13。为保证数据不受其他因素干扰,保护棚处于长期封闭状态。

图8　钢架保护棚

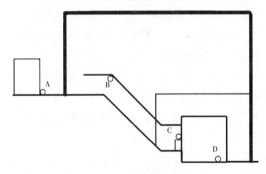

图9　温湿度监测点位置图
A.露天环境;B.保护棚内;C.墓室口;D.墓室内

架设保护棚前,除墓室外,墓葬的其余部位均暴露于外界环境中,A、B、C三处环境数据较为接近;架设保护棚后,4个环境监测点温湿度变化出现规律性差异。以2009年1～9月同一时间点温湿度变化为例。

图7　简易保护棚

由各监测点的温湿度变化曲线图显示：

（1）A点温度与湿度呈此消彼长的变化趋势，与大气环境中温湿度变化趋势基本吻合（图10）。温湿度变化波动较大，温度在0~30℃大致范围内变化，其中最低温0℃出现在1月，最高温30℃出现在7月，温度极差达30℃；湿度在10%~60%大致范围内上下波动，5月达到最高湿度78%，1月早晨湿度最低11%，湿度极差约67%。

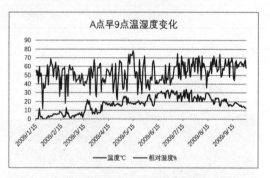

图10 墓葬大棚外A点温湿度波动曲线图

（2）B点温湿度变化幅度较A点有明显不同，温度变化趋势与A点相似但波动缓和，而湿度基本趋于平缓，仅在7~9月有轻微波动，与温度呈此消彼长的变化趋势（图11）。温度在5~28℃大致范围内变化，其中最低温5℃出现在2月，最高温28℃出现在7月，温差达23℃。湿度在65%~41%大致范围内浮动，最高湿度65%出现在10月，最低湿度出现在9月，1~8月见除在7月有轻微干燥的时期外，其余时期湿度变化平稳，保持在61%左右。

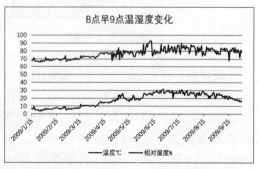

图11 大棚内墓道口B点温湿度波动曲线图

（3）C点温度在10~4℃大致范围内变化，1~4月温度变化平缓，其中最低温10℃出现在2月，最高温24℃出现在7月，温度极差为14℃；C点湿度在1~3月变化波动较大，最高达100%出现在1月，最低为60%出现在3月，湿度极差为40%，在4~9月基本稳定在68%~80%的较小范围内（图12）。温度与湿度变化趋于基本稳定，可实现文物保存适宜温度范围（15~25℃），湿度随温度变化不明显。

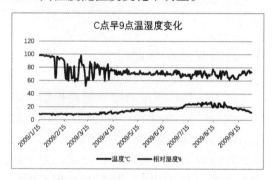

图12 墓室外C点温湿度波动曲线图

（4）D点温湿度变化较C点更小更平稳，墓室内温湿度极值及波动范围均小于墓室外（图13）。温度在10~20℃小范围内平稳变化，其中最低温10℃出现在2月，最高温20℃出现在9月，温度极差为10℃；湿度在63%~73%小范围内平稳变化，湿度极差为10%，最高湿度出现在8~9月，最低湿度出现在2~3月。

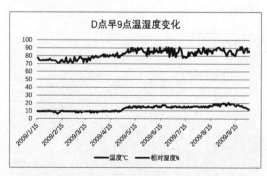

图13 墓室内D点温湿度波动曲线图

与A点露天环境相比，B点保护棚内环境湿度并未随温度显著变化，虽有轻微浮动,但较为平稳地保持在一个较小范围内;保护棚内温差及温度极值降低,湿度差降低但湿度极值有所提升,且该点湿度在较高湿度值附近浮动。表明保护棚很大程度减轻了环境变化,形成一个波动较小相对稳定的保存环境,但同时因减少了空气流动而聚集了湿气,使保护棚内湿度有所提高。C 点位于墓道深处,进入第二层环境空间,其温湿度极值及变化区间均明显小于 B 点,温湿度更趋于稳定。值得注意的是,对比 C 点温湿度变化曲线,发现温度平稳而湿度却从 100% 骤降到 60% 再回升至 80% 左右,而后基本保持在 68%~80% 的较小区间。通常温度是引起湿度的改变先行因素,而在该点温度保持平稳的情况下,湿度却先出现了较大波动才趋于平稳,且湿度变化的起点是 100% 的饱和状态。另外该点位于保护大棚深处,大棚几乎长期关闭,因而温湿度受其他因素扰动的可能性极小。由此可以推断,C 点前 4 个月湿度值出现的不稳定是由于测量仪器的不稳定性造成的。D 点位于墓室内部,也是距离外界环境最远的环境空间,温湿度基本保持平稳,而 6~8 月的温湿度变化关系较为特殊,当温度稳定时,湿度却先降低至 63% 又回升至 73%,表明湿度变化受温度影响极小,可能为其他微环境外水分的补给,考虑到壁画埋藏深度较深,且墓室中可能存在水分迁移的现象,造成湿度变化的原因可能为水分迁移变化所致。可见,温湿度由露天环境至墓室内逐渐稳定,露天环境温湿度波动最大,墓室内温湿度最平稳;保护大棚显著减小了温湿度波动幅度,对温湿度的稳定起到了主要作用;在保护大棚内,越深入墓室温湿度波动越小;封闭状态下,墓室内的温湿度基本平稳。

为了科学衡量上述 4 个特征监测点温湿度变化快慢,对温湿度波动曲线做二阶导数(图 14、图 15)后显示,保护大棚外露天环境中温湿度变化迅速,大棚内明显减缓,墓室内外变化速度显著小于大棚内外,墓室外至墓室内变化速度几乎一致;越深入墓室温湿度变化越平缓,湿度变化趋势尤其缓慢,墓室内部湿度几乎不受温度变化影响,未发生明显波动,处于平稳状态。

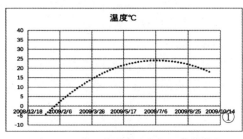
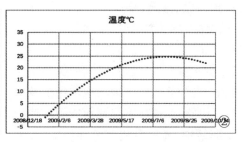
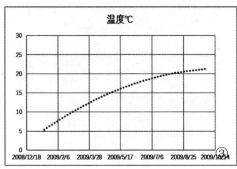
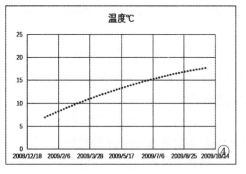

图 14 测量点温度变化速率(① A 点;② B 点;③ C 点;④ D 点)

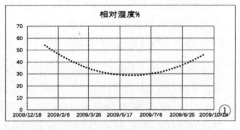 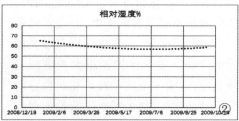
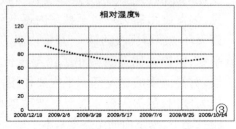 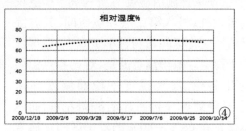

图15　测量点湿度变化速率(① A点;② B点;③ C点;④ D点)

上述对比可知,微环境温湿度是影响该墓葬壁画的主要因素,保护大棚与墓室本身均对温湿度有稳定作用,而保护大棚与墓室的双重稳定作用更明显。保护大棚与墓室形成的缓冲体系显著减缓了墓葬壁画微环境温湿度的改变,使墓葬壁画由埋藏环境到揭示环境的变化过程中较稳定地达到了新的平衡,减小了环境突变所带来的不利影响。可见由保护大棚、墓道、墓室形成的三层环境体系,使温湿度最终达到稳定状态。在此环境体系下,去除墓葬揭示之初产生的病害后,再无新病害产生。这对壁画的保护是非常有利的,也为墓葬壁画现场稳定保护及保存提供了思路:即依据不同墓葬壁画环境特点及墓葬结构,通过形成多重环境空间,使墓葬壁画在一个可控的相对封闭的环境中,缓冲外界大气环境至壁画微环境的变化速度,不论对其展开现场揭取保护还是原址保存,在此多重环境系统中始终保持壁画赋存环境的稳定性。

综合上述讨论,课题组自壁画揭示之初保持壁画在3层环境系统的稳定性,且为使该环境得到有效维持,在所有现场工作结束后杜绝一切进出等人为扰动对稳定环境的打破。最终课题组对该壁画墓进行回填保护,使壁画重新回归稳定埋藏环境,同时为在稳定封存环境中兼顾壁画的展示与监测,创新性地在墓室内埋入温湿度监测及图像采集装置以远程监测温湿度变化,采集壁画图像以监测壁画保护现状。通过采集的图像数据显示(图16),在这样的保护措施下,成功地对西安理工大学汉墓壁画进行现场保存,依据西安理工大学汉墓壁画的保护经验,在对西安曲江翠竹园小区的另一个西汉壁画墓的保护过程中,西安理工大学汉墓壁画的保护思路和技术也得到成功印证,收到了良好的保护效果。本次环境控制系统的

图16　西安理工大学西汉墓壁画远程监控照片

提出及探索性尝试可为今后墓葬壁画现场保护及保存提供了一个具有可行性的选择。

4 结论

(1) 探究影响墓葬壁画稳定安全的最主要因素是确定墓葬壁画现场保护及保存方式的首要任务。以西安理工大学壁画墓为例，温湿度变化是控制环境稳定的重点，以控制其主要因素微环境温湿度为主线采取措施，使保存环境得到稳定控制。

(2) 提出了一种使墓葬壁画稳定保存的多重环境稳定控制系统。在本次案例中，通过架设保护大棚建立了三层环境控制系统，成功实现了对西安理工大学西汉壁画墓及翠竹园西汉壁画墓的现场稳定保存。

(3) 将多重环境控制系统贯穿考古及墓葬壁画保护工作，同时对墓葬壁画回填保护并加入监测设备远程监测并兼顾展示，是对墓葬壁画现场保护及保存的一次创新性尝试，且为今后墓葬壁画原址保护提供了一个具有可行性的新思路。

参考文献

[1] 寇小石,呼安林,王保平,等.西安理工大学西汉壁画墓发掘简报[J].文物,2006(5):7-44.

[2] 冯健,夏寅,Catharina Blaensdorf,等.西安理工大学曲江校区西汉壁画墓颜料分析研究[J].西北大学学报(自然科学版),2012,42(5):771-776.

[3] 霍宝强,石美凤.忻州九原岗北朝墓葬壁画的科学揭取与搬迁保护[N].中国文物报,2015-05-29(007).

[4] 赵凤燕,李书镇,张小丽,等.唐太宗民部尚书戴胄墓壁画的揭取保护[J].文博,2015(2):96-101.

[5] 杨文宗.鄂托克旗乌兰镇米拉壕墓葬壁画抢救性揭取保护[A].//西安曲江艺术博物馆.色·物象·变与辩:首届曲江壁画论坛论文集[C].西安曲江艺术博物馆:西安曲江艺术博物馆,2013:18

[6] 张晓岚.塔尔梁五代墓葬壁画现场保护揭取工作的思考[A].//中国文物保护技术协会.中国文物保护技术协会第七次学术年会论文集[C].中国文物保护技术协会,2012:6.

[7] 塔拉,张牧林,恩和,等.内蒙古清水河县五代墓葬壁画抢救性揭取与保护修复[A].//东亚文化遗产保护学会第二次学术研讨会论文集[C].中国文物保护技术协会,2011:12.

[8] 胡一红.北京辽墓壁画揭取保护初探[J].首都博物馆丛刊,1998,100-101.

[9] 杨蕊.北宋富弼墓壁画的揭取及修复保护[J].文物保护与考古科学,2010,22(1):70-76.

[10] 黄克忠.墓葬壁画原址保护与展示研究的成果[N].中国文物报,2017-04-14(006).

[11] 李蔓.几种墓葬壁画保护方法论述[J].中国文物科学研究,2017,(4):63-72.

[12] 杨文宗,郭宏.我国墓葬壁画的保护方法[J].文物保护与考古科学,2017,29(4):109-114.

[13] 武光文.北齐徐显秀壁画墓原址保护述论[J].石窟寺研究,2015(00):444-448.

防腐蚀封护技术在工业遗产机械设备保护中的应用

郑逸轩[1]，潘晓轩[2]，郭 宏[1]

(1. 北京科技大学，北京 100083；2. 中国文化遗产研究院，北京 100029)

摘要：机械设备是体现工业遗产核心价值的重要组成部分，也是工业遗产保护的重要内容。虽然博物馆铁器保护修复以及室外大型铁质文物的保护修复取得了许多成果，尤其是博物馆铁器的保护技术日趋成熟，但均不能应用于工业遗产中的机械设备保护。本研究将工业防腐蚀封护技术引入到工业遗产机械设备的保护，参考相关行业标准，以湖北省黄石市华新水泥厂旧址内现存"湿法"水泥回转窑为实验对象，开展防腐蚀涂料体系耐候性测试以及现场涂装实验。筛选并初步验证了环氧铁红底漆－环氧云铁中间漆－丙烯酸聚氨酯面漆体系作为防腐蚀封护涂层针对实验对象原址保存的环境条件，具有良好的耐候性能。

关键词：工业遗产；保护；防腐蚀；涂料体系；耐候性

Application of Anti-corrosion Sealing Technology in the Conservation of Industrial Heritage

ZHENG Yi-xuan[1], PAN Xiao-xuan[2], GUO Hong[1]

(1. University of Science & Technology Beijing, Beijing 100083, China;
2. Chinese Academy of Cultural Heritage, Beijing 100029, China)

Abstract: In this case study, the industrial anti-corrosion sealing technology was introduced into the mechanical equipment conservation of industrial heritage. With reference to relevant industry standards, the rotary kiln in the site of Huaxin Cement Plant was used as the experimental object to carry out the weathering test and on-site coating experiment of the anti-corrosion coating system. An anti-corrosion coating system was selected, which exhibited better weather resistance under high temperature and high humidity environment.

Key words: Industrial heritage; conservation; anti-corrosion; coating system; weather resistance

1 引言

工业遗产作为一种新型的文化遗产类型，直观反映了工业文明创造的财富，以及对世界和人类生活的影响，在历史、社会、科技、经济、审美等多方面具有重要价值，是社会发展不可或缺的物证。因此，保护工业遗产就是保持人类文化的传承，培植社会文化的根基，维护文化的多样性，促进社会不断向前发展[1]。机械设备是工业遗产的核心价值所在，是工业遗产科技价值的直接体现，对于工业遗产机械设备的保护是工业遗产保护工作中重要内容之一。

位于湖北省黄石市枫叶山的华新水泥厂旧址是第七批全国重点文物保护单位，是我国现存生产持续时间最长、保存最完整的水泥工业遗存，其前身华新水泥厂的历史可追溯至清光绪33年(公元1907年)创办的大冶湖北水泥厂。它见证了中国民族工业从萌发、成长、发展到走向现代化的全部进程,是我国水泥行业发展历史的见证。旧址内现存三台大型"湿法"水泥回转窑(本文以下称"回转窑"),其中1号和2号窑是1946年从美国引进的,3号窑为20世纪70年代我国自主制造的。

对华新水泥厂旧址现存三台回转窑保存现状的现场考察及取样分析结果表明,三台回转窑为亚共析钢焊接而成,除窑头出料口和窑尾进料口位于室内,其长度超过100米的窑身处于露天环境之中,由于停产后缺乏维护,窑体受到通体腐蚀,如图1所示。局部区域出现层状剥落、瘤状腐蚀、水泥附着、苔藓滋生等病害,但窑体外形完整,本体保存状况较好。通过对窑体表面锈蚀产物的激光拉曼光谱分析可知,回转窑锈蚀产物以Fe_2O_3、Fe_3O_4为主,且结构致密、质地坚硬,能够对铁基体起到一定的保护作用[2]。结合黄石地区夏季长热、雨量充沛、相对湿度较高的环境特点,现存于回转窑体表面的腐蚀产物不能完全阻止电化学腐蚀和大气腐蚀的进一步发生。同时,为了后期展示利用及管理工作,清理窑体表面锈蚀产物和附着物,并对其进行防腐蚀保护是有必要而且很重要的。

图1 回转窑通体腐蚀

以目前我国在铁质文物保护工作领域的理论和实践成果,针对室外大型铁质文物的保护仍然是文物保护工作的重点和难点。具体针对回转窑而言,其作为超大体量的工业遗产机械设备,在制作年代、材料、保存环境、保存现状等方面与传统意义上的铁质文物区别较大,特别是体量上的差距,使得传统的铁质文物保护手段和材料都不再适用于回转窑的保护。结合其工业遗产的属性,考虑借鉴现代工业防腐蚀相关技术手段和方法来进行工业遗产机械设备的保护。

2 防腐蚀涂料体系选择及测试标准

2.1 涂料体系选择

现代工业设备防腐蚀手段主要有电化学保护和表面涂覆层保护两种,其中表面涂覆层技术更加符合文物保护工作的最低限度干预原则。且耐蚀涂料的开发和应用已实践了多年,形成了非常完备的理论体系、操作规范、施工设备以及评价机制。

ISO 12944的《色漆和清漆——钢结构防腐涂层保护体系》是国际标准化组织为从事防腐蚀工业的业主、设计人员、咨询顾问、施工企业等汇编的标准,是目前国内外钢结构防腐蚀涂层体系设计时普遍采用的指导性标准。该标准从腐蚀环境的定义、涂料耐久性的限定、不同底材的处理方法、不同环境下涂料系统的推荐等方面做了详细的介绍与规定[3]。

基于黄石地区大气环境条件、回转窑保存现状及文物保护理念,提出用于工业遗产保护的防腐蚀涂料在保证优异耐候性的前提下,不对设备本体造成新的腐蚀,保护效果好、稳定时间长。结合封护涂料性能参数、黄石地区自然环境特征以及华新水泥厂旧址机械设备的保护要求,以ISO 12944中针对C4腐蚀等级推荐的涂料系统为参考,初步设计了用于华新水泥厂旧址机械设备防腐蚀保护涂料体系:缓蚀封护涂层设计为

4层,自内向外分别为环氧铁红底漆(1层,70μm),环氧云铁中间漆(1层,100μm),丙烯酸聚氨酯面漆(2层,80μm),依次涂覆,共4层330μm。

2.2 测试标准选择

按照标准 HG/T 2454《溶剂型聚氨酯涂料(双组分)》,对选择的防腐蚀涂层体系进行耐候性能测试[4]。按照标准的规定,测定涂料体系的耐酸性、耐碱性、耐盐水性及耐盐雾性;考虑到黄石地区夏季高温多雨,终年相对湿度很高的环境条件,实验室性能测试内容加入对涂料体系耐湿热性能的考察,按照 GB 1740—2007《漆膜耐湿热测定法》相关要求进行[5]。

实验结束后,将试板冲洗晾干,在散射日光下目视观察,如参加实验的3块试板中有2块未出现生锈、起泡、开裂、剥落、掉粉、明显变色、明显失光等涂膜病态现象,则该涂料评为"无异常";若出现以上涂膜病态,按照 GB/T 1766《色漆和清漆——涂层老化的评级方法》相关内容进行描述[6]。各项耐候性测试结果按照该标准相关内容和标准进行评价。其中,试板四周边缘5mm以内及外来因素引起的破坏现象不做考察。

3 实验室内耐候性能测试及结果

3.1 试板制备

本次实验室内耐候性能测试的两种涂料体系之间差别在于面漆成分配料不同,故以面漆型号作为区分,分别命名为 BS-01 体系和 BS-22 体系。其中,BS-01 体系各层漆料型号为 BH-14 环氧铁红底漆、BH-16 环氧云铁中间漆、BS-01 丙烯酸聚氨酯面漆;BS-22 体系各层型号为 BH-14 底漆、BH-16 中间漆、BS-22 面漆。

测试试板采用尺寸为 150mm×70mm×(3~6)mm 的喷砂钢板为底材,依次喷涂底漆1层、中间漆1层、面漆2层,每层漆料涂装间隔时间为24h,涂装完成后将试板置于干燥器内养护168h。养护完成后,用环氧树脂封边,防止液体从侧面进入漆层影响测试结果。

3.2 性能测试

防腐蚀涂料体系各项耐候性能测试条件及方法如下:

(1)耐酸性、耐碱性以及耐盐水性测试,均按照标准 GB/T 9274 进行,将试板分别浸入 50g/L 的 H_2SO_4 溶液、20g/L 的 NaOH 溶液、3% NaCl 溶液中168h。

(2)耐盐雾性:按标准 GB/T 1771 进行,将试板放置在 NaCl 溶液浓度为(50±10)g/L,pH 为25℃条件下6.5~7.2,喷雾室温度(35±2)℃,喷雾压力70~170kPa 的盐雾试验箱中。以任意一个24h 为周期进行目测检查。

(5)耐湿热性:按标准 GB/T 1740,在调温调湿箱中进行,设置温度为(47±1)℃、相对湿度为(96±2)%。试验开始48h 检查一次,两次检查后,每隔72检查一次。每次检查在散射日光下目视观察。

3.3 测试结果

实验室测试结果表明,两种涂料体系在耐酸性、耐碱性及耐盐水性方面表现各有不同:

(1)耐酸性:两种涂料体系均未出现起泡现象,但失光、变色较为严重。

(2)耐碱性:两种体系的涂料均未出现变色现象。BS-01 体系起泡密度3级(中等数量的泡),起泡大小 S3 级(<0.5mm 的泡);BS-22 体系起泡密度2级(有少量的泡),起泡大小 S2 级(正常视力可见)。

(3)耐盐水性:两种体系的涂料均未出现起泡现象。

(4)耐盐雾性:测试共进行100天,两种体系的涂料均未出现起泡、生锈、脱落等涂膜病态现象。

(5)耐湿热性:测试进行了10天,两种体系的涂料在测试前后均未有明显变化,试板未出现起泡、生锈等涂膜病态现象,如图2和图3所示。

图2　BS-01体系试板耐湿热性试验前后对比
（测试前　测试开始240h后）

图3　BS-22体系试板耐湿热性试验前后对比
（测试前　测试开始240h后）

3.4　结果讨论

根据标准GB/T 1766中保护性漆膜综合老化性能等级的评定标准,两种涂料体系在耐酸性、耐碱性及耐盐水性方面的测试结果见表1。其中,表中灰色代表BS-01涂料体系试验结果所处等级,黑色代表BS-22涂料体系试验结果所处等级。按照标准,不同单项指标的不同等级分别对应相应

表1　两种涂料体系耐非水液体介质试验结果

	耐酸性			耐碱性			耐盐水性		
等级	失光	变色	起泡	失光	变色	起泡	失光	变色	起泡
0									■
1		■			■				
2	■			■			■	■	
3			■			■			
4									
5									

说明:灰色代表BS-01体系,黑色代表BS-22体系。

的分值,总分数越高,说明性能越差。BS-01体系得分26分,BS-22体系得分23分。

综合耐盐雾性和耐湿热性测试来看,两种涂料体系均能在较为严格的环境条件下表现出良好的耐候性能,BS-22体系的涂料在遭遇极端条件后的表面状态更为优秀。

4　现场涂装实验

以华新水泥厂旧址2号回转窑一部分露天窑体作为实验段,以验证BS-22防腐蚀涂料体系在实际环境中的各项性能。该涂装实验也能为评估喷涂工艺提供借鉴。

4.1　表面清理

用高压水枪将窑体喷洗干净,去掉表面浮锈及微生物等附着物。待其干燥后,对窑体表面进行喷砂处理,喷砂清理等级为Sa2级或Sa2.5级。喷砂完毕后用洁净的高压空气扫去表面浮尘。喷砂后的窑体表面裸露出金属机体,且表面粗糙,有利于耐蚀涂料与窑体紧密结合。

4.2　涂装封护

涂装方式以喷涂为主,以刷涂和辊涂的方式处理拐角、焊缝等难以喷涂到位或重点焊接部位。每一层涂料涂装前,都用刷涂的方式对焊缝、细缝等重点区域进行预涂,然后按照底漆1层、中间漆1层、面漆2层的顺序对窑体进行涂装封护。为保证涂料充分干燥,每2层涂料间的涂装间隔为24h。

图4　涂装完成后效果图

涂装完成后散射日光下的效果如图4所示。

4.3 效果检验

涂装完成50天后，漆膜表面未出现生锈、起泡、开裂、剥落、掉粉、明显变色、明显失光等涂膜病态现象，如图5所示。表面留有雨水流淌的痕迹，应为下雨冲刷累积在窑体顶端的施工灰尘所致，如图6所示。可以看到，该体系涂料良好的耐候性在现场涂装实验中得到了很好的验证。

图5　现场涂装完成50天后效果图

图6　现场涂装完成50天后近距离图

5　结　语

实验室内耐候性能测试结果表明，环氧铁红底漆－环氧云铁中间漆－丙烯酸聚氨酯面漆体系的防腐蚀涂料在较为严格的环境条件下能表现出良好的耐候性能；该涂料体系在实验室测试中表现出的良好的耐湿热性能，在现场涂装实验中得到了初步验证。

本研究在防腐蚀方法及涂料体系的选择上，考虑了文物保护工作方针和原则的约束；在涂料的耐候性能测试中，加入了对工业遗产保存环境的考量；考虑到工业遗产作为新型文化遗产的特殊性，加入了带有验证性的现场涂装实验。本研究将为今后国内有关工业遗产本体保护工作提供一定的借鉴意义。

致　谢

感谢北京碧海舟腐蚀防护工业股份有限公司为本研究提供了技术指导以及实验材料、场地和设备。感谢霍振友先生为本研究对防腐蚀涂料体系的耐候性能测试提供的制板、养护、操作等方面的帮助；感谢赵金庆、霍振友、张家栋、郭宏君四位先生对本研究现场涂装实验的大力帮助。感谢黄石市文物局为本研究现场涂装实验提供场地。

参考文献

[1]　单霁翔.关注新型文化遗产——工业遗产的保护[J].中国文化遗产,2006(4):10-47.

[2]　黄允兰.古代铁器腐蚀产物的结构特征[J].文物保护与考古科学,1996(1):24-28.

[3]　ISO 12944 Paints and varnishes—Corrosion protection of steel structures by protective paint systems. 1998.

[4]　中华人民共和国工业和信息化部,HG/T 2454—2014 溶剂型聚氨酯涂料(双组份),北京:化学工业出版社,2014.

[5]　中国国家标准化管理委员会,中国国家标准化管理委员会编.中华人民共和国国家质量监督检验检疫总局,GB 1740—2007 漆膜耐湿热测定法.北京:中国标准出版社,2007.

[6]　中国国家标准化管理委员会,中国国家标准化管理委员会编.中华人民共和国国家质量监督检验检疫总局,GB/T 1766—2008 色漆和清漆 涂层老化的评级方法.北京:中国标准出版社,2008.

古建水盐病害综合治理
——大雁塔与钟楼对比

周伟强,赵皓辰

(西北大学文化遗产学院,陕西 西安 710069)

摘要:水盐破坏是古建筑砖砌墙体的典型病害,本文以西安大雁塔与西安钟楼作为典型案例分析古建筑水体侵蚀的特征及其诱因,并且对两种不同砌筑方式的古建进行对比,分析其可溶盐的种类及其危害性,以期促进该类文物保护技术的整体提升;最终发现传统保护方法对单一砖石砌筑体有显著效果,而对于内部夯土结构的古建收效甚微。

关键词:砖砌体;水盐破坏;病害成因

Comprehensive Treatment of Water and Salt Diseases in Ancient Buildings
—The Dayan Pagoda Contrasts with The Bell Tower

ZHOU Wei-aing, ZHAO Hao-chen

(School of cultural Heritage, Northwest University. Shaanxi Xi'an 710069)

Abstract: Water and salt damage is a typical disease of brick walls in ancient buildings, This paper takes The Dayan Pagoda and The Bell Tower in Xi'an as typical cases to analyze the characteristics and causes of water erosion of ancient buildings, and the types and harmfulness of soluble salt were evaluated, In order to promote the over all improvement of such cultural relics protection technology.

Key words: Brick masonry; water and salt disease; cause of disease

1 前言

我国拥有大量古代建筑遗存,且多以砖体作为基本材质砌筑而成,有着极高的历史、文化和艺术研究价值[1],但绝大多数砖砌体结构都存在水盐病害,以西安大雁塔与钟楼为例,二者主体同为砖石结构,且在我国古建历史中皆有极高地位,但二者又存在部分差异,大雁塔一层下部长期潮湿,水线上升高度常年达到2m以上(最低位置),表面酥粉、酥碱现象明显,西安钟楼可溶盐在砖砌体表面富集,砖体表面产生酥粉酥碱现象[2](图1,图2),在既往保护过程中,采用丙烯酸材料进行多次涂刷,由于丙烯酸涂层不具有透气性,致使砖砌体通透性降低,且会在砖体与灰缝表层形成夹层盐害。钟楼与大雁塔都存在砖体掏蚀现象且逐步加剧,部分砖体逐步向内"掏蚀",缺失达到1/3以上,不得不频繁进行"掏补替换"或采用水泥灰浆进行表面砖体的修复修补处理,因其与砖体原材料不匹配,不仅没有起到修复保护作用,反而加剧了盐害程度,出现层片状脱落,并加剧周边墙面风化,同时又改变了两者的历史风貌,且不利于长期保护。

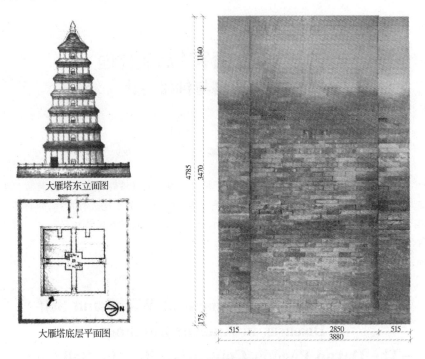

图1 西安大雁塔

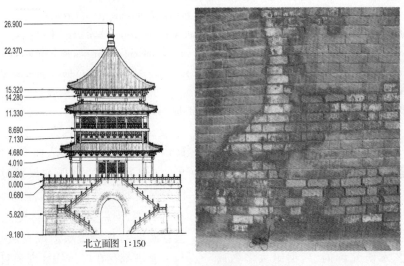

图2 西安钟楼

2 保护方式

根据砖石质文物传统保护工艺要求,对砖石质文物保护的首要任务是排水排盐,利用无损排盐技术,在大雁塔选取 $10m^2$、钟楼选取 $0.6m^2$ 的排盐实验区(图3、图4),采用排盐纸浆对墙体进行排盐清洁,并进行取样评估效果;其次采用天然水硬性石灰材料,进行砖本体牺牲性修复,完成现场效果检测评估；遵循最小干预原则，通过现代排盐技术手段，有效的减缓水溶盐对古建筑墙体的破坏作用；选择石灰基"牺牲性"修复材料对残损的砖体及灰缝进行修补，达到最大限度的保存文物本体目的。

3 保护实验

3.1 大雁塔保护实验

现场勘查发现，大雁塔一层整个外立面砖砌体距地面(一层地面)4m左右有一道明显的分割线，以上砖体被土等覆盖、呈土黄色，砖体干燥，以下砖体裸露、缺损严重、潮湿，详见图5。

图3 大雁塔实验面

图5 墙体存在明显的潮湿分界线

分析一层墙体潮湿原因可能为：底部毛细水上升引起、雨水进入墙体等[3]。对一层塔檐勘查，下塔檐砖体保持较好，基本没有风化、缺损，砂浆勾缝缺失严重；上塔檐砖体缺损严重，以东层最为严重，上塔檐早期水泥勾缝历经10多年，出现空鼓、剥离等现象，但部分勾缝依然完整、且强度较高，塔檐砌筑材料为灰土，勾缝材料早期应为石灰(图6)。

图4 钟楼实验面

图6 2002年上檐口砖填缝保护及塔檐砌筑材料

现场确认在大雁塔东立面外侧墙体选取约10m²试验面，根据现场勘查，认为墙体酥碱泛盐、潮湿、损坏原因为可溶盐与基层水的侵入[4]，经检测，大雁塔砖体表层中常见的有害水溶盐为硝酸盐,故试验面修复工作主要以排盐工作为主,工作步骤如图7所示。

首先对实验区域进行图像信息留取工作并采集大雁塔实验区表面样品,用以分析大雁塔表面水盐破坏的类型;其次使用高温热蒸汽机对实验区域进行表面清洗工作,将墙体表面浮灰与其他污染物进行去除;表面清洗完成后,使用排盐纸浆涂敷于实验区域待排盐部位(图8)。

待其干燥后,将排盐纸浆揭取(图9)。

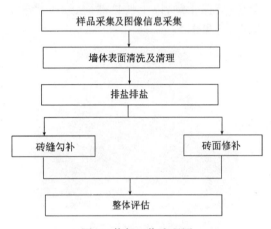

图7 修复工作流程图

图8 涂敷排盐纸浆

图9 揭取排盐纸浆

采用分割法涂抹第二遍排盐纸浆(图10),现场试验面所使用的排盐纸浆干燥较快,距离地面越高的位置干燥越快(与墙体潮湿程度有关),现场采取喷水、覆膜等措施效果不佳,故进行多次排盐处理(至少两遍),待最后一遍排盐纸浆彻底干燥后对其进行揭取,并对实验面进行纸浆残留清理工作(图11)。

图10 第二遍分割法涂抹排盐纸浆

图 11　实验面清理

待实验面清理干净后,对实验面砖体残损开裂部位进行少量勾缝、砖面修补工作(图12)。

图 13　试验面修复前、后对比

盐工作取得成功。

3.2　钟楼保护实验

西安钟楼由于降雨经由台明表面砖体进入内部,加之台明表面蒸腾作用,导致可溶盐在砖砌体表面富集,砖体表面产生酥粉酥碱现象,对钟楼进行检测时,发现其与大雁塔所存在的病害基本相同,可溶盐均为硝酸盐,在砖砌体表面富集,砖体表面产生酥粉酥碱现象,从而砖面产生破损[5],又因为钟楼在既往保护过程中,采用丙烯酸材料进行多次涂刷,由于丙烯酸涂层不具有透气性,致使砖砌体通透性降低,由于涂层涂刷模式没有从根本上解决表面盐害富集问题,可溶盐在涂层下堆积,不仅导致涂层起甲起翘,而且会在砖体与灰缝表层形成夹层盐害,故决定采用与大雁塔相同的保护治理方式对西安钟楼进行保护,首先选取 $0.6m^2$ 的实验区域(图14)进行区域试验。

因钟楼与大雁塔皆为砖体结构,且病害成因与污染物成分相似,在大雁塔保护过程中所使用的文物保护手段取得了良好效果,所以在钟楼决定使用相同手段进行保护工作,具体流程如图15。

对钟楼东墙拱门南侧选取的高 0.5m,长 1.2m 的实验区域进行样品采集并拍照;使用软毛刷对墙体表面进行清扫工作,将表面可溶盐结晶及表面浮尘清扫干净(图

图 12　现场砖面及勾缝修补

试验面采用了不同配比的天然水硬性石灰修复材料,并进行了多个颜色的调整,进行逐块修补(图13),主要是目的是确定最优的修复材料配比,以及实现更加协调的修复效果。

大雁塔经过蒸汽清洗、排盐、修补砖面灰缝等工作后,初步恢复了不确定是否正确的原貌,经过一年时间的推移,大雁塔表面未再次呈现酥碱泛盐现象,故大雁塔砖体排

图 16　表面清理

图 14　钟楼实验区域

图 17　热蒸汽清洗

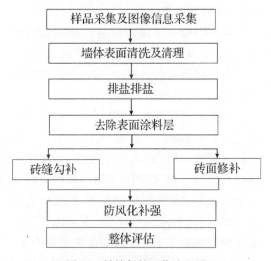

图 15　钟楼保护工作流程图

16),使用高温热蒸汽机对墙体进行热蒸汽清洗(图 17),达到生物灭活及打开砖体毛细孔的作用,有利于排盐纸浆更好的发挥效果,为排盐进行前期准备工作。

使用排盐纸浆对西安钟楼墙体进行排盐处理(图 18),将墙体内部盐分利用排盐纸浆脱出,达到无损排盐效果。

待排盐纸浆完全干燥后进行揭取,与大雁塔相同,对实验区域进行两次以上排盐处理,使可溶盐完全脱出,待最后一次排盐纸浆干燥后,将实验区域残留纸浆清理干净(图 19)。

图 18　排盐纸浆涂抹

图19 排盐纸浆揭取

使用脱漆剂对试验区域内丙烯酸涂层进行去除后,使用纯净水调和水硬石灰修复砖粉(浅灰)和水硬石灰修复砖粉(深灰),将其成品涂抹于残损砖体上(图20),达到修补作用[6],并在所有工序全部完工后,使用雷玛仕R-300防风化补强材料对西安钟楼墙体实验区域进行防风化加固,增加其稳定性(图21)。

图22 实验区域可溶盐富集并伴随脱落

图20 砖面修补

图21 防风化补强

六个月后对其进行观察,发现表面又出现可溶盐富集问题,且造成部分补配部位脱落现象(图22),由此认为,西安钟楼与大雁塔砌筑砖体存在差异并对其差异进行探究。

4 大雁塔与钟楼差异

大雁塔与钟楼病害相似且均为砖体结构,但使用相同的保护方法后,结果却大相径庭,对其差异效果进行探究发现大雁塔与钟楼存在两点区别。

第一,大雁塔为单一砖石结构,其塔体内外皆为砖体(图23),而钟楼砌筑模式为传统砖包土结构(图24),两者结构上的差异导致大雁塔内部储存可溶盐含量有限,经过多次排盐纸浆进行排盐后,内部可溶盐被脱除干净,且未有新盐补充,而钟楼内部土体长时间经由地下水与毛细水补充,内部土体处于饱水状态,与外界进行频繁的水盐运移活动,故钟楼内部可溶盐有新盐进行补充,排盐纸浆无法将其彻底脱除。

第二,钟楼外部表面有不透气的丙烯酸类涂料进行涂刷,致使砖砌体通透性降低,内部水体更加难以蒸发,由于涂层涂刷模式

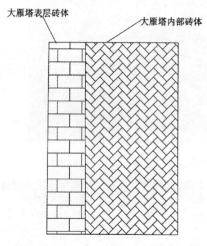

图 23　大雁塔砌筑示意图

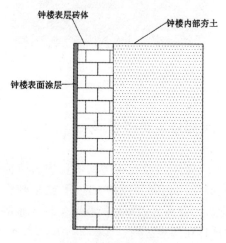

图 24　钟楼砌筑示意图

没有从根本上解决表面盐害富集问题,可溶盐在涂层下堆积,致使砖体与灰缝表层形成夹层盐害,致使表面盐害向砖层内部扩散,导致排盐工作未达到预期效果。

5　总　结

根据钟楼与大雁塔相同保护方法造成不同保护结果的原因探究可以得出,传统的砖石质文物保护技术对于结构单一为砖体的文物,有良好的保护作用,但对于传统砖包土结构古建的保护效果不尽如人意,其主要原因是内部土体饱水率过高,造成其内外部可溶盐运移频繁,故而排盐工作成效甚微,治理砖包土结构的古建时,应先将内部含水率降低后,方可进行后续保护工作。

参考文献

[1] 狄钟秀. 西安钟楼[J]. 文博,1985,(6):75-78.
[2] 周伟强,周萍,王永进. 砖石文物病害及分类概述[J]. 文博,2014,(6):73-75.
[3] 冯楠. 潮湿环境下砖石类文物风化机理与保护方法研究[D]. 吉林大学,2011.
[4] 张秉坚. 石质文物表面污染物破坏或保护作用的探索性研究[A]. //中国文物保护技术协会. 中国文物保护技术协会第八次学术年会论文集[C]. 中国文物保护技术协会,2014:15.
[5] 裴玲玲. 露天石质文物的风化和加固保护技术探讨[J]. 黑龙江史志,2015,(13):64.
[6] 周虎. 传统糯米灰浆在砖石质文物保护中的应用[D]. 安徽大学,2016.

水激光技术应用于古建筑琉璃表面沉积物的清洗

赵 静[1]，迪丽热巴·阿迪力[1]，张力程[2]，钱 荣[1]，赵 鹏[3]，王 丛[3]

（1. 中国科学院上海硅酸盐研究所古陶瓷研究中心，上海 200050；
2. 上海博物馆 文物修复研究室，上海 200003；3. 故宫博物院古建部，北京 100009）

摘要：古建筑琉璃构件釉面脱落的胎体表面附着大量黑色沉积物，影响釉面保护措施的实施与保护效果。水激光清洗技术是利用Er,Cr:YSGG晶体释放出特殊2790nm波长，这个特殊波长的激光可激发水分子而形成所谓"水光动能"的现象，使得水分子形成具有高速动能的粒子、作为材料切割或污物清除的媒介，不会对文物表面造成较大的损害和炭化现象。由于水激光作用点精确，作用于硬质材料表面时不会出现振动和热，研究通过清洗前后琉璃样品表面的显微形貌和质量的损失率变化，发现该技术应用于故宫古建筑琉璃构件表面黑色沉积物的清洗效果优异，且操作简便，有很好的适用性。

关键词：古建筑琉璃；水激光；清洗；表面沉积物

Application of Water Laser Technology for Cleaning Sediments on the Surface of Glazed Tiles in Ancient Buildings

ZHAO Jing[1], DILIREBA Adili[1], ZHANG Li-cheng[2],
QIAN Rong[1], ZHAO Peng[3], WANG Cong[3]

(1. Ancient Ceramics Research Center, Shanghai Institute of Ceramics Chinese Academy of Sciences, Shanghai 201809, China; 2. Shanghai museum, Shanghai 200003, China; 3. Palace museum, Beijing 100009, China)

Abstract: A large amount of black sediments on the surface of glazed tiles in ancient buildings especially in Palace Museum, in which the unprofitable substances such as element Calcium and Sulphur affected the implementation and protection measures for the glaze protection, so it was particularly necessary for cleaning the black sediments. In the process of cleaning by water laser technology, there no vibration and heat reactions on the surface of hard materials due to the precise action point of water laser. The special wavelength of 2790 nm laser emitted by Er, Cr: YSGG crystals in the water laser cleaning technology, which can be form the phenomenon of "water photokinetic energy" for exciting the water molecules, therefore these water molecules with high kinetic energy as medium for cutting or dirtying removals on materials was be acted. This principle in water laser technology was totally different from the traditional laser which will no damage and carbonization on the surface of cultural heritages. The changes of surface morphology and mass loss rate on glaze samples before and after cleaning were studied, it was found that the application of this technology in the cleaning sediments on the surface of glazed components in the Palace Museum has excellent effect, with simple operation and good applicability.

Key words: Glazed tiles in ancient buildings; water laser technology; cleaning sediments; unprofitable substances

0 引言

北京故宫是中国明清两代的皇家宫殿,位于北京中轴线的中心,内部以三大殿为中心,有大小宫殿七十多座,房屋九千余间,是世界上现存规模最大、保存最为完整的木质结构古建筑之一。在这座建筑中,除了典型的木质构件的使用,最为奇特和尊显的莫过于建筑琉璃构件的使用,尤其是黄色琉璃瓦顶的铺设,使得这座神秘的建筑更加富丽和尊贵。

北京故宫始建于1406年,建筑屋顶的琉璃构件经历了五六百年的风吹雨淋,最主要的病变是琉璃釉层的大面积脱落,脱落后的胎体在外界环境的长时间影响下变得表面乌黑,见图1,这些黑色沉积物常年累积在文物表面,其中表面部分会有一些有害成分威胁着文物本体的保存,同时还会进一步影响釉面保护措施的实施与保护效果,因此采取安全有效的技术手段对这些有害部分的沉积物进行清除的研究极其必要。

图1 釉面脱落后、黑色沉积物附着的瓦顶

在硅酸盐质文物表面沉积物的清洗中,目前采用激光清洗技术的研究报道较多,国际上斯蒂芬大教堂石浮雕、帕台农神庙的西饰带浮雕等石质文物保护工程[1-3]、国内云冈石窟等砂岩[4]、彩绘陶俑[5]等文物表面污染物的清洗,都广泛使用激光清洗技术。但是由于激光清洗技术的清洗效果所受因素较多,包括激光参数、激光入射角和激光与污物的相互作用等,在设备技术方面,还受到包括激光器系统和振镜系统等对清洗效果均匀一致性的制约;同时由于文物的稀缺性、不可替代性和珍贵性,激光能量所导致文物表面的损伤问题并不能避免。

而广泛用于人体牙科的水激光清洗技术可以有效的避免激光直接辐射在物体表面所带来的损伤[6,7]。水激光是利用 Er,Cr:YSGG 晶体释放出特殊 2790nm 波长,这个特殊波长的激光可激发水分子而形成所谓"水光动能"的现象,从而使得水分子形成具有高速动能的粒子、作为材料切割或污物清除的媒介。水激光的作用点非常精确,不会伤及正常表面,在作用于硬质材料时不会出现振动,也不会产生热;作用介质是赋予能量的水分子,其能量可以随意调节,所以它不会像传统 Nd:YAG 激光对文物表面造成较大的损害,不会出现炭化现象。

本文首次采用水激光技术,通过清洗前后显微形貌的变化和质量的损失率变化,研究该技术应用于故宫古建筑琉璃构件表面黑色沉积物的清洗效果,并通过传统清除技术的对比,评估出该技术和方法的应用可靠性以及适用范围。

1 文物样品的选取

由于故宫古建筑琉璃构件的珍贵性、稀缺性与所承载信息的重要性,本研究选取失去使用功能、同时釉面脱落的不完整文物样品进行分析,具体照片见图2。

a. 正面

b. 反面

图 2 待清洗文物残片

2 测试条件

2.1.1 超景深显微分析

景深指在固定像平面上成清晰像时对应的物方深度范围,也就是在保证得到清晰像时物体能够在物方空间前后移动的最大距离;通过阶梯式缓慢移动聚焦,获得很多幅局部聚焦图像,再对这些图像进行整合获得一个景深很大的图像。超景深显微镜利用显微镜头变换焦点时采集的层状图像序列,将计算机自动提取的每幅图像信息融合成一幅超大景深的清晰图像,实验使用日本 Keyeens 的 VHX－2000 超景深显微镜,具有5400万像素,与传统光学显微镜相比可以实现 20 倍以上的大景深观察,可以聚焦凹凸大的样品表面,测试出样品表面的形貌状况。

2.1.2 拉曼光谱分析

采用法国 HORABA XploRA ONE 显微拉曼光谱仪对文物表面黑色部分进行分析,选取 532nm 波长激光作为激发光,物镜选取 50 倍,光谱检测范围设定为 $2500 \sim 500 cm^{-1}$,光谱分辨率为 $0.6 cm^{-1}$。

2.1.3 扫描电镜－能谱分析

(SEM－EDX)采用日本 JEOL 公司 JSM －6700F 型扫描电子显微镜,将样品镶嵌于环氧树脂,抛光后,利用扫描电子显微镜观察样品表面的微观结构,同时利用能谱仪测定其相关成分。

2.1.4 水激光清洗技术

采用美国 Biolase 公司的水激光清洗仪,图 3 中设备通过三条管线(光纤、水管、气管)分别输出激光、水滴和气流,从而在距手柄末端 1～2mm 的范围内,数以千亿的水分子强烈吸收激光赋予的能量,从而变得非常不稳定,这些不稳定的水分子在几个纳米的范围内发生微爆破撞向文物表面从而使光能转变为机械能,达到清除表面污物的目的。

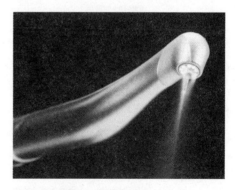

图 3 水激光清洗技术

3 结果与讨论

3.1 表面沉积物分析

采用超景深显微镜观察故宫琉璃样品表面的状况,图 4a 黄色釉层"冰裂纹"明显可见,脱釉胎体部分沉积大量黑色物质,较薄处厚度为 10～15μm,较厚处可达 80μm(图

4b)。图5采用拉曼光谱仪对黑色物质进行分析,拉曼光谱曲线中最为明显的两个峰为 1350cm^{-1}和1580cm^{-1},这是炭黑最为典型的谱峰,表面黑色沉积物的主要成分含碳元素。

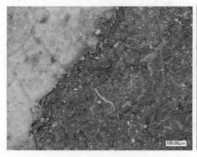

a. 琉璃表面　　　　b. 胎体断面

图4　琉璃表面及胎体断面

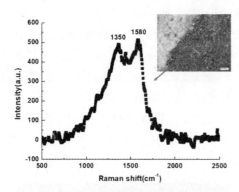

图5　黑色物质的拉曼光谱曲线

在沉积黑色碳元素的物质表面以及部分釉层裂纹处,有部分沉积呈灰白色。进一步经过 SEM-EDX 检测发现,图6中黑色沉积物中的灰白色物质主要含有 Ca 和 S,含量约占所测试部分的 25.0wt.% 和 17.6wt.%。考虑部分附着在黑色沉积层中的含 S 沉积物,会对琉璃釉层和胎体造成一定的损伤,对琉璃釉层和胎体的黑色沉积物无损清洗的研究显得尤为必要。

3.2 水激光技术清除表面沉积物的试验区分析

从釉面沉积物的显微形貌中可以看出,釉层所受沉积物的影响较小,表面"冰裂纹"清晰可见,而釉层脱落部位胎体表面沉积物的堆积比较密集,黑色颗粒沉积物与胎体表面形成紧密的结合,采用常规水清洗法很难达到沉积物的有效去除。试验首先采取传统手术刀对黑色表面进行小面积去除,显微镜下能够观察到图7b表面刮除过程的划痕。

为了避免产生如传统手术刀清洗对琉璃胎体黑色表面造成的划痕损伤,在采用水激光清洗技术时,首先调节仪器功率由小到大,小范围试验,当功率调节至1.0W,控制喷头与文物样品表面的距离 1~2mm,表面黑色沉积物的清除非常均匀,尤其是针对与釉层紧密相连的黑色部分,由于喷头水柱范围的可控性,调节65%气、55%水、脉冲频率为 20 Hz,用于避免在清除过程中对釉面的损伤,图8a为清除后胎釉结合处、以及胎体表面的显微对照图。图中可以看出:水激光清洗技术可以很好的进行小面积操作,防止对现存"斑驳"釉层的损伤,对于胎体黑

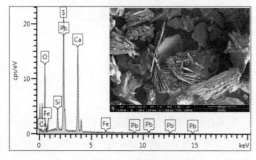

图6　黑色沉积层中灰白色物质的 SEM-EDX 曲线

色沉积物,能够在不产生聚集能量损伤、无任何热量、无振动的基础上进行去除深度的控制,而且去除均匀、操作简便。

当水激光的操作功率不断提高时,对于质地坚硬、结构致密琉璃胎体表面沉积物的清洗,会降低清洗过程所需的时间,当功率提高至 2.0W,清洗的表面无任何损伤(图8b),但是对于胎体风化的琉璃胎体,表面沉积物的清洗需要很好的控制操作功率,并非清洗的越干净越好,图 9a 样品表面覆盖大面积的不均匀沉积物质,由于有些沉积物质所处的位置深度较深,所以在清理的过程中,以不损害釉层,同时处理后胎体表面相对比较平整为原则,图 9b 为采用功率1.0W,调节 20% 空气、30% 水、脉冲频率20Hz 时,样品表面整体均匀、无划痕。

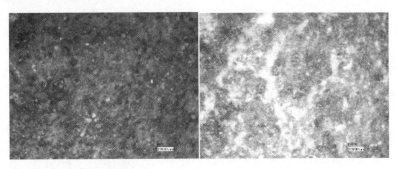

a. 未处理　　　　　　　b. 处理后

图7　传统手术刀刮出胎体黑色表面的形貌

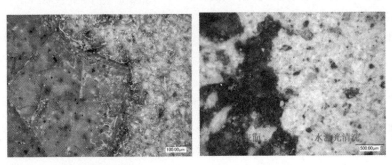

a. 胎釉结合部位　　　　b. 胎体表面对比

图8　水激光技术清除表面的形貌

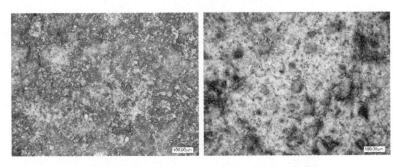

a. 未处理　　　　　　　b. 清除后

图9　样品表面

在去除黑色沉积物的过程中,除了显微形貌的影响,评判文物清洗技术优劣的一个重要指标为质量的损失率[4]。相同清洗效果下,一种清洗技术所导致文物质量损失率越小,该技术对文物本体的损伤将越少。经过测试发现,试验区域 5cm² 的样品表面,经过水激光清洗后质量损失率约为 0.50%,损失率和损伤都较小。

4 结 论

首次采用水激光清洗技术,该技术作用点精确,不会伤及物体正常表面,在作用于材料表面时不会出现振动和产生热。研究对比清洗前后琉璃样品表面的显微形貌和质量的损失率变化,发现该技术应用于故宫古建筑琉璃构件表面黑色沉积物,尤其是沉积物位置深浅不一、极其不均衡时,清洗的效果更为优异,该技术应用操作简便,具有很好的适用性。

参考文献

[1] Maxim N. Sinyavsky, T. V. Kononenko. Microsecond Pulsed Laser Material Ablation by Contacting Optical Fiber [J]. Journal of Laser Micro/Nanoengineering, 2010, 5(3):223 - 228.

[2] R Pini, S Siano, R Salimbeni, V Piazza, et al. Application of a new laser cleaning procedure to the mausoleum of Theodoric [J]. Journal of Cultural Heritage, 2000, 1(2):93 - 97.

[3] P Bromblet, M Laboure, G Orial. Diversity of the cleaning procedures including laser for the restoration of carved portals in France over the last 10 years [J]. Journal of Cultural Heritage, 2017, 4 (1):17 - 26.

[4] 齐扬,周伟强,陈静,等. 激光清洗云冈石窟文物表面污染物的试验研究[J]. 安全与环境工程, 2015, 22(2):32 - 38.

[5] 张力程,周浩. 激光清洗技术在一件汉代彩绘女陶俑保护修复中的应用[J]. 文物保护与考古科学, 2017, 29(2):67 - 75.

[6] 罗淞元,于杰,冯帆,等. 水激光对于牙体硬组织影响的研究进展[J]. 全科口腔医学杂志, 2018 23(5):24 - 25.

[7] 马姝祺. 水激光应用于口腔疾病治疗的研究进展[J]. 临床口腔医学杂志, 2018, 34(4):250 - 252.

对历史建筑木构件白化现象的再认识

周怡杉[1],松井敏也[1],刘 成[2],王 飞[3]

(1. 筑波大学艺术系,日本 筑波 305-8571;2. 西北大学文化遗产学院,陕西 西安 710069;
3. 义县文物局,辽宁 义县 121100)

摘要:白化现象是木质文物常见的病害现象之一。本研究通过对中国义县奉国寺、日本旧水户藩弘道馆和旧岩崎家末广别邸等三处历史建筑的实地调查结果对历史建筑木构件的白化现象进行重新阐释。通过对木构件中元素成分以及附着物的现场调查和采样分析,本研究指出除白腐菌和光辐照之外,木材白化现象还有其他成因。历史建筑中与地面接触的木构件可能受到地面筑基材料石灰的影响,因含 Ca 元素成分的附着物和木材的碱化及相关降解反应而形成白化现象。金属构件附近木构件则可能因为无机质金属盐的生成而形成木材白化现象。

关键词:历史建筑物;木材;白化现象;特征分析

The Reconsideration of the Bleaching Phenomenon of Wooden Parts in Historical Buildings

ZHOU Yi-shan[1], Satoshi Matsui[1], LIU Cheng[2], WANG Fei[3]

(1. University of Tsukuba, School of Art and Design, Tsukuba, Japan, 305-8571; 2. School of Cultural Heritage, Northwest University, Xi'an, Shaanxi 710069, China; 3. YI County Administration of Cultural Heritage, Yi County, Liaoning 121100)

Abstract: Whitening is one of the common diseases in wooden cultural relics. This study reinterprets the whitening phenomenon of wooden components in historical buildings through the field investigation results of Fengguo Temple of Yixian County in China, Hongdao Pavilion of Old Mito vassal state in Japan and the Suehiro House of Old Iwasaki's Family. Through the field investigation and the sampling analysis of the elements and attachments in the wood components, it is pointed out that in addition to white rot fungi and light irradiation, there are other causes of wooden whitening. The wood components in contact with the ground in historical buildings may be affected by lime, the base material on the ground, and appear whitening phenomenon, due to the alkalization and related degradation reaction of wood and attachment containing Ca elements. The wooden components, which are closed to the metal component, may be affected by the formation of inorganic metal salt and arise the phenomenon of wood whitening.

Key words: Historical buildings; wood, whitening phenomenon; feature analysis

1 引言

木造建筑、舰船、工艺美术品、出土遗物等可移动和不可移动文物是人类珍贵文化遗产的重要构成部分。保存环境和人类活动等因素所引起的劣化现象或物理损伤时刻威胁着木质文物本体的耐久性及其承载的历史价值。微生物病害、虫害、自然灾害、日照风雨等外因所引起的病害和损伤现象现在已经较为普遍被认知,其相关机理和保护对策研究和也有一定累积。如图1所示,白化现象是木质文物常见的病害现象之一。白化现象的发生不仅仅是对文物表面美学和历史信息的损害,更意味着木材中异常化学劣化反应的发生。令人担忧的是该现象是否将导致木材耐久性的降低,最终威胁到文物整体结构的安全存续。

图 1　历史建筑木构件的白化现象

根据文献调查,可将现有认知下木材的白化现象的起因归纳如下:

(1) 木材白腐菌[1]。

白腐菌是木腐菌中的一类。因遭受该类木腐菌侵害的木材会呈现白化现象而得名。其白色现象的成因被认为和白腐菌对木材细胞壁结构中木质素的降解有关。

(2) 紫外光或者可视光辐照[2-4]。

紫外光或者可视光辐照所引起的光老化反应会引起木材的风化,并导致木材呈现褪变色现象。通常情况下,暴露在阳光下的木材首先会呈现偏黄色或棕色的变色现象,然后再逐渐呈灰白色。一些文献中指出这种呈灰白色的变色现象可能是因为呈暗色的光老化产物在木材的长期自然暴露中随雨水等流失而形成。

(3) 无机质附着物[5]。

针对与历史建筑中与础石相接处木材的白化现象,佐藤等人通过现场调查指出由于石材与木材间的冷凝水作用,源自石材中的无机质(如 $CaSO_4 \cdot 2H_2O$ 等)迁移附着至木材中,导致了木材的白化现象。

相较于前两个观点所描述的白化现象,历史建筑中与地面、基础相接处木材的白化现象普遍可见,但相关认知较少。现有认识将其归因于与木材接触的外部物质的迁移沉积,但从文物保护的角度而言,仍然需要进一步关注呈现该类白化现象的木材的自身特性。

另一方面,文献研究表明,虽然同样表面呈现为木材的白化或者浅色化现象,但其生成机理可能多种多样。除上述三种情况之外,如图 2 所示,日本历史建筑物中远离地面而与金属构件接触的木构件中也常见白化现象的发生。该类白化现象鲜被文献记录,其成因仍未解明。

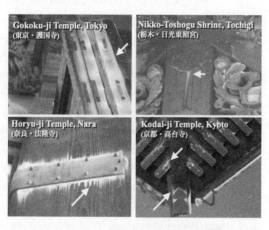

图 2　日本历史建筑金属构件附近木构件的白化现象

为了能在今后的文保工作中对木质文物白化现象制定有效合理的保护措施,需要在认知其具体特征分类的基础上,厘清生成机理。本研究将结合文献调查以及中国义县奉国寺,日本旧水户藩弘道馆和旧岩崎家末广别邸等三处历史建筑的实地调查结果对于历史建筑木构件白化现象的再认识进行阐述。

图3 a) 弘道馆区域内孔子庙位置示意图
b) 孔子庙外立面木构件白化现象

2 木构件白化部位的元素分布调查：以日本旧水户藩弘道馆为例[6]

旧水户藩孔子庙位于日本茨城县水户市。是创建于1841年的水户藩教育机构弘道馆的构成建筑之一。弘道馆现存遗址、正门、墙垣等先后于1952年和1964年被指定为日本国家特别史迹和重要文化财。由于弘道馆在历史上开设儒学、史学、军事、数学、军事和艺术等方面的课程，是日本近代教育发展的重要据点，于2015年作为"近代日本教育遗产群"的构成遗产登录为"日本遗产"[7,8]。孔子庙原建筑烧毁于1945年，现为1970年代复原建筑。孔子庙本体建筑为歇山式瓦顶面阔进深三开间的单体建筑，整体木构件为榉木。该建筑各外立面与基石相接处木材均可见一定范围白化现象（图3）。为了能整体掌握白化区域的特征，本研究对孔子庙外立面木构件进行了元素分布调查、显微观察和测色等现场调查。

2.1 调查方法

为能明确调查点的具体位置，以12根外立柱为分隔将外立面十二等分并依次编号为No.1～No.12区域（图4）。为了对白化和未白化木材进行特征比较，于No.1、No.2区域分别选取白化点1-W和2-W和未白化参照点2-R进行X射线荧光（XRF）元素分析调查、显微观察和色度分析的比较。

为了掌握外立面木构件中元素分布，对四个外立面进行整体XRF元素分析调查四个外立面分别建立地面水平方向x轴和垂直

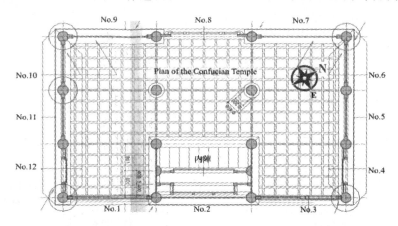

图4 孔子庙平面图以及外立面各区域编号（平面图摘自《孔子庙復旧工事》）

方向 y 轴坐标体系。元素分布调查以距地 5 ~270cm 处外立面为调查区域,x 轴方向以 25cm 间隔,y 轴方向距地 70cm 以下以 5cm 为间隔,70cm 以上以 10cm 为间隔,取点调查。部分区域仅对 70cm 以下部分取点调查。四个外立面共计取点 4505 余点(图 5)。

图5　孔子庙外立面选点调查位置示意

本研究中现场显微观察由便携显微相机 Nikon ShuttlePix P‑400Rv;色度分析由分光测色计 Nippon Denshoku Industries Co., Ltd, NF333(D65,10°)采用1976CIE L*a*b*色度系统进行。主要对表征颜色白度的 L* 值进行比较。元素调查使用手持 X 荧光分析仪 Bruker AXS S1 TURBO(Silver X‑ray tube, silicon drift detector, 40kV, 60uA)进行。每个调查点进行 45s 检测。该方法对 Mg, Al, Si, P, S 等原子序数较低的元素亦有较好检出效果。X 射线荧光分析检出峰的强度主要取决于检测对象中相关元素的浓度、基体元素组分和检测对象自身厚度[9]。本次调查对象为体量较大的建筑构件,厚度影响可以忽略不计。因此以各元素特征峰位置的检出信号强度表征相对含量,对木构件中的元素分布做半定量评估。

2.2　选点调查结果及考察

对础石和三合土地面的 XRF 元素调查可知础石主要元素成分为 Ca, Fe 以及少量 Cl, Si, K, Mn, Ti 等元素。而对室内较健全木材参照点的元素分析表明其主要元素成分为 Ca, K 以及少量 Cl, Si, Mn, Fe 等元素。结合前述文献调查结果,本研究主要针对 Ca, Fe, Cl 和 S 等元素成分进行讨论。

白化点 1‑W, 2‑W, 和未白化参照点 2‑R 处的色度分析结果 L* 值,以及该三点、内部木材参照点、础石和三合土地面调查点处 S, Cl, Ca, Fe 等元素 XRF 检出信号总结如图6所示。参照点 2‑R 处检出总信号强度以及 L* 值(L* ≈ 22)远低于其余两处白化点。从图7所示 2‑R 点的显微照片中可观察到木材的红棕色弦切面结构组织。木材组织之外并未观察到的其他附着物。相比之下与柱础接触的白化点 1‑W 和 2‑W 点处均有较显著信号检出。其中 S, Cl, Ca, Fe 元素的检出信号均远高于参照点。然而显微照片却显示该两点具有不同表面特征。2‑W 点处检测出较低的 Ca 元素信号(I(Ca))以及白度(L* =49.61),并可观察到大量细微颗粒附着在棕色木材组织上。而 1‑W 点处分别检出 3 倍和 2 倍高于 2‑W 点处的 I(Ca) 和 I(Cl) 并测得

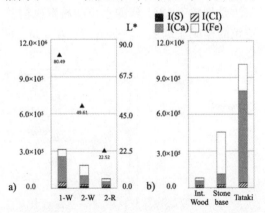

a)白化现象调查选点及所得白度 L* 值
b)室内木材参照点、础石、三合土

图6　XRF 分析检出 I(S), I(Cl), I(Ca), I(Fe), I(Cu) 的堆叠柱状图

更为显著的白度（$L^* = 80.49$），但显微照片视野下很难辨明对木材表面颜色的影响是来自细微颗粒附着还是木材组织自身的颜色。

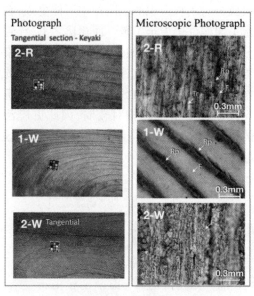

图7 木构件白化现象选点调查1-W、2-W、2-R的显微照片。Tr: tracheids, 管胞；Rp: ray parenchyma, 射线薄壁组织；F: wood fibres, 木质纤维

Ca和Fe元素为础石和三合土地面中的两大主要元素。相较于室内木材参考点，础石中检出有相对显著的S元素成分，而三合土地面中检出有相对显著的Cl元素成分。础石和三合土都有可能是白化木材中S, Cl, Ca, Fe等元素成分的来源。伴随着木材、础石和三合土之间的毛细水作用，各个元素成分迁移进入并附着在木材中。

对白化木材的显微观察表明引起白化的原因可能不仅仅是无机质附着物的生成。根据工程记录孔子庙所使用的三合土为熟石灰、粘土、砂砾按1:4:4比例混合制成。熟石灰的主要成分为氢氧化钙。这可能会使得经由三合土和础石进入木材的毛细水呈碱性并富含Ca元素。在此种毛细水的长期影响下，木材组织中不仅仅会附着含Ca元素无机物，同时木材细胞壁构成成分的纤维素、半纤维素和木质素等可能发生碱性条件下的降解反应。因此化学变化在白化现象生成过程中所扮演的角色亦不可忽略。

2.3 外立面元素分布调查结果及考察

外立面各调查点Ca, Fe, Cl, S等元素的检出信号总结为彩色等高线图以表征元素的分布情况。紫色至红色由低至高表征各元素的检出信号强度（图8）。各元素等高线图所示元素信号强度下限参考室内木材参考点的元素检出结果设置，而上限则根据外立面各元素的最高检出信号设置。

Ca元素等高线图显示Ca元素主要集中在距地70cm以下构件中。从No. 2和No. 7区域等高线图可知，Ca元素连续分布于至距地50cm以下范围内，随高度增加而检出强度递减（图8.b）。结合照片信息可知，Ca元素集中分布部位基本与白化现象部位一致。

Fe元素集中分布在立柱柱础附近、距地10cm以下的构件中。除此之外，图8.c中箭头所指Fe元素高度集中位置为门板铁钉位置。其周围所检出显著Fe元素应为铁钉腐蚀所生成游离Fe离子扩散至木材中所致。

Ca元素集中分布部位皆有Cl和S元素检出，但各自表现出不同分布特征。Cl元素集中分布在距地15cm以下部位，而S元素集中分布在距地30~50cm部位而非与地面直接接触的部位（图8.e）。

上述结果表明Ca, Fe, Cl, S等元素集中分布于距地70cm以下的部位中，但具有不同分布特征。这种不同分布特征可能是毛细水运移过程中不同元素与作为固定相的木材组织的吸附作用不同而导致[10]。毛细水中溶质成分与木材组织具有较强吸附作用时，进入木材中后更易吸附停留在木材组织中，因此较集中分布于距地较低范围，反之则易于扩散分布范围更广。图 5 所示，与础石正上方距地 15cm 以下范围为木构件主要为两类：弦切面朝外的水平向木构件，组织方向垂直于地面的木质柱础。可以判断这两类构件与础石直接接触的木材结构面分别为径向切面和横切面。水平向木构件中，含有 Ca,Fe,Cl,S 等元素成分的水分从径向切面进入木材后，迅速沿木材导管分子进行横向扩散，随后逐渐在相邻细胞壁之间垂直向上扩散，进而进入到其上方的木质裙墙中。而木质柱础中，水分将更易于沿着木材导管分子垂直向上扩散。推测 Cl 和 Fe 元素成分与木材组织间可能存在较强的吸附作用，这使得水平向木构件中 Cl 和 Fe 元素成分容易迅速被吸附停留在木材组织中，而难以进一步在相邻细胞壁间扩散。Fe 元素成分与木材组织的吸附作用可能更强，在水平向构件中更难扩散。而相比之下，导管分子垂直接触础石的木质柱础中 Fe 元素更易于扩散，于是在柱础中有相对显著的检出信号。而 Ca 和 S 元素成分与木材组织间吸附作用可能相对较弱，因此更广泛的扩散到了距地较高（如 50cm 以上）的区域中。

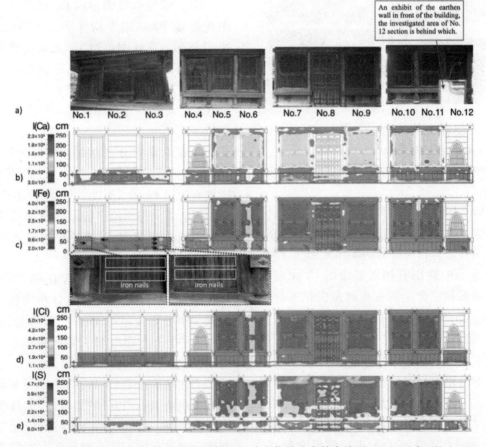

图 8 a)孔子庙外立面照片；外立面各元素 XRF 检出信号分布等高线图；b)Ca 元素（距地 50cm 以下范围内检出）；c)Fe（主要于木质柱础中检出），黑箭头标明木构铁钉位置，其周边木构件中有显著 Fe 元素检出；d)Cl 元素（距地 15cm 以下范围内检出）；e)S 元素（距地 30～50cm 范围内检出）

3 木柱底部白化部位的取样分析：以中国义县奉国寺大雄殿为例

奉国寺位于中国辽宁省锦州市义县，始建于辽代开泰九年（公元1020年），现为中国全国重点文物保护单位。寺内现存辽代木构建筑大雄殿与应县木塔于2013年以"辽代木构建筑"列入中国世界文化遗产备选名单。奉国寺内共有立柱56根，除被檐墙包裹檐柱，木柱下皆有灰白石灰岩制作覆盆式柱础。殿内柱础四周为方砖铺墁地面[11]。

殿内现有多处木柱底部出现白化现象（图9）。参考2.3中所述对弘道馆孔子庙调查结果的推断，木柱底部白化现象极有可能与毛细水活动有关。水溶性成分伴随着毛细水活动附着于木柱中。因此设想对木柱底部所含水溶性离子成分的定性定量分析可能可以证实毛细水活动对与地面、柱础接触的木质构件作用，并明确毛细水中主要影响木材的成分。因此本研究选择以大雄殿内底部发生白化现象的两根木柱为代表，进行采样调查分析。

图9 a)奉国寺中轴线建筑群；b)大雄殿内立柱情况
（箭头所示为木柱底部白化现象区域）

3.1 调查方法

为了明确调查对象的相对位置，参照大雄殿平面图对立柱进行编号如图10所示。

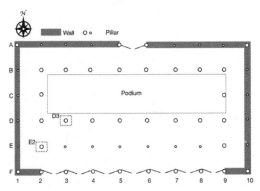

图10 奉国寺大雄殿平面图
（本次主要调查对象为E2和D3号木柱）

首先为大致把握大雄殿内木柱的整体白化现象情况，对未被墙体包裹、可以观察到木柱底部情况的木柱B－E行共26根木柱，使用卷尺进行白化现象区域高度进行大致测量。

本研究选择木柱E2和D3作为主要调查对象进行采样。采样方法为剃刀轻轻刮取木柱表面木材组织约10mg。采样位置如图11所示，自与柱础接触的距地0cm位置开始至距地50cm位置，间隔10cm进行采样，最后以距地面105cm位置作为未白化参照点进行采样。

采样所得木材组织使用乳钵研磨为粒径177～250μm的木粉，浸入10ml超纯水振荡48h。随后使用注射器过滤器（0.45μm孔径，Regenerated cellulose-mem-

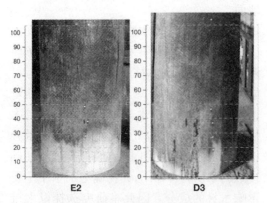

图 11 调查对象 E2 和 D3 号木柱采样点示意

brane, Minisart@)过滤后获得冷水浸取物,以备离子色谱分析(IC)。IC 分析采用 Methrohm 883 Basic IC Plus 分析仪,以 METROSEP A Supp 5 25/4.0(6.1006.530)阴离子分析柱和 METROSEP C3 25/4.0(6.1010.430)阳离子分析柱分别进行阴离子和阳离子成分的定性定量分析。IC 分析所测得各个浸取物样品中离子成分浓度,对照原始木粉样品重量换算为比重(wt.%)。此外还对通过简便型 pH 测量计(As-212,HORIBA)测定浸取物酸碱度(pH 值)。

3.2 调查结果

(1)殿内木柱的整体白化现象情况。

本研究所测 26 根木柱进行白化现象区域高度整理为等高线图,以黑色至白色由低至高表征白化现象区域高度(图 12)。

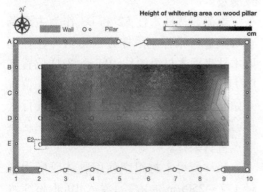

图 12 殿内 26 根木柱底部的
白化现象区域高度等高线图

该分布图表明靠近南面殿门的 E 行 3~9 列木柱底部白化区域高度总体较低,而靠近建筑东墙的第 9 列木柱白化区域高度总体较高,其中在 C9 号木柱处最为显著。从殿内环境来看 E 行 3~9 列木柱接近殿门,日常可较多接受到日照,周围空气流通较好,木柱底部及其周边地基相对不容易保有水分,毛细水活动对木柱影响范围有限。相比之下第 2 列第 9 列以及 B,C,D 行木柱所处环境较为封闭,更易于木柱和周边地基中保有水分,毛细水影响范围更大。而靠东面白化区域高度更为显著的成因,则需要后续结合建筑整体环境进一步探讨。

(2)木柱底部离子成分分析。

E2 和 D3 号柱各个调查点冷水浸取物中所测得离子成分总结如图 13。

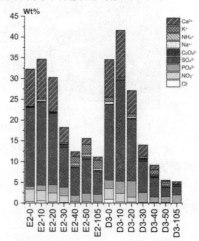

图 13 E2 和 D3 号柱各个调查点冷水
浸取物中所测得离子成分堆叠柱状图

本次调查木柱中主要检测出阳离子成分 Ca^{2+}, K^+, NH_4^+, Na^+ 和阴离子成分 $C_2O_4^{2-}$, PO_4^{3-}, SO_4^{2-}, NO_3^-, Cl^-。就整体而言,越接近地面所含离子成分越多。其中最为显著的检出离子成分为 Ca^{2+} 和 SO_4^{2-} 离子。各离子成分随高度分布特征不同。

主要检出离子成分 NO_3^-, PO_4^{3-}, SO_4^{2-}, Ca^{2+} 以及 pH 值随距地高度的分布情况总结如图 14 所示。以黑到白色从低到高表征离子成分含量或 pH 值。

照片显示 E2 和 D3 号柱底部白化区域分别为距地 40cm 和 30cm 以下区域。各离子成分和 pH 值分布情况与之相对应:①NO_3^- 离子在白化区域内随高度升高递减;②PO_4^{3-} 离子较显著集中于白化区域中上部;③Ca^{2+} 和 SO_4^{2-} 离子分布与 pH 值较为一致,于白化区域中下部最为显著,20～50cm 区域间随高度升高递减;4)白化区域内 pH 值为 6.4～6.6,显著高于距地 105cm 处参照点 pH 值(4.5～4.9)。

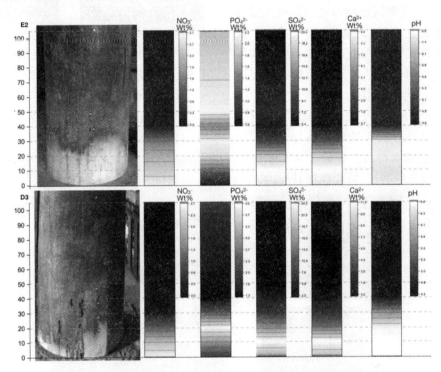

图 14 主要检出离子成分 NO_3^-,PO_4^{3-},SO_4^{2-},Ca^{2+} 以及 pH 值随距地高度的分布情况

3.3 结果考察

参考 2.3 中所提出观点,作为移动相的毛细水在固定相木材中运移,不同离子与木材组织间可能存在的不同吸附作用会导致各离子的分布情况的不同。白化区域和 Ca^{2+}、SO_4^{2-} 离子以及 pH 值的较为一致的分布情况进一步完善了 2.2 中提出的推论:在木柱底部白化现象生成过程中 Ca^{2+}、SO_4^{2-} 离子成分和致使木材碱化的成分可能扮演重要角色。虽然并未在历史文献中并未留下具体记载,但在大雄殿筑基、地面垫层制作中有很大可能性使用了石灰材料。石灰在毛细水作用下成为了 Ca^{2+} 成分和碱性成分的来源,参与到了木柱底部白化现象的生成过程中。然而 SO_4^{2-} 离子成分的具体来源仍需要进一步探明。

由于木材主要化学构成成分中纤维素和半纤维素皆为多糖类。其老化水解反应后将首先解聚为低聚糖、单糖,再进一步分解为二氧化碳和甲酸、乙酸等低分子有机酸[12-14]。因此劣化程度较高的木材通常被认为会呈现较低 pH 值。不同于此,而本研究中证实了木材白化现象可能会呈现较高 pH 值的情况。这将有助于今后文保工作中对木材劣化现象的识别判断。

4 金属构件附近木构件白化现象的科学调查：以日本旧岩崎家末广别邸为例[15]

旧旧岩崎家末广别邸位于日本千叶县富里市，为三菱财阀创建者之一岩崎久弥为发展当地农业于1920—1930年代建成。其现存木构日式平屋主屋、凉亭和石构仓库作为反映日本昭和初期上流生活状态的实物遗存于2013年登录为日本有形文化财（图15）。木构主屋、凉亭主要以日本杉构建。其室内以及外立面多处木构件与金属部件接触部位存在木材白化现象。为了掌握这一类白化现象的特征，进而探讨其成因，本研究进行了现场元素分布调查和采样定性分析。

图15 旧岩崎家末广别邸木构主屋与凉亭

4.1 调查方法

（1）调查选点。

本研究选取木构主屋和凉亭室内和外立面共6处木质部发生白化现象的部位以及其附近未白化木质部作为参照点进行分析调查（图16）。

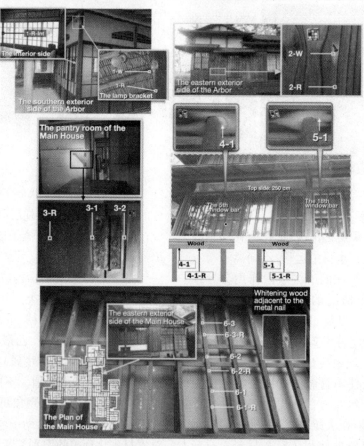

图16 旧岩崎家末广别邸凉亭与主屋共6处白化现象调查点。1,3,4和5号调查点位于铜锌合金构件附近，2号调查点位于铜钉附近，6号调查点位于铁钉附近

2) 调查方法

现场调查采用 XRF 分析以掌握白化木质部的元素成分特征。分析条件与 2.1 中所述相同。

采样分析主要通过三类方式进行。使用剃刀刮取少量表面木材组织进行采样,以通过 X 射线衍射分析(XRD)和傅里叶变换红外光谱分析(FTIR)对木材化学构成特征进行分析;使用碳导电胶带轻轻粘取木材表面组织后进行表面喷碳处理,以通过扫描电镜 - 电子显微探针分析(SEM - EPMA)对木材组织显微状态和元素分布进行分析;使用含 50ul 超纯水 $10\times10mm^2$ 滤纸片贴敷木材表面以提取木材表面游离的水溶性成分,并通过离子色谱分析(IC)进行定性和半定量分析。XRD 分析采用 Bruker AXS D8 AD-VANCE/TSM 仪器,以 1.542nm CuKα 射线、40mV/40mA、5°~70°2θ 角度范围、扫描速度 0.5s/步(共 6000 步)等条件进行。FTIR 分析采用 PerkinElmer Spectrum One 分析仪,以衰减全反射(ATR)装置、4000~400cm^{-1} 波长范围、分辨率 4cm^{-1}、每次分析 64 次扫描的条件下进行。SEM - EPMA 分析采用 JXA - 8530F 分析仪,以 15kV、10nA、束斑直径 2μm 条件下进行。IC 分析中滤纸样品的冷水浸取物制备方法与分析方法与 3.1 中所述相同。

4.2 调查结果

通过 XRF 分析可知相较于未白化参照点,白化木质部都含有更显著金属元素成分(图 17)。而 XRD 和 FTIR 分析结果皆表明,除了木材本身构成成分,白化木质部存在含金属元素成分的无机质附着物。具体元素和无机质成分对应于白化木质部所邻接金属构件的元素构成。即铜构件附近为草酸铜水合物 Moolooite($CuC_2O_4 \cdot XH_2O$),铜锌合金构件附近为草酸锌水合物($ZnC_2O_4 \cdot 2H_2O$),铁构件附近为黄钾铁矾 Jarosite[$KFe_3(SO_4)_2(OH)_6$](图 18)。SEM 观察的背散射成像(BSE)结果显示,含有较木材组织更高原子序数元素成分的细微颗粒散落在木材组织间(图 19)。通过 EPMA 元素分布分析可以发现,细微颗粒的分布情况基本与金属元素分布情况一致。由此推测 XRD 和 FTIR 分析中所证实 $CuC_2O_4 \cdot XH_2O$、$ZnC_2O_4 \cdot 2H_2O$、$KFe_3(SO_4)_2(OH)_6$ 成分应是以细微颗粒的形式存在于木材组织中。

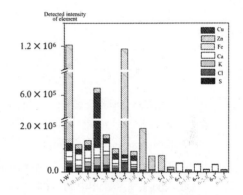

图 17 旧岩崎家末广别邸凉亭与主屋共 6 处白化现象调查点 XRF 分析结果叠加柱状图。

而铜构件和铜锌构件附近白化木质部皆检出草酸金属盐。IC 分析对游离离子成分的评估可知该区域较未白化参照点含有更显著游离 Cu^{2+} 或 Zn^{2+} 以及 $C_2O_4^{2-}$ 离子。

4.3 关于白化木质部中无机质附着物生成机理之考察

黄钾铁矾是明矾石矿中的常见成分。文献中多将其生成机理归因于潮湿、酸性且富含硫酸根的环境以及铁氧化细菌的活动。Bibi 等在论文中报告了一个正方针铁矿(Akaganeite)和黄钾铁矾共存的实例,并指出当环境中含有较高 Cl^-、SO_4^{2-} 离子成分且 pH 值较低的情况下正方针铁矿可能会转化为黄钾铁矾[16-19]。然而在历史建筑铁钉附近木质部生成黄钾铁矾的机理仍需要进一步论证。

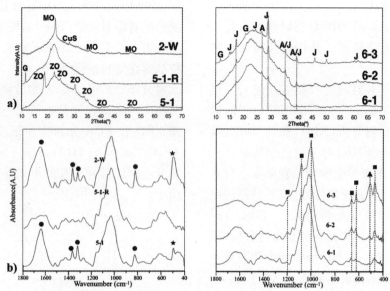

图 18 旧岩崎家末广别邸代表性白化现象调查点,a) XRD 分析结果,
ZO = zinc oxalate dehydrate($ZnC_2O_4 \cdot 2H_2O$), G = gypsum, MO = Moolooite($CuC_2O_4 \cdot xH_2O$),
CuS = copper sulfite, J = Jarosite[$KFe_3(SO_4)_2(OH)_6$], A = Akagneite(β – FeOOH);
b) FTIR 分析结果, ●$C_2O_4^{2-}$ 特征峰:1630,1360,1320,822cm^{-1}; ★Cu/Zn – O 特征峰:
500 ~ 400cm^{-1}; SO_4^{2-} 特征峰:1190,1090,1000,660,630cm^{-1}; ▲Fe – O 特征峰:510cm^{-1}

草酸是一种结构最为简单的二元酸,是一种较强的金属螯合剂[20]。金属构件腐蚀过程中生成游离 Cu^{2+} 或 Zn^{2+} 离子迁移至与之邻接的木质部中,并与木质部中 $C_2O_4^{2-}$ 离子结合形成难溶性草酸铜或草酸锌沉积于木材组织中。通常来说植物中都含有少量草酸,主要为植物生长过程中由生物酶参与光呼吸作用的产物[21]。而受到木腐菌侵害的木材中也被证明了草酸的存在。Almkvist 和 Norbakhsh 等研究者通过模拟老化实验证实,含有 Fe^{2+} 离子的木材其抗张强度会在老化实验中逐渐降低,同时伴随着木材中半纤维素成分的降解、O_2 的消耗产生包括草酸有机酸、CO_2 气体等老化产物[24-26]。"芬顿反应"(Fenton reaction)理论中认为 Cu 离子和 Fe 离子都是活性氧化剂[27]。该理论认为 Cu 离子和 Fe 离子会促进羟基自由基等氧化剂的生成。这些氧化剂会无指向性地作用于邻近的分子结构使之老化分解,最终导致木材宏观上力学特性的降低[28-30]。除此之外关于 Zn 元素的化学作用,Williams 和 Horne 等指出在锌盐存在的情况下,纤维素发生热解所需温度条件将会降低[31]。

根据上述理论,我们可以提出如下假设:源自金属构件的游离 Cu 或 Zn 离子进入到木材中后可能会存在三种结果:①促进木材化学构成成分的老化分解。②老化分解产物中的草酸作为强金属螯合剂同游离 Cu 或 Zn 离子结合生成金属草酸盐附着在木材组织中。③①和②中所述木材组织的化学变化以及金属草酸盐的附着最终可能影响木材表面白度。

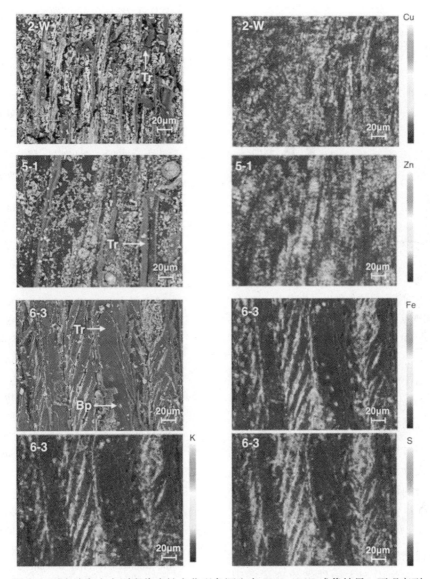

图19 旧岩崎家末广别邸代表性白化现象调查点 SEM – BSE 成像结果。可观察到细微颗粒附着于木材组织中。颗粒分布于金属元素分布几乎一致。
Tr：tracheids，管胞；Bp：borderedpit，具缘纹孔；Rp：ray parenchyma，射线薄壁细胞

5 小 结

本研究基于对中国义县奉国寺、日本旧水户藩弘道馆和旧岩崎家末广别邸等三处历史建筑的实地调查结果对于现存历史建筑木构件白化现象的认知进行了补充和完善。

对中国义县奉国寺大雄殿、日本旧水户藩弘道馆孔子庙基础部木构件白化现象的调查证实显著的 Ca 元素成分和高 pH 值可能为为该类白化现象的主要特征。基于调查结果，推测传统地面处理材料中的石灰成分可能是导致白化现象的重要因素。对旧

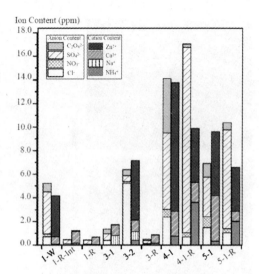

图20 旧岩崎家末广别邸凉亭与
主屋铜锌合金构件附近白化现象
调查点 IC 分析结果叠加柱状图

岩崎家末广别邸金属构件附近木构件白化现象的调查证实,不同金属构件附近白化现象中存在的不同金属无机盐附着物:铁制构件附近为黄铁矾矿,铜制或者铜锌合金制构件附近为草酸铜或草酸锌。其中,推测草酸成分源自木材中的 Cu 或 Zn 元素所促进的木材化学成分劣化分解。

在今后的研究中还需要对这两类白化现象的发生机理进行具体论证,并明确其对木材耐久性、力学特性的影响。另一方面本研究中调查结果表明,历史建筑物的构成材料有可能会成为引起木构件劣化现象的因素。这为我们的保护工作提出了新的课题:如何在最大程度保证文物原真性的前提,指定合理的保护措施以应对文物本体不同构成材料之间的不利影响。

致 谢

本论文涉及调查活动受到日本千叶县富里市教育委员会生涯学习课、弘道馆事务所、义县文物局大力支持。林田利之先生、小圷のり子女士在调查研究中提供了热心帮助。特此致谢。

参考文献

[1] Blanchette, R. A. A review of microbial deterioration found in archaeological wood from different environments[J]. International Biodeterioration & Biodegradation, 2000, 46(3): 189 – 204.

[2] Yamamoto, K., et al. The Effect of Irradiation Wavelength on the Discoloration of Wood[J]. Mokuzai Gakkaishi, 2007, 53(6): 320 – 326.

[3] Feist, W. C. Chapter 11 Outdoor Wood Weathering and Protection [M] // Rowell, R. M., et al. Archaeological Wood Properties, Chemistry, and Preservation. Washington, DC: American Chemical Society, 1989: 263 – 298.

[4] 秋田県立大学木材高度加工研究所. コンサイス木材百科[M]. 秋田: 財団法人秋田県木材加工推進機構, 2002: 168.

[5] Sato, A., et al. Identification of the Substance Responsible for Whitening of the Surface of Wood Posts Set on Foundation Stones of Traditional Wooden Buildings[J]. Mokuzal Hozon, 2017, 43(3): 139 – 147.

[6] Zhou, Y., Matsui, T., Koakutsu, N. Nondestructive investigation of whitening phenomenon occurred on wood components of historic architecture: in the case of the Confucian Temple of the Kodokan of Mito Domain[J]. Journal of World Heritage Studies, 2018, 5: 48 – 59.

[7] 畑野経夫. 弘道館の建築[M]. // 近世日本の学問教育と水戸藩: 世界遺産暫定一覧表記載資産候補「近世の教育資産」に係る平成23年度調査? 研究報告書. 水戸: 水戸市教育委員会事務局文化振興課世界遺産推進室, 2011:131~150.

[8] 「近世日本の教育遺産群-学ぶ心礼節の本源-」の日本遺産認定について[EB/OL]. [2015-09-27]. www.city.mito.lg.jp/000271/000273/000294/001005/002519/nihonisannninteinituite.html.

[9] Sitko, R., Zawisza, B. Quantification in X-Ray Fluorescence Spectrometry [M/OL]. INTECH Open Access Publisher (2012) [2015-10-27]. https://www.intechopen.com/books/x-ray-spectroscopy/quantification-in-x-ray-fluorescence-spectrometry.

[10] Gaucher, G. M. An Introduction to Chromatography [J]. Journal of Chemical Education, 1969, 46: 729 – 733.

[11] 杨烈. 义县奉国寺[M]. 北京: 文物出版社, 2011.

[12] Wyman, C. E., et al. Chapter 43: Hydrolysis of Cellulose and Hemicellulose [M] // Polysaccharides: Structural Diversity and Functional Versatility. Boca Raton: CRC Press, 2005.

[13] Zargari, N., Kim, Y., Jung, K. W. Conversion of saccharides into formic acid using hydrogen peroxide and a recyclable palladium (ii) catalyst in aqueous alkaline media at ambient temperatures[J]. Green Chemistry, 2015, 17(5): 2736 – 2740.

[14] Stamm, A. J. Thermal Degradation of Wood and Cellulose [J]. Industrial & Engineering Chemistry, 1956, 48(3): 413 – 417.

[15] Zhou, Y., Matsui, T. Whitening Phenomenon of Wood Adjacent to Metal Components of Historic Architectures: In the Case of the Old Iwasaki-ke Suehiro-bettei Villa[J]. 文化財科学, 2018, 77: 29 – 45.

[16] Daoud, J., Karamanev, D. Formation of Jarosite during Fe^{2+} oxidation by Acidithiobacillus ferrooxidans[J]. Minerals Engineering, 2006, 19(9): 960 – 967.

[17] Johnston, J. Jarosite Akaganéite from White Island volcano, New Zealand: an X-ray and Mössbauer study[J]. Geochimica Et Cosmochimica Acta, 1977, 41(4): 539 – 544.

[18] Bibi, I., Singh, B. Silvester, E. Akaganéite (β-FeOOH) precipitation in inland acid sulfate soils of south-western New South Wales (NSW), Australia[J]. Geochimica Et Cosmochimica Acta, 2011, 75(21): 6429 – 6438.

[19] Zamel, A. A., Khalaf, F. I., Gharib, I. M. Occurrence of Jarosite within Quaternary coastal sabkha sediments in Kuwait, Arabian Gulf[J]. Arabian Journal of Geosciences, 2017, 10(6).

[20] Häärä, M., Pranovich, A., Sundberg, A. Willför, S. Formation of oxalic acid in alkaline peroxide treatment of different wood components [J]. Holzforschung, 2014, 68(4).

[21] Franceschi, V. R. Oxalic acid metabolism and calcium oxalate formation in Lemna minor L. Plant [J]. Cell and Environment, 1987, 10(5): 397 – 406.

[22] Clausen, C., Green, F., Woodward, B., et al. Correlation between oxalic acid production and copper tolerance in Wolfiporia cocos [J]. International Biodeterioration & Biodegradation, 2000, 46(1): 69 – 76.

[23] Mäkelä, M., Galkin, S., Hatakka, A., et al. Production of organic acids and oxalate decarboxylase in lignin-degrading white rot fungi [J]. Enzyme and Microbial Technology, 2002, 30(4): 542 – 549.

[24] Norbakhsh, S., Bjurhager, I., Almkvist, G. Mimicking of the strength loss in the Vasa: Model experiments with iron-impregnated recent oak[J]. Holzforschung, 2013, 67(6).

[25] Norbakhsh, S., Bjurhager, I., Almkvist, G. Impact of iron(II) and oxygen on degradation of oak - modeling of the Vasa wood[J]. Holzforschung, 2014, 68(6).

[26] Almkvist, G., Norbakhsh, S., Bjurhager, I., et al. Prediction of tensile strength in iron-contaminated archaeological wood by FT-IR spectroscopy-a study of degradation in recent oak and Vasa oak[J]. Holzforschung, 2016, 70(9).

[27] Goodell, B., Nicholas, D. D., Schultz, T. P. Wood Deterioration and Preservation: Advances in Our Changing World [M]. Washington, DC: American Chemical Society, 2003: 10, 175.

[28] Strlic, M., Kolar, J. Selih, V. S., Kocar,

D., Pihlar, B. A comparative study of several transition metals in Fenton-like reaction systems at circum-neutral pH [J]. Acta Chim Slov, 2003, 50 (4): 619-632.

[29] McCrady, E. Effect of Metals on Paper: A Literature Review[J]. Alkaline paper advocate, 1996, 9(1).

[30] Shahani, C., Hengemihle, F., Kresh, D. Effect of Some Deacidification Agents on Copper-Catalyzed Degradation of Paper[J]. Preservation and Archiving, 2011: 250-261.

[31] Williams, P. T., Horne, P. A. The role of metal salts in the pyrolysis of biomass[J]. Renewable Energy, 1994, 4(1): 1-13.

无损检测分析技术在文化遗产保护领域内的主流运用和进展

叶 琳

(重庆市文化遗产研究院,重庆 40013)

摘要:无损分析检测方法在文化遗产保护领域内的使用,实现了在不干预文物全貌存在的前提下提取文物有效信息,充实了文物研究的科学实验领域,对于文物材料性质有了更加准确的认知,揭示了文物材料的变化过程和变化原因,对于文物保护的理论基础和修复实施均具有不可或缺的重要作用,为解决文物研究与保护提供了极为重要的途径,同时也促进了现代科学技术水平的不断更新提升。

关键词:无损分析技术;文物;微观形貌;化学组成;结构组成

The Mainstream Applications and Progress of Nondestructive Testing and Analysis Technology in the Field of the Cultural Heritage Conservation

YE Lin

(Chongqing cultural heritage research institute, Chongqing 40013, China)

Abstract: The uses of nondestructive analysis and testing methods in the field of cultural heritage conservation could extract effective informations of cultural relics under the premise of intervening the body of cultural relics, which enrich the field of scientific experiments in the study of cultural relics, allowing people have a much more accurate cognition for material of cultural relics and revealing the changing process as well as the changing reasons of cultural relic materials. So, it plays an indispensable and important role in the theoretical basis for the conservation and restoration of cultural relics. And it also provides an significant way to solve the problems of studying and protecting cultural relics. At the same time, the uses of these methods also promote the continuous updating and upgrading of modern science and technology level.

Key words: Nondestructive analysis technique; cultural relics; micro-morphology; chemical components; structure and composition

1 引 言

随着科学技术的快速发展,特别是材料科学的介入,以科技考古为首的现代考古人将无损检测技术越来越多的引入到文化遗产保护领域中来,从而获取更多的与文物产地、制作年代、制作工艺等相关的物理化学信息,极大地将文物的认识由形貌、色彩、纹样等直观形象,扩展至工艺方式、材料应用等更为系统化的抽象领域,完整展现出具有立体纵深感的多领域数据集合体。

而由于文物具有不可再生这一特性,对于文物的研究越来越倾向于非破坏性无损检测。尽管文物领域使用的无损检测和分析方法有时候不完全是无损的,如果取样量很小,既不会带来结构性破损,又不会损伤文物的历史完整性,则也是被是允许的,因此应该更确切地将其称为无损或微损检测。[1]

2 无损检测分析技术在文化遗产保护领域内的主流运用

历史文物作为古代手工艺制品或工程实施的结果存在,由于制作信息记录的缺乏,文物研究者面前遇到的是一个逆向工程。而无损检测分析技术,正是打开这个逆向工程的钥匙。无损检测分析技术所能给文物研究者提供的是四个方面的信息提取技术支持:

2.1 表面形貌记录

通常情况下,可见光属于无害的一种波频,所以使用光学显微镜进行微观形貌分析是直接的办法。具体可分为:观察多数文物表面附着物痕迹的体式显微镜(透射光)、矿物晶体鉴别的偏光显微镜(有偏光现象),以及判断金属枝晶结构的金相显微镜(反射光)。尽管偏光显微镜和金相显微镜需要单独采样制样,对文物本体有所损伤,但操作中要求进行微损操作,因此也归在无损检测体系之中。其中体视显微镜应用广泛、方便、直观、成本低。

目前多光谱成像技术已经成为文化遗产保护领域的新宠,不仅可以实现光谱分析技术的定性定量分析功能,还可以通过光学成像技术,获取更准确直观的目标物体分布图,为分析、监控、测量等应用提供更为精准的资料信息。

2.2 微观成分确定

无论是X射线荧光(XRF)、原子吸收光谱(AAS)和中子活性、X射线光电子能谱等分析表面组成元素的方式,还是X射线衍射(XRD)、显微红外吸收光谱、显微激光拉曼光谱、电子探针、扫描电镜能谱等分析表面化学成分的方式,采用的都是利用高能射线的辐照文物表面造成激发作用的反应,通过与已知图谱对照从而确定属种,已经广泛应用于金属、陶瓷、纺织品等各类文物的材质鉴别之中,特别是多材质复合组配关系,以及腐蚀矿化程度判定,有着不可替代的作用。尽管辐照灼烧会造成微观损伤,但对于宏观而言,文物本体并未受到重创,一般可认为是无损检测,取样检测则可以放宽至微损范畴。

2.3 热辐射程度确定

利用物体不论其温度高低都会发射或吸收热辐射的性能来测量物体表面温度场,[2]由表面区域温度差而确定材料种类、形貌特征、化学与物理学结构(如表面氧化度、粗糙度等)等特征的差异,多数用在石窟寺或建筑体外墙的裂隙、毛细水活动区域的识别。

2.4 遮蔽结构确定

这个方面主要是借鉴了探伤领域的方法,如采用高能辐射透射衰减程度来发现金属制品缺陷的射线计算机辅助成像技术(CR)、射线实时成像技术(DR)和射线断层扫描技术(CT),以及利用超声波回波或穿透波探测石窟寺、建筑墙体等缺陷的超声成像检测技术、声波CT技术等。

通过对以上方面的技术支持,如通过形貌差别、成分差异、透视识别组配关系等进行准确的文物真伪辨别,通过成分鉴别、探伤判定、热像差异等来记录文物病害的分布情况以及探讨文物病害的发生机理,以及通过材质鉴别、组配关系等来研究制作方式以及其工艺理念,极大地扩展了考古和文物保护人员研究的视野和深度。

3 无损检测分析技术在文物保护领域应用的瓶颈

就传统考古或文物保护人员而言,高精尖的检测技术手段应用也只是近些年由科技考古工作者逐步引入的,尚且没有在文物保护领域内达到普及的程度。因此,无损检测分析技术的功效还有很大的上升空间,但就眼下也存在着如下诸多问题。

3.1 持续投入的短板

尽管国家文物局通过设立专项文物保护科研基地,以及近几年实施预防性保护所带来的地方馆所能力提升,添置了一大批的XRF、XRD、拉曼以及CT设备等高端仪器设施,但相对于科技检测领域而言,时效性和同步性还是有着巨大的差距。这其中原因,一方面是无损检测设备大多是造价昂贵的高精尖设备,持续投入与回报不成比例,对投入方是巨大的考验,另一方面则是采购添置程序与更新换代之间存在程序上滞后性的矛盾。

3.2 专业程度的不足

由于无损检测技术的发展,各类检测设备名目繁多,对于文博系统内非检测研究相关专业的专业技术人员,很难在短时间内满足技术水平、理解深度和广度的要求。同时,由于文物大都属于非均一的混合材质,即便同一样品的不同面接触不同实体环境就会表现出差异的化学特性,况且每种分析技术都有其特有的局限性,对于缺乏全面掌握文物材质等解析信息的数据库储备,导致分析结果难以做到准确和详实。

3.3 安全意识薄弱

尽管昂贵的无损检测设备在各单位统归固定资产管理,但是对于辐射类无损检测分析设备的安全系统体系的建立,仍存在安全意识上的缺环,仍需要加强专业性管理和程序上报备,避免造成不必要的危害。

尽管存在以上瓶颈,但文物保护却迫在眉睫,因此,文博单位需满足自身特点,必备自有应用设备,加强针对性高精尖分工的横向合作模式,既发挥专业院所的专业能力,又能更加准确获得必要的检测结果。

4 无损检测分析技术在文物保护领域应用的发展方向

随着文物研究的范围扩大和程度的深入,对于无损检测提出了更高的要求,也就成为今后发展的方向。

4.1 小型化、便携化、无线化、智能化趋势

由于文物的唯一性和不可替代性,特别是文物出土的考古第一现场,检测的迫切性远高于后期,以及大型不可移动文物的特殊性,设施设备需要抵达第一现场,快速提供准确数据,则对设施设备提出一系列要求,如模块化、轻量化、高速化、平台化、廉价化等。

4.2 不同侧重的多学科联合

对于检测结果的解读,已经不是单一学科就能揭示清楚的,由于文物从制作成型到出土以后,经历了长时间的复杂性影响,所以需要考古学、材料科学、艺术史学、医学甚至分子生物学等多学科介入,方能对某种复杂现象进行正确解读。这其中,对于文博人而言,则需要触类旁通的对各个学科有所了解,以便在面对复杂问题时,可以提出针对性诉求,便于多学科精确化分析。

4.3 特殊情况的高能化应用

由于文物类型的多样性,复合型文物的检测以及对未进行剖解文物进行预判检测,就有对高能检测的需求。目前,文化遗产领域内,常规涉及的辐射检测中,X射线能量最高也没有达到兆伏特(MVe),但是对于特殊文物就可能需要吉伏特(GVe)才能解决

问题,如美国西北大学与美国阿贡国家实验室采用同步辐射光源 X 射线衍射技术对古代法尤姆肖像木乃伊进行了辐照,不但得到较之以往更加详细的 3D 影像,还获得了材料科学相关信息。

5 结 论

随着科技的日新月异,文化遗产保护研究与无损检测的结合也越发深入,如何更好地应用科技手段,更多地揭示出历史文物所隐藏的逆向信息,将是无损检测在文化遗产领域内长久不衰的话题。

参考文献

[1] 冯敏. 古玉器的无损检测体系[J]. 东南文化, 2001, (9): 79 – 82.

[2] 戴景民, 汪子君. 红外热成像无损检测技术及其应用现状[J]. 自动化技术与应用, 2006. (1): 1 – 17.

蛋白质类添加剂对传统糯米灰浆性能的影响

周 虎,易识远,魏国锋

(安徽大学历史系,安徽 合肥 230601)

摘要:采用灰浆性能表征和扫描电镜(SEM)、X射线衍射(XRD)、红外光谱(FTIR)等技术手段,探讨了豆浆、鸡蛋清和鸭血对糯米灰浆的影响及作用机理。结果表明:豆浆、鸡蛋清、鸭血对糯米灰浆的表面硬度、抗压强度、耐冻融性和耐水性均有一定程度的改善。其中,蛋清—糯米灰浆的综合性能最佳,其60d抗压性能达2.548MPa,抗折强度达0.390MPa,较空白样分别提升了73.69%和63.18%;其60d硬度高达62.0HD,较空白样提升29.17%。防渗水和耐冻融也提高了13%和133.3%。在文化遗产保护实践中,推荐使用4.5%的鸡蛋清—糯米灰浆。蛋清糯米灰浆良好的性能来源于霰石晶型的碳酸钙的形成。

关键词:糯米灰浆;蛋白质;性能表征

Effects of Protein Additives on the Properties of Traditional Sticky Rice Mortar

ZHOU Hu, YI Shi-yuan, WEI Guo-feng

(Department of History, AnHui University, Anhui Heifei 230601)

Abstract: The influence of admixtures (soybean milk, egg white, duck blood) on properties of traditional sticky rice-lime mortar and their scientific mechanismas are discussed by means of SEM, XRD. The results showed that: these materias are effective admixture to increase their hardness, compressive strength, freezing-thaw resistance and bending strength of sticky rice-lime mortar significantly. Among the three different admixtures sticky rice-lime mortar, the egg white-sticky rice mortar best overall performance, the compressive property and bendingl strength is 2.548MPa and 0.390MPa in the 60d, compared with the blank sample were improved 73.69% and 63.18%; its 60d hardness up 62.0 HD, compared with the blank enhance 29.17%. Impervious to water and freeze-thaw resistance also increased by 13% and 133.3%. Cultural heritage protection in practice, it is recommended to use 4.5% of egg-sticky rice-lime mortar. Egg white rice mortar good performance from the formation of aragonite crystal form calcium carbonate.

Key words: Sticky rice-lime mortar; protein; properties characterization

1 前言

公元前3000年左右,我国已经开始烧制石灰。随着人类社会的不断发展,具有单一性的石灰材料已无法满足人类更丰富的需求,糯米、蛋清、血料等有机物应运而生。这种有机—无机复合灰浆结构致密,性能优良,是经历千百年时间与实践检验的一项伟大的创新与成就。

蛋白质作为一类特殊的有机添加剂,在石灰基材料中应用有着很长的历史,早在

2000多年前,古希腊、古罗马和古埃及的先民们就在石灰砂浆中加入了动物的血液、动物脂肪、牛奶等高蛋白物质[1]。在同一时期的中国,古代先民们对石灰砂浆也有类似的改进,血料灰浆就是最好的证明。血料灰浆在中国最早的出现是在秦朝,位于其都城的咸阳宫殿遗址的地面就是用猪血、石灰和料姜石拌合抹成的[2]。明清时期,已发现有将血料等高蛋白物质和糯米汁灰浆结合在一起使用。道光十四年,重建的灞桥的岚墙石上刻有"据用糯汁牛血拌石灰钳住,接缝加铁锭"[3]。

为探讨蛋白质类添加剂对糯米灰浆性能的影响,本文采用鸡蛋清、豆浆和鸭血等添加剂对传统糯米灰浆进行科学化改进,探究其对糯米灰浆性能的影响机理,为相关石质文物的保护提供科学依据。

2 实验仪器与材料

2.1 实验仪器

LX-D型硬度计(乐清市爱德堡仪器有限公司),YES-2000型压力试验机(济南万能试验机制造有限公司),稠度仪(无锡市中科建材有限公司),XD-3型X射线衍射仪(北京普析通用仪器有限责任公司),S-4800型扫描电镜(日本日立公司),X-1700型马弗炉(北京中科科尔仪器有限公司)。

2.2 实验材料

工业灰钙粉(氢氧化钙含量≥90%,河南省新乡市永强钙业有限公司),鸭血(购置于安徽大学菜市场),鸡蛋、大豆和香满园牌糯米(购自安徽大学校外超市)。

3 糯米灰浆的制备

3.1 制备糯米浆液

用研磨机将糯米磨成粉,按照 m(水):m(糯米)=19 的比例称取一定量的去离子水和糯米粉,充分搅拌二者后倒入电饭锅中加热熬制4h。(为保持糯米浆的浓度不变,加热过程记录糯米浆在电饭锅内的刻度并适时加水)

3.2 制备不含添加剂的空白糯米灰浆样

称取一定质量的氢氧化钙置于搅拌桶内,加入质量为氢氧化钙0.84倍的糯米浆(步骤3.1),并用机械搅拌器搅拌至稠度不变。这时所配制的糯米灰浆水灰比为0.8,m(氢氧化钙)/m(糯米)=23.75。

3.3 制备含添加剂糯米灰浆样

蛋清—糯米灰浆:重复步骤3.2,在搅拌前将鸡蛋打入烧杯中,分离蛋黄,称取一定量蛋清置于搅拌桶内,用机械搅拌器搅拌至稠度不变。

豆浆—糯米灰浆:重复步骤3.2,在搅拌前称取一定量大豆并将其磨粉,按大豆粉:煮沸蒸馏水=1:6配制粗豆浆。过滤粗豆浆,除去豆渣得到精豆浆,称取一定量精豆浆置于搅拌桶内,用机械搅拌器搅拌至稠度不变。

血液—糯米灰浆:重复步骤3.2,在搅拌前加入一定量鸭血液,用机械搅拌器搅拌至稠度不变。

3.4 制备灰浆试块

参照中华人民共和国行业标准《建筑砂浆基本性能试验方法标准》(JGJ/T70—2009),采用50.0mm×50.0mm×50.0mm的立方体试模制作抗压强度、耐水性和抗冻性实验试块;采用40.0mm×40.0mm×160.0mm的长方体试模制作收缩性、抗折性实验试块;采用内径30.0mm、高30.0mm的圆柱体试模制作表面硬度。

制备时,在模具内均匀涂上脱模剂,将浆液放入,充分的捣实、震荡,抹平上部,1d后脱模。脱模后将试块移至温度为20~25℃、相对湿度60%~80%的养护室内养护一段时间备用(养护过程中,对试块表面定期喷洒一定量去离子水)。

4 结果讨论

4.1 糯米灰浆的性能表征

(1)抗压强度。

参照中华人民共和国行业标准《建筑砂浆基本性能试验方法标准》(JGJ/T70-2009)。

样品的28d、66d抗压强度见表1和图1。豆浆、鸭血和鸡蛋清对糯米灰浆的抗压性能均有明显的提高。对抗压性能提升最明显的是鸡蛋清,鸡蛋清—糯米灰浆的28d和60d抗压强度最大分别为0.983MPa和2.548MPa,较纯糯米灰浆样品分别提高了46.06%和73.69%。在所添加的浓度范围内,糯米灰浆的抗压强度随着各种添加剂含量的增加而升高。

结果表明[4],大豆蛋白在碱性条件下发生部分水解,水解产物与钙离子发生交联,将颗粒状的石灰和碳酸钙连接起来,提升了灰浆的力学性能。

表1 不同添加剂糯米灰浆的抗压强度

实验编号	添加剂		28d抗压强度		60d抗压强度	
	种类	含量/%	强度值/MPa	强度增幅/%	强度值/MPa	强度增幅/%
1	-	0	0.673	0	1.467	-
2	豆浆	1.5	0.709	5.35	1.492	1.70
3	豆浆	3	0.738	9.66	1.618	10.29
4	豆浆	4.5	0.827	22.88	1.919	30.81
5	鸭血	1.5	0.767	13.97	1.556	6.07
6	鸭血	3	0.779	15.75	1.715	16.91
7	鸭血	4.5	0.905	34.47	2.074	41.38
8	鸡蛋清	1.5	0.756	12.33	1.703	16.09
9	鸡蛋清	3	0.878	30.46	2.028	38.24
10	鸡蛋清	4.5	0.983	46.06	2.548	73.69

(2)抗折强度。

参照中华人民共和国行业标准《建筑砂浆基本性能试验方法标准》(JGJ/T70—2009)。样品60d抗折强度如表2和图1所示:添加剂对样品的抗折强度均有所改善,随着添加剂量的增加,抗折强度也随之增大,这与抗压强度的结果比较吻合。对抗折强度改善最明显的也是添加4.5%蛋清的糯米灰浆,其抗折强度达到0.390MPa,较纯糯米灰浆样品提高了63.18%。

(3)表面硬度。

选择内径50.0mm、高50.0mm的圆柱体试模,并采用LX-D型硬度计进行测量。表3和图1为样品的60d表面硬度测试结果。豆浆、鸭血、蛋清均能提升糯米灰浆的表面硬度。其中,蛋清对糯米灰浆的表面硬度提升最明显,添加4.5%鸡蛋清的糯米灰浆,其60d的表面硬度达62HD,较纯糯米灰浆样品提升了29.17%。

表2 不同添加剂糯米灰浆的抗折强度

实验编号	添加剂 种类	含量/%	60d抗折强度 强度值/MPa	强度增幅/%
1	—	0	0.239	—
2	豆浆	1.5	0.241	0.84
3	豆浆	3	0.255	6.69
4	豆浆	4.5	0.271	13.39
5	鸭血	1.5	0.251	5.02
6	鸭血	3	0.261	9.21
7	鸭血	4.5	0.274	14.64
8	鸡蛋清	1.5	0.295	23.43
9	鸡蛋清	3	0.366	53.14
10	鸡蛋清	4.5	0.390	63.18

表3 添加剂—糯米灰浆的表面硬度

实验编号	添加剂 种类	含量/%	60硬度 强度值/HD	强度增幅/%
1	—	0	48.0	—
2	豆浆	1.5	49.6	3.33
3	豆浆	3	50.1	4.38
4	豆浆	4.5	52.0	8.33
5	鸭血	1.5	52.0	8.33
6	鸭血	3	54.1	12.71
7	鸭血	4.5	56.0	16.67
8	鸡蛋清	1.5	56.0	16.67
9	鸡蛋清	3	58.0	20.83
10	鸡蛋清	4.5	62.0	29.17

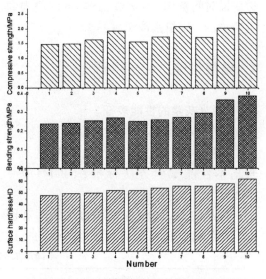

图1 添加剂—糯米灰浆的力学性能条形图

（4）收缩性实验。

参照中华人民共和国行业标准《建筑砂浆基本性能试验方法标准》（JGJ/T70—2009）。从表4和图2中可以看出，所有灰浆样品在养护15d之后，其收缩率趋于稳定，表明灰浆样品的收缩主要发生在养护早期，即脱模后15d之内，尤其是脱模后前7d。鸡蛋清、血液、豆浆的添加，对糯米灰浆的早期（7d）收缩性均有改善，可有效降低糯米灰浆早期收缩过快而产生裂纹的可能性。其中，鸭血液—糯米灰浆的各龄期收缩率最小，对糯米灰浆的收缩性改善效果最佳。

（5）吸水性实验。

采用50.0mm×50.0mm的试块。将糯米灰浆试块放入鼓风干燥箱内60℃脱水24h，并对干燥脱水后的样品进行称重，质量记为m_1。再将样品放入蒸馏水中浸泡24h后，用滤纸擦干表面后称重，记为m_2。按公式（吸水率 =（$m_2 - m_1$）/m_1 × 100%）对每个浓度梯度的3个灰浆样品进行测量，取平均值。

由表5可知，添加豆浆、鸭血和蛋清均降低了糯米灰浆的吸水性，其中，添加4.5%蛋清的糯米灰浆吸水率最低。吸水率的降低可有效减少样品中的含水量，从而降低样品在寒冷的天气中因孔隙中水分结冰、体积膨胀而胀裂的风险。

表4 不同添加剂糯米灰浆的收缩性实验结果

实验编号	添加剂 种类	添加剂 含量/%	起始长度/mm	3d 长度/mm	5d 长度/mm	7d 长度/mm	14d 长度/mm	28d 长度/mm	7d 收缩率/%	28d 收缩率/%
1	—	0	160.0	157.8	155.4	155.3	155.1	155.1	2.94	3.06
2	豆浆	1.5	160.0	158.0	156.5	155.4	155.1	155.2	2.88	3.00
3	豆浆	3	160.0	158.1	156.7	155.4	155.3	155.3	2.88	2.94
4	豆浆	4.5	160.0	158.4	157.0	155.6	155.3	155.3	2.75	2.94
5	鸭血	1.5	160.0	158.4	157.2	155.6	155.4	155.4	2.75	2.88
6	鸭血	3	160.0	158.5	157.3	156.6	155.5	155.5	2.13	2.81
7	鸭血	4.5	160.0	158.5	157.4	156.7	155.7	155.7	2.06	2.69
8	鸡蛋清	1.5	160.0	157.7	157.4	156.4	155.0	154.9	2.25	3.11
9	鸡蛋清	3	160.0	157.8	157.4	156.4	155.0	155.0	2.25	3.13
10	鸡蛋清	4.5	160.0	157.8	157.5	156.3	155.0	155.0	2.31	3.13

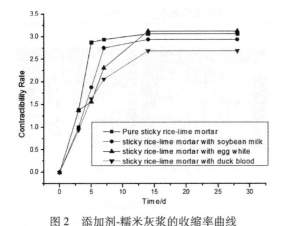

图2 添加剂-糯米灰浆的收缩率曲线

表5 添加剂-糯米灰浆的吸水性实验结果

实验编号	添加剂 种类	添加剂 含量/%	吸水性/%
1	—	0	45.68
2	豆浆	1.5	45.20
3	豆浆	3	42.10
4	豆浆	4.5	40.13
5	鸭血	1.5	44.19
6	鸭血	3	42.10
7	鸭血	4.5	37.32
8	鸡蛋清	1.5	44.03
9	鸡蛋清	3	40.43
10	鸡蛋清	4.5	34.72

(6) 耐冻融循环。

根据国家行业标准《建筑砂浆基本性能试验方法标准》。将养护60d的边长50mm的正方形试块置于常温去离子水中浸泡48h,浸泡时水面高出试样上表面2.0cm。取出浸泡过的试样,放入-30℃的冰箱中冷冻12h,再取出放入常温去离子水中进行融化12h。此为一个循环,记录样品表面的变化情况。重复循环冻融实验,直至样品出现明显破坏(分层、裂开、贯通缝)时记录循环次数。

由表6和图3、图4可知,蛋白类添加剂对糯米灰浆的耐冻融性能均有提升,其中,豆浆—糯米灰浆的耐冻融性能最佳。添加4.5%豆浆的糯米灰浆试块,耐冻融循环达8次以上,比糯米灰浆对照样品的提高了166.7%。另两种豆浆含量的糯米灰浆试块,在冻融后也只是出现裂纹,而不是粉碎状。

表6 不同添加剂糯米灰浆抗冻融性实验结果

试验编号	添加剂 种类	添加剂 含量/%	耐冻融循环次数/次	7个循环冷冻冻后表面描述
1	空白	0	3	3个样品均成呈小颗粒粉渣状,颗粒直径约为8~10mm
2	豆浆	1.5	5	一个成粉渣状颗粒,颗粒直径10~15mm,另外两样品开裂若干裂纹
3	豆浆	3	5	三个样品均出现若干裂纹
4	豆浆	4.5	>7	出现一个未冻坏的样品,其他的样品出现细小的裂纹
5	鸭血	1.5	4	3个样品均出现粉渣状冻裂,颗粒的直径在10~15mm
6	鸭血	3	5	同上
7	鸭血	4.5	5	三个样品出现较多裂纹
8	鸡蛋清	1.5	5	两个样品有较多裂纹,另外一个少许裂纹
9	鸡蛋清	3	5	一个样品出现微量裂纹,另外两个少许裂纹
10	鸡蛋清	4.5	7	三个样品均出现少量的细小裂纹

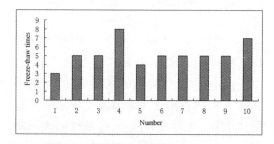

图3 不同添加剂糯米灰浆耐冻融性

a.冻融实验前糯米灰浆照片

b.冻融实验后糯米灰浆照片

图4 冻融试验照片

4.2 含气量测试

采用密度法进行测试。选择养护60d的50mm×50mm的立方体试块,取5块各添加剂配方的试样。用游标卡尺测量试块的长(a)、宽(b)、高(c)以及质量(m),计算密度($\rho = m/abc$)。取平均值为最终的密度值。密度越大含气量越低。

结果显示(表7),豆浆、鸭血和蛋清的添加减小了糯米灰浆的密度,即增大了糯米灰浆的含气量;在所添加的浓度范围内,糯米灰浆的密度随添加剂含量的升高而减小,即含气量随添加剂含量的升高而增加。其中,豆浆使糯米灰浆的含气量增加的最多。由相关研究指出,潮湿混凝土中的水冷冻结冰后,在其孔隙中会产生渗透压和水压力[4]。一旦这种渗透压和水压力达到一定值时,混凝土就会受到破坏。同理,糯米灰浆中的水也会产生渗透压和水压力。当蛋白质类添加剂添加到灰浆中之后,产生的气泡均匀的分布在灰浆中。这些气泡能够容纳渗透水的进入,释放了灰浆中的水压力和渗透压,从而在一定程度上阻止了灰浆的损坏。

表7 不同添加剂糯米灰浆含气量测试结果

试验编号	添加剂 种类	添加剂 含量/%	体积/mm³	质量/g	密度/g/mm³
1	–	0	23.74	120.83	5.09
2	豆浆	1.5	23.75	116.83	4.91
3	豆浆	3	23.78	116.03	4.87
4	豆浆	4.5	23.80	116.05	4.87
5	鸭血	1.5	23.80	119.11	5.00
6	鸭血	3	24.00	118.89	4.95
7	鸭血	4.5	24.03	118.53	4.93
8	鸡蛋清	1.5	23.67	119.83	5.06
9	鸡蛋清	3	23.55	118.20	5.02
10	鸡蛋清	4.5	23.59	118.10	5.00

4.3 碳化面积测试

用酚酞对糯米灰浆的碳化面积进行测量。无色酚酞遇碱性物质会变成紫色,碱性越强则紫色越深。每个浓度梯度下,选择三个 40mm × 40mm × 160mm 的糯米灰浆试块,并用刀具在各个试块上切割新鲜"一字"横断面。将酚酞试液滴到试块横断面,图5中深紫色区域表明样品中 $Ca(OH)_2$ 含量较多,碳化程度较低,即浅色越浅碳化越强,据此定量碳化区域的面积。

结果如图(图5)所示,试块主要有两种类型的未碳化区域:近似椭圆形和近似矩形。计算椭圆形未碳化区域(深紫色)的碳化面积:量出椭圆半长轴 a、半短轴 b 以及灰浆试块横断面的长 c 和宽 d,碳化面积 $S = c \times d - \pi ab$;矩形未碳化区域(深紫色)的碳化面积为:碳化小矩形的长 a、宽 b 以及灰浆横断面的长 c 和宽 d,碳化面积 $S = cd - ab$。

面积的测量结果(表8)显示,在所添加的浓度范围内,添加豆浆和鸭血的糯米灰浆,其碳化面积随添加剂含量的升高而增大;蛋清—糯米灰浆的碳化面积,随着蛋清含量的升高而降低。在 1.5% ~ 4.5% 的浓度范围内,较之纯糯米灰浆,豆浆—糯米灰浆和鸭血—糯米灰浆的碳化面积增大,鸡蛋清—糯米灰浆的略有减小。糯米灰浆的力学性能很大程度源自于石灰碳化形成的方解石[5,6]。较大的碳化面积可表明其碳化程度较高,从而反应出较好力学性能。鸡蛋清—糯米灰浆的碳化面积虽略有减小,但其抗压强度等力学性降并未降低,其原因有待进一步探讨。

表8 不同添加剂糯米灰浆的碳化面积

试验编号	添加剂 种类	添加剂 含量/%	碳化面积/mm²
1	–	0	930.7
2	豆浆	1.5	986.4
3	豆浆	3	1053.2
4	豆浆	4.5	1084.1
5	鸭血	1.5	970.2
6	鸭血	3	1012.3
7	鸭血	4.5	1046.4
8	鸡蛋清	1.5	920.2
9	鸡蛋清	3	866.4
10	鸡蛋清	4.5	836.6

4.4 SEM 分析

选择纯糯米灰浆和 4.5% 添加剂—糯米灰浆样品,利用扫描电镜进行微结构观察(图6)。添加蛋白质类添加剂的糯米灰浆,其表面更加圆润,尤其是蛋清—糯米灰浆,表面犹如滴了一层蜡膜,颗粒圆润紧致,结

图5 酚酞实验照片

构致密。

图 6 不同添加剂糯米灰浆的 SEM 照片

有研究表明[7,8]：多孔材料的孔隙度愈小、结构愈致密，其力学性能也就越好。高度致密的结构使水分难以进入到灰浆的内部，使蛋清糯米灰浆具有较低的吸水率，提高了灰浆的耐冻融性。同时相关研究还指出[9]：在鸡蛋清的调控下，石灰碳化可以生成一种特殊形貌的碳酸钙。

4.5 XRD 分析

选取养护 60d 的纯糯米灰浆和 4.5%添加剂—糯米灰浆样品进行 X 射线衍射分析，结果如图 7 所示。灰浆中的主要成分为方解石，及少量未碳化的氢氧化钙。在鸡蛋清—糯米灰浆中发现了霰石的生成，这是在蛋清蛋白和钙离子的静电作用和调控作用的影响下生成的[10]。Florence 大学 Irene Natali[11]在保护考古发掘的骨骼时，采用二氧化碳、骨头里的胶原蛋白和纳米氢氧化钙生成了硬度和机械性能更好的霰石晶型碳酸钙生长。

鸡蛋清—糯米灰浆在碳化面积相对较低的情况下具有良好的力学性能，应与其内部生成的霰石型碳酸钙有关。豆浆和血液也含有一定的蛋白质，X 射线衍射分析未检测出霰石晶型的碳酸钙，可能是含量较低的原因。

5 结 论

（1）豆浆、鸭血和鸡蛋清对传统糯米灰浆的力学性能、耐冻性能、防渗水性能等均有一定程度的改善。蛋清—糯米灰浆的综合性能最佳，其 60d 抗压强度达 2.548MPa，抗折强度达 0.390MPa，较纯糯米灰浆样品分别提升了 73.69% 和 63.18%；其 60d 硬度高达 62.0HD，较纯糯米灰浆样品提升 29.17%；渗水率为 34.17%，较空白样提升近 13%；耐冻融循环次数达 8 次，较纯糯米灰浆样品提升 166.7%。

（2）蛋清、豆浆和鸭血对传统糯米灰浆均有一定的加气作用，豆浆对传统糯米灰浆的加气量最大，耐冻性能最佳，在特定的环境中可考虑使用。

（3）豆浆、鸭血和蛋清使传统糯米灰浆的颗粒表面圆润、结构更加致密，这是蛋白质类糯米灰浆具有优良的力学性能的微观解释。蛋清糯米灰浆在碳化程度较低的情况下拥有更佳的力学性能，源自于蛋清蛋白对石灰碳化过程调控，在短时间内生成了力

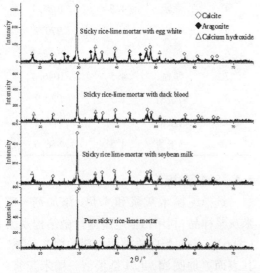

图 7 糯米灰浆的 XRD 图谱

学性能更好的霰石晶型碳酸钙。

参考文献

[1] 李祖光,方世强,魏国锋,等. 无机添加剂对传统糯米灰浆性能影响及机理研究[J]. 建筑材料学报, 2013, 16(3):463-465.

[2] 刑景文. 陕西古代科学技术 [M]. 北京:中国科学技术出版社, 1995:161-163.

[3] 刘敦桢. 石轴柱桥述要(西安灞浐丰三桥)[J]. 中国营造学社刊汇, 1934, 5(1):50.

[4] 钱觉时,唐祖全,卢忠远,等. 混凝土设计与控制 [M]. 重庆:重庆大学出版社, 2005:151.

[5] 杨富巍,张秉坚,潘昌初,等. 以糯米灰浆为代表的传统灰浆:中国重大发明之一 [J]. 中国科学 E 辑:技术科学,2009, 39(1):1-7.

[6] 杨富巍,张秉坚,曾余瑶,等. 传统糯米灰浆的科学原理及现代应用的探索性研究[J],故宫博物院院刊. 2008,5:106-158.

[7] Pandey S P, Sharma R L. The influence of mineral additives on the strength and porosity of OPC mortar [J]. Cement and Concrete Research, 2000, 30(3):19-23.

[8] Lanasj, Alvarez J I. Masonry repair lime-based mortars: factor affecting the mechanical behavior [J]. Cement and Concrete Research, 2003, 33(11):1867-1876.

[9] A. De Gasparo, M. Herwegh, R. Zurbriggen, et al. Quantitative distribution patterns of additives in self-leveling flooring compounds (underlayments) as function of application, formulation and climatic conditions [J]. Cement and Concrete Research. 2009, 39 (4):313-323.

[10] Zhu Wen-kun, Luo Xue-gang, Zhang Chi, et al. Regulation of Microstyucture of Calcium Carbonate Crystals by Egg White Protein [J]. Chem. Res. Chinese Universities, 2012, 28(2):180-185.

[11] Irene N, Paolo T, Emiliano C, et al. Aragonite Crystals Grown on Bones by Reaction of CO_2 with Nanostructured $Ca(OH)_2$ in the Presence of Collagen. Implications in Archaeology and Paleontology[J]. Langmuir, 2014, 30(2):660-668.

土壤埋藏对群青—蛋白胶料红外光谱特性的影响

马珍珍[1,2,3]，王丽琴[2,3]

(1. 陕西省考古研究院，陕西 西安 710054；2. 西北大学文化遗产学院，陕西 西安 710069；
3. 文化遗产研究与保护技术教育部重点实验室，陕西 西安 710069)

摘要：土壤埋藏是彩绘文物出土前的关键老化形式，可明显影响文物成分、结构等方面的性能。蛋白胶料是彩绘文物的有机组成部分，更易遭受土壤埋藏老化，出现劣变、降解。这不仅与后期的胶料分析密切相关，而且直接关系到彩绘文物病害的探讨。然而，有关蛋白胶料土壤埋藏老化分子层面的相关研究十分匮乏，颜料对胶料土壤埋藏老化的影响探索也并不多见。本文以群青颜料为例，通过模拟地下缺氧、避光、低温、稳定的密闭环境，对猪皮胶、全蛋、蛋清、蛋黄和牛奶5种常见彩绘文物蛋白胶料及相应的颜料混合膜进行一年老化，利用红外光谱法分析它们老化前后的谱图和二级结构含量变化。结果表明，5种群青混合膜及相应纯胶的蛋白质红外吸收特征依旧明显，但酰胺A带变宽、α-螺旋含量降低、β-折叠和无规则卷曲含量增高的现象说明结构从有序趋于无序状态。且猪皮胶土壤埋藏老化性能相对优、蛋类和牛奶相对差，群青在一定程度加速了蛋白胶料的老化程度，本研究可为后期胶料分析和病害探讨奠定基础。

关键词：蛋白胶料；群青；土壤埋藏老化；红外光谱法

The Influence of the Soil Aging Exerting on FTIR Analysis of the Common Polychromy Proteinaceous Binding Media

MA Zhen-zhen[1,2,3], WANG Li-qin[2,3]

(1. Shaanxi Academy of Archaeology, Shaanxi Xi'an 710054; 2. School of Cultural Heritage, Northwest University, Shaanxi Xi'an 710069; 3. Key Laboratory of Cultural Heritage Research and Conservation, Northwest University, Ministry of Education, Shaanxi Xi'an 710069)

Abstract: Soil aging, as the key form of aging for the polychromy artworks, could change the characteristics such as composition and structures. Proteinaceous binding medium composing the organic parts in artworks were more easily affected and degraded, which was closely connected with future analysis and the discussion of deterioration mechanism. However, related study about the soil aged binders on molecular levels was rather limited, neither was the exploration about the influence of pigment on soil aged binders. In this paper, oxygen-poor, dark, low-temperature and stable closed environment was simulated, the five common proteinaceous binders (pig glue, whole egg, egg white, egg yolk and milk) and their mixtures with ultramarine were aged 1 year in the above simulated environment. FTIR was applied to discuss the changes of the absorbance characteristics and the contents' of the secondary structures. Results illustrated that the five pure and their mixtures still possessed evident characteristics of proteins, but the broadening of Amide A and the decrease of α-helix, the increase of β-sheet, random coils indicated that the structure had transformed into the disordered states. Moreover, pig glue owned better soil aging resistance ability while egg and milk were more vulnerable, ultramarine could accelerate the aging process. This research could lay solid foundation for future analysis and discussion of degradation.

Key words:Proteinaceous binders;ultramarine;soil aging;FTIR

0 引 言

蛋白胶料是彩绘文物颜料层的关键组成部分,可分散、固定颜料,是色彩保留的关键。但因其富含各种营养元素,从埋入地下起,就成为土壤有机质的一部分,在矿化分解过程中释放出可供土壤植物、微生物等生物利用的养分,提供土壤肥力,保证自然循环。因此,土壤埋藏是我国大量考古出土彩绘文物的关键老化形式,可造成蛋白胶料的降解、消失,随之带来彩绘文物彩绘层粉化、脱落等病害。

红外光谱法(FTIR)具有样品前处理少、操作方便、应用范围广等特点,不仅可利用特征官能团、指纹区有效区分蛋白质、油脂、多糖、树脂等文物胶料种类[1-3],而且能用于蛋白胶料二级结构分子层面的分析探讨[4-6],是文物保护研究领域的关键分析方法之一。本文通过模拟实际文物所处的地下缺氧、避光、低温、稳定密闭环境[7,8],利用FTIR技术讨论群青—猪皮胶、群青—全蛋、群青—蛋清、群青—蛋黄和群青—牛奶这5种混合胶膜及相应纯胶膜老化前后的红外光谱吸收及二级结构含量变化规律,可为探讨蛋白胶料土壤埋藏老化规律,彩绘文物劣变机理和保护研究奠定基础。

1 实验部分

1.1 试剂与材料

氨水(色谱纯,天津市光复精细化工研究所)、KBr粉末(光谱纯,天津天光光学仪器有限公司)、铁粉(分析纯、天津市东丽区天大化学试剂厂),实验用水为二次蒸馏水;蛋白胶料:市售全蛋(蛋清和蛋黄经机械分离全蛋获得),银桥全脂牛奶,依据《齐民要术》所述传统制胶技术制备猪皮胶[9]。

1.2 样品制备

1.2.1 新鲜蛋白样品的制备

称取相同蛋白含量的猪皮胶、全蛋、蛋清、蛋黄和牛奶,溶解后于载玻片上成膜,阴干后备用。分别制备两组平行样,其中一组按照下面1.2.3序号方法处理后作为新鲜蛋白样品。

1.2.2 老化蛋白样品的制备

过筛陕西唐墓墓葬土以排除大颗粒土块等杂质,杀菌处理24h,加水(土量的12%)后装入玻璃罐中。将上面1.2.1序号的另一组胶样埋入土中,并在不同层铺铁粉[10],压土、紧盖、用蜡密封罐体、遮黑后于冰箱5℃下存放,使样品处于缺氧、避光、低温、密闭的环境中。一年后,清理胶样表面的土,按照下面1.2.3序号方法处理后制得老化蛋白样品。

1.2.3 样品前处理

分别取适量老化前后的五种胶样,分别加入2.5mol/L氨水溶液2mL,超声萃取后离心,吸取上清液。重复两遍,将上清液倒在载玻片上烘干备用。

1.3 仪器及测试方法

采用Bruker Tensor 27型FTIR(德国布鲁克公司)测试5种胶料土壤埋藏老化前后的FTIR谱图。刮取序号1.2.3制备好的样品,与KBr粉末混合,研磨为均匀粉末,使用PP-20E手动电动一体式压片机(天津瑞岸科技有限公司)压制窗片。

使用Ominic 8.2扣除样品红外光谱的大气干扰并进行基线校正,对酰胺Ⅰ带去卷积,对光谱做二阶求导处理。对由二阶导数谱和去卷积谱得到的子峰峰位进行二级结构指认,根据各子峰的峰位在 origin8.5 中对谱图多次高斯曲线拟合得到最小残差,由各子峰面积计算各二级结构组分的百分含量。

2 结果与讨论

2.1 5 种蛋白胶料土壤埋藏老化前后的 FTIR 谱图特征

图 1～图 5 为群青—猪皮胶、群青—全蛋、群青—蛋清、群青—蛋黄和群青—牛奶 5 种蛋白胶及相应纯胶土壤埋藏老化前后的红外光谱图,其中样品及其相应表示符号见表 1。参考相关资料[11-13],归纳具体吸收峰值及归属,见表 2,可看出:

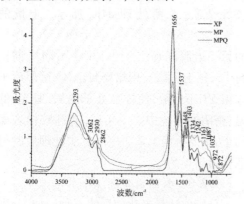

图 1 群青—猪皮胶土壤埋藏老化前后的 FTIR 谱图

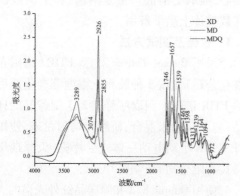

图 2 群青—全蛋土壤埋藏老化前后的 FTIR 谱图

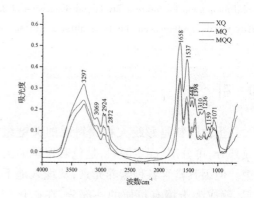

图 3 群青—蛋清土壤埋藏老化前后的 FTIR 谱图

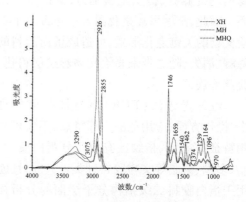

图 4 群青—蛋黄土壤埋藏老化前后的 FTIR 谱图

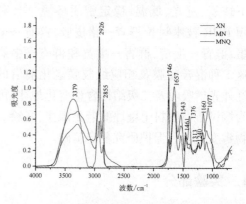

图 5 群青—牛奶土壤埋藏老化前后的 FTIR 谱图

(1)5 种群青混合膜及相应纯胶在土壤埋藏老化后均存在阶梯状的 1652～1659cm^{-1}、1535～1546cm^{-1} 和 1233～

1244cm^{-1}的酰胺Ⅰ、Ⅱ、Ⅲ带红外吸收峰，因此，老化胶料依旧具备蛋白质的红外光谱吸收特征[14]。

（2）5种群青混合膜及相应纯胶FTIR谱图的酰胺A区宽度加大，蛋白质的螺旋结构出现解离[15]。同时，全蛋、蛋黄和牛奶所含油脂在老化中分解出游离脂肪酸和含羧基类化学物，可进一步加大酰胺A带变宽程度，出现比猪皮胶、蛋清更明显的加宽。因此经历一年的土壤埋藏老化后，猪皮胶、蛋类和牛奶5种胶的螺旋结构出现离散，稳定性降低，且含油的胶料更明显。

（3）全蛋、蛋黄和牛奶富含油脂，它们位于2926cm^{-1}、2855cm^{-1}和1746cm^{-1}的油类物质吸收峰[16]强度降低，特别是群青混合膜的减小更为显著，说明它们含有的油类物质出现了较为明显的流失，这与已发表的油类物质易降解的结论相符。[17,18]但猪皮胶和蛋清因基本不含油脂则无此变化。

（4）除猪皮胶外，蛋类和牛奶的群青混合胶膜位于1374~1400cm^{-1}的CH_3对称弯曲振动峰强度均明显增强。相关研究指出，清代和西汉文物丝素蛋白分子结构存在的CH_3对称弯曲振动峰是老化所致[19]，说明群青可加速蛋类和牛奶的老化进程。

（5）猪皮胶、全蛋、蛋清和牛奶这4种群青混合胶膜中Ala、C-O伸缩、C-N-C伸缩振动峰和葡萄糖苷（1159~1164cm^{-1}、1071~1096cm^{-1}）两个吸收区域均出现位移，其中，MPQ、MQQ各并于1094cm^{-1}、1110cm^{-1}处，MDQ、MNQ分别移至1156cm^{-1}、1097cm^{-1}和1152cm^{-1}、1101cm^{-1}处，上述位移现象说明群青可加深蛋白胶料的老化程度。

表1 样品及其相应表示符号

样品	表示符号	样品	表示符号	样品	表示符号
新鲜猪皮胶	XP	土壤埋藏老化猪皮胶	MP	土壤埋藏老化群青猪皮胶	MPQ
新鲜全蛋	XD	土壤埋藏老化全蛋	MD	土壤埋藏老化群青全蛋	MDQ
新鲜蛋清	XQ	土壤埋藏老化蛋清	MQ	土壤埋藏老化群青蛋清	MQQ
新鲜蛋黄	XH	土壤埋藏老化蛋黄	MH	土壤埋藏老化群青蛋黄	MHQ
新鲜牛奶	XN	土壤埋藏老化牛奶	MN	土壤埋藏老化群青牛奶	MNQ

2.2 5种蛋白胶料土壤埋藏老化二级结构含量的变化

按照1.2.3所述方法测定土壤埋藏老化蛋白胶料二级结构的含量，他们的归属[20-24]及百分含量见于表3，计算6种（β-折叠=平行β-折叠+反平行β-折叠）二级结构含量的变化差值可总结出蛋白胶料二级结构的变化规律：

（1）α-螺旋含量：所有胶的α-螺旋含量急剧降低。

（2）β-折叠含量：除猪皮胶和蛋黄基本未变外，其余3种胶的反平行β-折叠含量减少范围为3.21%~13.96%，平行β-折叠含量增加幅度为6.73%~23.89%；所有胶的β-折叠含量呈增加趋势。

（3）无规则卷曲含量：均有增加，MHQ最低升高了6.42%，MQ增加幅度最高，达16.13%。

（4）β-转角含量：呈升高趋势，除猪皮胶不明显，其余增加范围为5.07%~15.97%。

5种蛋白胶中存在α-螺旋含量降低、β-折叠和无规则卷曲含量增高的结果说明胶料的结构从有序转为无序状态[25,26]。

表 2 群青 - 蛋白胶土壤埋藏老化前后的 FTIR 吸收峰值及归属

区域	全蛋			蛋清			蛋黄			牛奶			猪皮胶			归属
	XP	MP	MPQ	XD	MD	MDQ	XQ	MQ	MQQ	XH	MH	MHQ	XN	MN	MNQ	
酰胺 A	3293	3300	3294	3289	3281	3285	3297	3284	3291	3290	3295	3286	3379	3285	3291	N-H 伸缩振动峰，O-H 伸缩振动峰
酰胺 B	3062	3070	3070	3074	2961	/	3069	3060	/	3075	3073	/	/	/	/	C-N 伸缩振动峰
	2930	2938	2934	2926	2928	2927	2924	2932	2930	2926	2925	2926	2926	2926	2926	CH$_2$ 反对称伸缩振动峰
	2862	2878	2858	2855	2858	2856	2872	2862	2877	2855	2854	2855	2855	2856	2855	CH$_2$ 对称伸缩振动峰
	/	/	/	1746	1745	1745	/	/	/	1746	1745	1745	1746	1745	1746	C=O 伸缩振动峰
酰胺 I	1656	1659	1656	1657	1654	1654	1658	1652	1654	1659	1654	1656	1657	1656	1654	C=O 伸缩振动峰
酰胺 II	1537	1535	1537	1539	1540	1543	1537	1543	1540	1540	1545	1546	1543	1540	1544	N-H 弯曲振动峰，C-N 伸缩振动峰
	1448	1449	1449	1461	1448	1454	1448	1457	1448	1462	1462	1461	1461	1447	1449	CH$_3$ 反对称弯曲振动峰
	1403	1404	1401	1398	1383	1400	1398	1393	1390	1374	1380	1400	1376	1375	1400	CH$_3$ 对称弯曲振动峰
酰胺 III	1334	1333	1333	1313	/	/	1310	1309	1311	/	/	/	1313	1314	1315	CH$_2$ 面内弯曲振动峰
	1242	1242	1244	1239	1239	1233	1236	1237	/	1239	1236	1234	1240	1240	1240	N-H 弯曲振动峰
	1161	1174	/	1164	1163	1156	1159	1162	/	1164	1166	1165	1160	1167	1152	Ala、葡萄糖苷吸收峰
	1087	1084	1094	1094	1096	1097	1071	1072	1110	1096	1093	1095	1077	1101	1101	C-O,C-N-C 伸缩振动峰、葡萄糖苷吸收峰
	1032	/	/	972	972	/	/	/	/	970	970	/	/	/	/	Gly-Gly 肽链结构吸收峰
	972	/	/	/	/	/	/	/	/	/	971	/	/	/	/	Gly-Ala 肽链结构吸收峰
	872	873	876	/	/	/	/	/	/	/	/	/	/	/	/	Hyp 结构中 C-C 伸缩振动峰

此外,所有蛋白胶在经历一年土壤埋藏后,柔韧性和溶解性能均变差。推测可能是因为代表蛋白质刚度的 β-折叠含量增高所致,β-折叠排列紧密整齐,可增强蛋白刚度,导致柔韧性、溶解性变差[27,28]。导致上述胶料二级结构含量变化的原因是:

表3 群青—蛋白胶料土壤埋藏老化前后二级结构的含量

胶料	二级结构	新鲜纯胶		土壤埋藏纯胶		土壤埋藏群青混合膜	
		波数/cm^{-1}	含量/%	波数/cm^{-1}	含量/%	波数/cm^{-1}	含量/%
猪皮胶	平行β-折叠	1625.46	7.97	1628.50	10.88	1624.98	12.25
	无规则卷曲	1638.35	11.56	1649.31	25.29	1640.42	21.98
	α-螺旋	1653.64	43.64	1667.40	21.81	1658.11	28.85
	反平行β-折叠	1673.13	20.68	1685.89	21.77	1677.55	19.26
	β-转角	1688.82	16.15	1696.04	20.25	1694.14	17.66
全蛋	平行β-折叠	1629.58	8.32	1627.49	32.21	1627.79	29.90
	无规则卷曲	1643.59	12.72	1644.08	25.00	1647.93	24.12
	α-螺旋	1660.35	50.05	1660.41	17.93	1663.26	15.12
	反平行β-折叠	1675.24	18.19	1677.10	4.23	1675.76	9.00
	β-转角	1693.79	10.71	1692.09	20.63	1689.44	21.87
蛋清	平行β-折叠	1629.53	7.81	1631.51	21.82	1633.29	14.54
	无规则卷曲	1647.29	8.34	1647.90	24.47	1648.63	22.74
	α-螺旋	1669.07	59.20	1663.08	20.13	1664.51	28.46
	反平行β-折叠	1686.44	17.21	1678.53	10.16	1676.53	14.00
	β-转角	1699.67	7.44	1691.37	23.41	1691.95	20.25
蛋黄	平行β-折叠	1624.15	9.26	1624.51	10.76	1625.43	11.09
	无规则卷曲	1635.07	14.88	1635.46	22.41	1635.17	21.30
	α-螺旋	1651.50	40.27	1651.53	25.12	1653.04	23.60
	反平行β-折叠	1671.88	20.21	1672.13	21.26	1674.60	20.52
	β-转角	1693.18	15.38	1698.17	20.45	1699.07	23.48
牛奶	平行β-折叠	1629.93	17.29	1626.69	32.84	1628.23	33.07
	无规则卷曲	1643.21	6.82	1645.23	16.81	1646.17	18.42
	α-螺旋	1657.50	30.79	1661.84	2.32	1663.33	3.50
	反平行β-折叠	1673.69	31.87	1675.31	21.81	1676.84	20.58
	β-转角	1688.13	13.23	1692.04	26.22	1688.86	24.43

(1)从蛋白质结构的角度看。α-螺旋和无规则卷曲位于非结晶区,β-折叠位于结晶区[29],非结晶区容易被生物降解[30],而结晶区一般难以被生物降解。因此出现了α-螺旋降低、β-折叠增高的结果。

(2)从能量角度看。富含α-螺旋的蛋白质存在α-螺旋转向β-折叠的趋势[31-33],α-螺旋的势能高于β-折叠[34],

且 α-螺旋、β-折叠和无规则卷曲的熵值逐渐增大[35]。因此，胶料呈现 α-螺旋含量降低，β-折叠和无规则卷曲含量升高的趋势。

（3）关于平行 β-折叠含量升高、反平行 β-折叠含量降低的原因推测如下：①平行 β-折叠的折叠程度要大于反平行 β-折叠的折叠程度[36]，在土壤埋藏老化过程中，后者可能更易去折叠，出现含量降低的结果。②平行 β-折叠比反平行 β-折叠更规则且一般是大结构，而后者可以少到仅由两个 β 股组成。土壤埋藏环境中的水分可促进形成二级结构间的氢键，使得反平行 β-折叠更多被连接，导致本身含量降低。但以上仅仅为初步推测，还需后期开展进一步研究。

3 结 论

（1）群青与猪皮胶、全蛋、蛋清、蛋黄、牛奶5种常见蛋白胶料的混合膜及相应纯胶膜历经一年的土壤埋藏老化后，蛋白质的FTIR 吸收特征依旧明显。但它们的酰胺 A 带变宽，α-螺旋含量降低、β-折叠和无规则卷曲含量增高，说明胶料的结构从有序趋于无序状态。

（2）群青在一定程度加速了蛋白胶料的老化程度，油类的土壤埋藏老化稳定性差。

（3）相比之下，猪皮胶的红外光谱图、二级结构含量变化程度最小，土壤埋藏老化性能优，结构稳定。蛋类和牛奶的变化程度更明显，土壤老化稳定性差。

致 谢

本文受到陕西省重点产业创新链（群）项目（编号：2019ZDLSF07-05）的资助。

参考文献

[1] Vermeulen M, Janssens K, Sanyova J, et al. Assessing the stablity of arsenic sulfide pigments and influence of the binding media on theri degradation by means of spectroscopic and electrochemical techniques[J]. Microchemical Journal, 2018, 138: 82-91.

[2] Monnier G F. A review of infrared spectroscopy in microarchaeology: Methods, applcations, and recent trends[J]. Journal of Archaeological Science: Reports, 2018, 18: 806-823.

[3] Zaffino C, Guglielmi V, Faraone S, et al. Exploiting external reection FTIR spectroscopy for the in-situ identi cation of pigments and binders in illuminated manuscripts. Brochantite and posnjakite as a case study[J]. Spectrochimica Acta Part A: Molecular and Biomolecular Spectroscopy, 2015, 136: 1076-1085.

[4] Orsini S, Bramanti E, Bonaduce I. Analytical pyrolysis to gain insights into the proteinstructure. The case of ovalbumin[J]. Journal of Analytical and Applied Pyrolysis, 2018, 133: 59-67.

[5] Grewal M K, Huppertz T, Vasiljevic T. FTIR ngerprinting of structural changes of milk proteins induced by heat treatment, deamidation and dephosphorylation [J]. Food Hydrocolloids, 2018, 80: 160-167.

[6] 岳鉴颖, 王金枝, 张春晖, 等. 提取时间对鸡骨蛋白凝胶特性和蛋白二级结构的影响[J]. 中国农业科学, 2017, 50(5): 903-912.

[7] Peacock E E. Biodegradation and characterization of water-degraded archaeological textiles created for conservation research[J]. International Biodeterioration & Biodegradation, 1996, 38(1): 49-59.

[8] 马克伟. 土地大辞典[M]. 长春: 长春出版社, 1991: 120.

[9] 贾思勰. 齐名要术校译[M]. 北京: 农业出版社, 1982: 461-465.

[10] 郭建波, 王丽琴, 韩明, 等. 关中地区土壤含水率对丝织品老化的影响[J]. 纺织学报, 2013, 34(11): 66-70.

[11] 马珍珍, 王丽琴, Gabriela Krist, 等. 红外光谱法研究古代彩绘蛋白胶料光老化的二级结构变化[J]. 光谱学与光谱分析, 2017, 37(9): 2712-2716.

[12] 黄悦, 张晓梅, 原思训. 红外光谱法研究不同丝胶含量老化蚕丝蛋白[J]. 文物保护与考古科学, 2009, 21(1): 44-49.

[13] 刘微, 李萌, 任皓威. 荧光、紫外和红外光谱分析人乳和牛乳 β 酪蛋白的功能和构象差异[J]. 光谱学与光谱分析, 2014, 34(12): 3281-3287.

[14] Derrick M R, Stulik D, Landry J M. Infrared Spectroscopy in Conservation Science [M]. USA: Getty Conservation Institute, 1999: 108.

[15] Doyle B B, Bendit E G, Blout E R. Infrared spectroscopy of collagen and collagen-like polypeptides [J]. Biopolymers, 1975, 14(5): 955.

[16] Derrick M R, Stulik D, Landry J M. Infrared Spectroscopy in ConservationScience [M]. USA: Getty Conservation Institute, 1999: 103.

[17] Evershed R P, Dudd S N, Copley M S, et al. Chemistry of archaeological animal fats [J]. Accounts of Chemical Research, 2002, 35(8): 660-668.

[18] Evershed R P, Heron C, Charters S, et al. The survival of food residues: new methods of analysis, interpretation and application [J]. Proceedings of the British Academy, 1992, 77: 187-208.

[19] 苑萌萌, 陈长洁, 岳静, 等. 基于红外光谱的古代丝绸蛋白质分子结构变化分析[J]. 丝绸, 2013, 50(12): 7-10.

[20] 张熙桐, 关博元, 孔繁华, 等. 人乳、牛乳、羊乳中乳清部分氨基酸组成及乳清蛋白中蛋白质二级结构的对比研究[J]. 食品科学, 2017, 24: 107-112.

[21] Petibois C, Couspillou G, Wehbe K, et al. Analysis of type I and IV collagens by FT-IR spectroscopy and imaging for a molecular investigation of skeletal muscle connective tissue [J]. Analytical and Bioanalytical Chemistry, 2006, 386(7-8): 1961-1966.

[22] 王伟华, 王颖. 蛋类蛋白质的二级结构红外光谱研究[J]. 光谱学与光谱分析, 2016, 36(10): 81-82.

[23] Lilienthal S, Drotleff A M, Ternes W. Changes in the protein secondary structure of hen's egg yolk determinedby Fourier transform infrared spectroscopy during the first eight days of incubation [J]. Poultry Science, 2015, 94(1): 68-79.

[24] Barth A. Infrared spectroscopy of pteoins [J]. Biochimica et Biophysica Acta, 2007, 1767: 1073-1101.

[25] Wu X M, Liu Y W, Liu A J, et al. Improved thermal-stability and mechanical properties of type Icollagen by crosslinking with casein, keratin and soy protein isolateusing transglutaminase [J]. International Journal of Biological Macromolecules, 2017, 98: 292-301.

[26] Hu X, Zhao M, Sun W Z, et al. Effects of micro fluidization treatment and transglutaminase cross-linking on physicochemical, functional, and conformational properties of peanut protein isolate [J]. Journal of Agricultural and Food Chemistry, 2011, 59: 8886-8894.

[27] Jin H J, Park J, Karageorgiou V, et al. Water-stable silk films with reduced β-sheet content [J]. Advanced Functional Materials, 2005, 15(8): 1241-1247.

[28] Zhao Q, Buehler M J. Molecular dynamics simulation of the α-Helix to β-Sheet transition in coiled protein filaments: evidence for a critical filament length scale [J]. Physical Review Letters, 2010, 104: 198304-1-198304-4.

[29] Chen J Z Y, Imamura H. Universal model for α-helix and β-sheet structures inprotein [J]. Physica A, 2003, 321(1-2): 181-188.

[30] Ding F, Borreguero J M, Buldyrev SV, et al. Mechanism for the a-Helix to Hairpin Transi-

tion[J]. Proteins: Structure, Function, and Genetics, 2003, 53: 220 - 228.

[31] Hu X, Kaplan D, Cebe P. Dynamic Protein-Water Relationships during β-Sheet Formation [J]. Macromolecules, 2008, 41: 3939 - 3948.

[32] 王建南, 陆长德, 白伦. Thioflavine T 荧光探针法研究丝素结晶区典型肽段自聚集的 β-片层结构[J]. 化学学报, 2007, 65(2): 111 - 115.

[33] Kreplak L, Doucet J, Dumas P, et al. New aspects of the a-Helix to β-Sheet transition in stretched hard a-Keratin fibers[J]. Bio Physical Journal, 2004, 87(1): 640 - 647.

[34] Kreplak L, Herrmann H, Aebi U. Tensile properties of single desmin intermediate filaments[J]. Bio Physical Journal, 2008, 94: 2790 - 2799.

[35] Zhao Q, Kreplak L, Buehler M J. Hierarchical structure controls nanomechanical properties of vimentin intermediate filaments[J]. PLos One, 2009, 4(10): 7294 - 7307.

[36] 孟朝晖. 筒型外膜蛋白质生物信息学[M]. 北京: 国防工业出版社, 2007: 11.

重庆云阳李家坝遗址出土战国青铜矛腐蚀产物的原位无损分析

凡小盼[1], 温小华[2]

(1. 重庆中国三峡博物馆, 重庆 400015; 2. 云阳博物馆 重庆 404500)

摘要: 利用超景深显微镜和激光拉曼光谱仪对重庆云阳李家坝遗址出土12件青铜矛的腐蚀产物进行无损形貌观察和结构分析, 了解其腐蚀产物种类, 以期为后续开展的保护修复提供科学依据。分析结果表明, 腐蚀产物除孔雀石、蓝铜矿、赤铜矿、铜蓝、锡石、氯铜矿和白铅矿外, 还发现有磷铜矿、铅矾和砷铅矿-磷氯铅矿系列腐蚀产物等。10件发现有砷铅矿-磷氯铅矿, 仅一件发现有氯铜矿。埋藏环境中的氯离子、磷酸根离子和硫酸根离子等易于与青铜矛中的铅发生化学反应, 形成铅的各种腐蚀产物。

关键词: 青铜; 李家坝; 腐蚀产物; 无损分析; 铜矛

Non-destructive Analysis of Corrosion Products on the Bronze Spears Dated to Warring State Unearthed in Lijiaba Site, Yunyang, Chongqing

FAN Xiao-pan[1], Wen Xiao-hua[2]

(1. Chongqing China Three Gorges Museum, 400015, Chongqing; 2. Yunyang Museum, 404500, Chongqing)

Abstract: The corrosion products on the 12 bronze spears dated to Warring State unearthed in Lijiaba site, Kai County, Chongqing were characterized non-destructively by optical spectroscope and Raman spectroscopy. The results showed that the corrosion products are malachite ($Cu_2CO_3(OH)_2$), azurite ($Cu_3(CO_3)_2(OH)_2$), cuprite (Cu_2O), cerussite ($PbCO_3$), cassiterite (SnO_2), atacamite($Cu_2Cl(OH)_3$), libethenite($Cu_2PO_4(OH)$), anglesite($PbSO_4$), mimetite-pyromorphite ($Pb_5((As,P)O_4)_3Cl$) and so on. There are ten spears with mimetite-pyromorphite and one spear with atacamite. The chlorine, phosphate, sulphate in the environment where the bronze spears buried were tend to combine with Pb in the bronze to form corrosion products.

Key words: bronze; Lijiaba; corrosion products; no-destructive analysis; bronze spear

李家坝遗址位于重庆市云阳县高阳镇青树村, 处在长江北侧支流彭溪河畔一东西狭长的台地上, 北侧依山, 南侧临河, 是三峡库区一处多年度连续发掘的重要古文化遗址[1]。该遗址内涵丰富, 时段长、规模大且保存完好, 曾被评为1998年度全国十大考古新发现。该遗址发现春秋末期至西汉早期墓葬300余座, 墓葬分布密集, 排列大致有序, 有"人牲""人殉"的现象, 出土的青铜兵器多为典型巴文化兵器, 对晚期巴文化的内涵、社会性质、生活习俗和埋葬制度等方面的研究具有重要意义。

由于青铜矛器型较小, 锈蚀物取样不便, 适宜做原位无损分析。拉曼光谱作为一种可实施原位无损检测的技术, 且具有检测区域小、干扰小、信号强和获取数据及时等优点,可了解锈蚀物种类和分布情况等,是分析古代青铜器腐蚀产物的理想选择[2,3]。本文利用超景深显微镜和激光共聚焦拉曼光谱仪对需保护修复的12件青铜矛(编号:LJ1～LJ12)的腐蚀产物进行原位无损观察和分析,以了解李家坝遗址出土青铜矛的腐蚀特征。

1 实验

1.1 超景深显微观察

利用超景深三维立体数码显微系统(日本基恩士VHX-5000)对李家坝遗址出土的12件青铜矛表面和断面锈蚀物进行形貌观察。

1.2 拉曼光谱分析

英国Renishaw inVia共聚焦显微拉曼光谱仪,配备有Leica显微镜和三个激光器(532nm、633nm、785nm),本次测试选用532nm激光器,测试范围100～4000cm^{-1},累计时间10s,累计次数1～10次。

2 结果及讨论

2.1 超景深显微镜观察结果

根据锈蚀物颜色和形态,在每件青铜矛表面选取几处典型的区域进行超景深显微观察和拉曼光谱分析。部分分析区域的显微照片如图1所示。从图1可知,锈蚀物有绿色、黄绿色、蓝绿色、灰白色、白色、浅绿色、土黄色和褐色等。

对于边缘残缺露出断面的青铜矛,对其断面锈蚀物进行显微观察和拉曼光谱分析。青铜矛断面的显微照片如图2所示。从图2

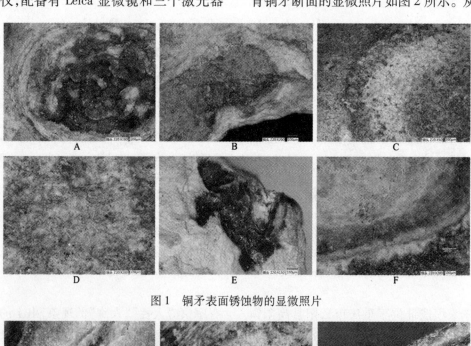

图1 铜矛表面锈蚀物的显微照片

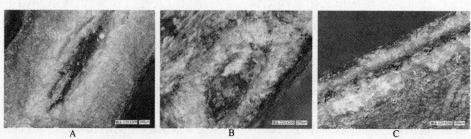

图2 铜矛断面锈蚀物的显微照片

可知,断面锈蚀物分层明显,但不同器物的锈蚀从外向内颜色不同。一些断面锈蚀物颜色从外向内依次为土黄色、浅绿色和褐红色,如图2A所示;一些断面锈蚀物从外向内颜色依次为黄绿色、浅绿色和黑色,如图2C所示。

2.2 拉曼结果

所检测到的主要腐蚀产物的拉曼光谱图如图3所示。图3A中,218cm^{-1}为赤铜矿(cuprite, Cu_2O)的特征峰[4];图3B中,3383cm^{-1}, 3317cm^{-1}, 1495cm^{-1}, 1369cm^{-1}, 1100cm^{-1}, 1060cm^{-1}, 753cm^{-1}, 721cm^{-1}, 536cm^{-1}, 434cm^{-1}, 355cm^{-1}, 271cm^{-1}, 222cm^{-1}, 181cm^{-1}和153cm^{-1}与孔雀石(malachite, $Cu_2CO_3(OH)_2$)的拉曼峰对应[4];图3C中,3435cm^{-1}, 3350cm^{-1}, 3328cm^{-1}, 977cm^{-1}, 914cm^{-1}, 846cm^{-1}, 822cm^{-1}, 514cm^{-1}, 453cm^{-1}, 357cm^{-1}和150cm^{-1}对应于氯铜矿(atacamite, $Cu_2Cl(OH)_3$)的拉曼峰[4]。图3D中,3468cm^{-1}, 1017cm^{-1}, 974cm^{-1}, 300cm^{-1}, 197cm^{-1}, 158cm^{-1}和72cm^{-1}与磷铜矿(libethenite, $Cu_2PO_4(OH)$)的拉曼峰对应[5];图3E中,947cm^{-1}, 925cm^{-1}, 579cm^{-1}, 526cm^{-1}, 421cm^{-1}, 397cm^{-1}归属于磷氯铅矿(pyromorphite, $Pb_5(PO_4)_3Cl$)的拉曼峰[6],图3F中,拉曼峰945cm^{-1}, 924cm^{-1}和819cm^{-1}说明砷铅矿-磷氯铅矿的存在[6]。图3G中,980cm^{-1}, 449cm^{-1}, 440cm^{-1}与铅矾的拉曼峰相吻合[4]。图3H中,1056cm^{-1}, 1373cm^{-1}和1479cm^{-1}对应于白铅矿(cerussite, $PbCO_3$)的拉曼峰[4]。除这些腐蚀产物外,还检测到锡石、氧化铅和铜蓝等其他的腐蚀产物。

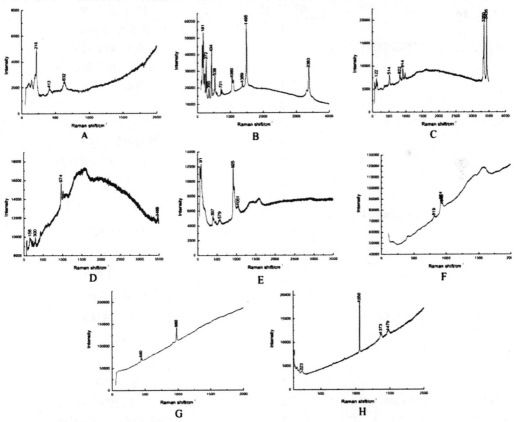

图3 李家坝遗址出土铜矛腐蚀产物的拉曼谱图
(A. 赤铜矿, B. 孔雀石, C. 氯铜矿, D. 磷铜矿, E. 磷氯铅矿, F. 砷铅矿-磷氯铅矿; G. 铅矾, H. 白铅矿)

12件战国铜矛表面锈蚀物的拉曼分析结果见表1。对其中8件断面可分析的铜矛断面进行拉曼分析,分析结果见表2。由表面和断面拉曼分析结果可知:铜的腐蚀产物主要有孔雀石、蓝铜矿、赤铜矿、磷铜矿、铜蓝和氯铜矿等;锡的腐蚀产物主要为锡石;铅的腐蚀产物主要为白铅矿、砷铅矿-磷氯铅矿系列腐蚀产物和硫酸铅等。这些腐蚀产物中,除常见的腐蚀产物孔雀石($Cu_2CO_3(OH)_2$)、蓝铜矿($Cu_3(CO_3)_2(OH)_2$)、白铅矿($PbCO_3$)、赤铜矿(Cu_2O)、氯铜矿($Cu_2Cl(OH)_3$)、铜蓝和锡石等,还发现有磷铜矿$Cu_2PO_4(OH)$、砷铅矿-磷氯铅矿($Pb_5((As,P)O_4)_3Cl$)和铅矾($PbSO_4$)等报道不多的腐蚀产物。

从拉曼分析结果可知:同一器物上,不同分析区域的腐蚀产物既有相同之处,也有明显不同之处,仅单一分析区域的锈蚀物分析无法代表整件器物的锈蚀物情况。也说明不同区域的微环境不同,会导致其腐蚀产物的不同。相对于表面锈蚀物分析,断面锈蚀物分析结果更为全面,更具有代表性。

以铜矛LJB1为例,其断面分析区域1的锈蚀物从外向内依次为:锡石、磷氯铅矿、孔雀石、锡石和赤铜矿。其断面分析区域2的锈蚀物从外向内依次为孔雀石、锡石、磷氯铅矿和赤铜矿。可见铜的腐蚀产物外层为孔雀石,内层为赤铜矿,而锡石(锡的腐蚀产物)和磷氯铅矿(铅的腐蚀产物)分布则无规律,外层内层均有分布。

表1　12件铜矛表面腐蚀物拉曼分析结果

编号	器物考古编号	测试区域	拉曼分析结果
LJB1	00YLIIM93:1	1	孔雀石,赤铜矿
		2	赤铜矿,磷氯铅矿
		3	赤铜矿,磷氯铅矿
LJB2	99YLIIM20:1	1	锡石,孔雀石
		2	赤铜矿
		3	锡石,孔雀石,赤铜矿
		4	硫酸铅,磷氯铅矿,赤铜矿,孔雀石
		5	孔雀石,赤铜矿,磷氯铅矿
LJB3	01YLIIM36:4	1	孔雀石
		2	孔雀石,锡石,赤铜矿
		3	锡石,孔雀石
		4	孔雀石
LJB4	01YLIIM37:1	1	锡石,孔雀石
		2	孔雀石,磷氯铅矿,锡石
		3	孔雀石,赤铜矿
		4	孔雀石
		5	孔雀石-白铅矿
LJB5	01YLIIM43:3	1	磷氯铅矿
		2	磷氯铅矿
		3	铅黄,白铅矿,磷氯铅矿
LJB6	03YLIIM14:2	1	赤铜矿,孔雀石

续表

编号	器物考古编号	测试区域	拉曼分析结果
LJB7	94YLIIM7:1	1	蓝铜矿,孔雀石,赤铜矿
		2	蓝铜矿,孔雀石,赤铜矿
		3	孔雀石,砷铅矿-磷氯铅矿,赤铜矿,铅黄
		4	孔雀石,赤铜矿,白铅矿
		5	孔雀石,磷氯铅矿,赤铁矿
		6	孔雀石,蓝铜矿
		7	砷铅矿,赤铜矿,白铅矿,孔雀石,硫酸铅
LJB8	98YLIIM5:3	1	磷氯铅矿
		2	白铅矿,孔雀石,赤铜矿,磷氯铅矿
LJB9	98YLIIM14:1	1	赤铜矿
		2	白铅矿,赤铜矿
		3	孔雀石
LJB10	03YLIVM2:1	1	孔雀石
		2	磷氯铅矿
		3	赤铜矿,磷氯铅矿,孔雀石,铜蓝
		4	赤铜矿
LJB11	99YLIIM19:1	1	氯铜矿,孔雀石,赤铜矿,磷氯铅矿
		2	孔雀石,赤铁矿,蓝铜矿,白铅矿
		3	孔雀石,白铅矿
		4	蓝铜矿,赤铜矿
		5	孔雀石
LJB12	01YLIIM20:1	1	铅黄,磷氯铅矿,白铅矿,赤铜矿,孔雀石
		2	孔雀石
		3	孔雀石,赤铜矿
		4	孔雀石,蓝铜矿
		5	蓝铜矿,赤铜矿
		6	蓝铜矿,铅黄,白铅矿,磷氯铅矿,孔雀石

表2 铜矛断面锈蚀物拉曼分析结果

编号	考古编号	测试区域	拉曼分析结果
LJB1	00YLIIM93:1	1	赤铜矿,锡石,孔雀石,磷氯铅矿
		2	赤铜矿,磷氯铅矿,锡石,孔雀石
LJB5	01YLIIM43:3	1	锡石,砷铅矿-磷氯铅矿,磷铜矿,孔雀石
LJB6	03YLIIIM14:2	1	孔雀石,铜蓝
LJB8	98YLIIM5:3	1	磷氯铅矿,孔雀石,赤铜矿
LJB9	98YLIIM14:1	1	赤铜矿,孔雀石,磷氯铅矿,锡石,白铅矿
		2	磷氯铅矿,氧化铅,白铅矿,赤铜矿
		3	赤铜矿,磷氯铅矿,锡石,孔雀石
		4	赤铜矿,磷氯铅矿,孔雀石,磷铜矿

续表

编号	考古编号	测试区域	拉曼分析结果
LJB10	03YLIVM2:1	1	磷氯铅矿,硫酸铅,锡石,赤铜矿
		2	白铅矿,锡石,赤铜矿,砷铅矿-磷氯铅矿,硫酸铅
LJB11	99YLIIM19:1	1	赤铜矿,锡石,孔雀石
LJB12	01YLIIM20:1	2	砷铅矿-磷氯铅矿,锡石

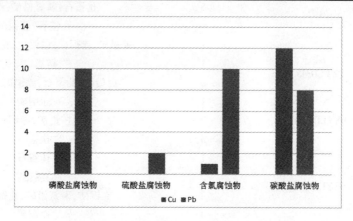

图4 青铜矛不同种类腐蚀产物数量对比图

铜的腐蚀物有氧化物、碳酸盐类腐蚀物、磷酸盐类腐蚀物和含氯腐蚀物；铅的腐蚀产物种类有氧化物、磷酸盐类、砷酸盐类和硫酸盐类腐蚀物。锡的腐蚀产物仅有氧化物。图4为按腐蚀产物中铜和铅腐蚀产物种类划分,铜矛的数量对比图。从图4可知,12件青铜矛都发现有铜的碳酸盐类腐蚀产物,如孔雀石和蓝铜矿,多数青铜矛发现有铅的碳酸盐类腐蚀产物(白铅矿)。多数青铜矛发现有磷酸盐类腐蚀产物,且以铅的磷酸盐类腐蚀产物居多。且12件铜矛中有10件发现有铅的含氯腐蚀物,仅1件发现有铜的含氯腐蚀物。12件铜矛中2件发现有铅的硫酸盐腐蚀物,而未发现铜的硫酸盐腐蚀物。可以推断:在李家坝遗址特定的埋藏环境下,环境中的氯离子、磷酸根离子和硫酸根离子等易于与青铜矛中的铅发生化学反应,形成铅的各种腐蚀产物。且模拟实验结果表明含Sn25%、Pb5%的青铜在模拟土壤介质中发生局部腐蚀时,合金元素选择性腐蚀的顺序为Pb>Cu>Sn[7]。

我们曾在李家坝遗址出土铜剑上发现有磷铜矿、磷氯铅矿和砷铅矿等特殊的腐蚀产物[8]。铜剑与铜矛同属兵器,合金配比具有一定的相似性,相同的埋藏环境使其具有类似的腐蚀产物。该遗址出土青铜器的腐蚀特征是以磷酸盐类腐蚀产物为主,主要为磷铜矿和砷铅矿-磷氯铅矿系列腐蚀产物。

3 结 论

通过超景深显微镜和激光拉曼光谱仪对重庆云阳李家坝遗址出土12件战国青铜矛的腐蚀产物进行无损分析得出:

(1)锈蚀物有绿色、黄绿色、蓝绿色、灰白色、白色、浅绿色、土黄色和褐色等。疏松状锈蚀较少,器物矿化较严重。从断面看,锈蚀物分层明显。

(2)腐蚀产物主要有孔雀石、蓝铜矿、赤铜矿、铜蓝、锡石、氯铜矿、白铅矿、磷铜矿、铅矾和砷铅矿-磷氯铅矿系列腐蚀产物等。在多数铜矛上发现有砷铅矿-磷氯铅矿这种含氯的铅腐蚀物。

（3）这些腐蚀产物的生成与其埋藏环境中存在的磷酸根离子、氯离子、碳酸根离子和硫酸根离子等有关。氯离子对这些青铜矛的腐蚀以铅腐蚀为主，其最终腐蚀产物为磷氯铅矿和砷铅矿，对铜的腐蚀最终产物为氯铜矿。这一现象与埋藏环境的 pH 值和磷酸盐的含量有关。

参考文献

[1] 重庆市文物局,重庆市移民局.重庆库区考古报告集(1997 卷)[M].北京:科学出版社,2001.

[2] 杨群,王怡林,张鹏翔,等.拉曼光谱对古青铜矛腐蚀情形的无损研究[J].光散射学报.2001,13(1):49-53.

[3] 贾腊江,金普军.拉曼光谱分析青铜器本体中的锈蚀产物[J].光谱学与光谱分析.2015,35(1):128-131.

[4] M. Bouchard, D. C. Smith. Catalogue of 45 reference Raman spectra of minerals concerning research in art history or archaeology, especially on corroded metals and coloured glass[J]. Spectrochimica Acta Part A.2003,59:2247-2266.

[5] Sherif Kharbish, Peter Andrá, Jarmila Luptáková, et al. /Raman spectra of oriented and non-oriented Cu hydroxy-phosphate minerals: Libethenite, cornetite, pseudomalachite, reichenbachite and ludjibaite[J]. Spectrochimica Acta Part A: Molecular and Biomolecular Spectroscopy 130 (2014) 152-163.

[6] BajdaT, Mozgawa W, Manecki M, et al. Vibrational spectroscopic study of mimetite-pyromorphite solid solutions [J]. Polyhedron. 2011,30:2479-2485.

[7] 王菊琳,许淳淳,吕国诚.三元青铜/环境界面上物质转移的化学行为[J].材料研究学报,2004,3:244-250.

[8] Xiaopan Fan, Ian C. Freestone, Occurrence of phosphatic corrosion products on bronze swords of the Warring States period buried at Lijiaba site in Chongqing, China[J]. Heritage Science. 2017,(5):48-56.

新疆东天山地区青铜至早期铁器时代遗址陶器制作工艺与产地的初步研究

刘 成[1]，李 立[2]，申静怡[3]

(1. 西北大学文化遗产学院文物保护系,陕西 西安 710069；2. 文化遗产研究与保护技术保护重点实验室,陕西 西安 710035；3. 山东大学历史系,山东 济南 250100)

摘要：本论文对新疆东天山地区焉不拉克文化、岳公台—西黑沟遗址群文化类型和东黑沟—红山口遗址群文化类型这三种不同文化类型遗址出土的陶片样品的吸水率、烧成温度及微量元素进行了分析和讨论。分析结果表明，东天山地区各遗址出土的陶器在制作工艺上似乎没有明显差别，其制作工艺可能在一定程度上有所交流。本论文中所讨论的东天山地区遗址每个遗址均有一部分陶器为就地取材,本地制造,同时还有一部分陶器是外来的,并且外来陶器常常来自不同文化类型的多个遗址。三种文化类型(焉不拉克文化、东黑沟—红山口遗址群文化类型、岳公台—西黑沟遗址群文化类型)遗址间存在陶器的贸易和交流,这可能与东天山地区游牧民族特有的具有迁移性的生产和生活等方式有关。

关键词：东天山；青铜至早期铁器时代；陶器；制作工艺；产地分析

A Study of the Manufacture Technique and Provenance of Pottery from the Eastern Tian Mountains Area During the Bronze to Early Iron Age

Abstract: Trace element compositions, firing temperature and water absorption of pottery shards from 11 archaeological sites which belong to the Yanbulake culture, the Yuegongtai-xiheigou culture and the Dongheigou-hongshankou culture of Eastern Tian Mountains area are analysed. By comparing the firing temperature and water absorption of pottery shards from these sites, the pottery from different archaeological sites of the Yanbulake culture, the Yuegongtai-xiheigou culture and the Dongheigou-hongshankou culture might be made by similar manufacturing techniques. Cluster analysis are used to establish method for provenance pottery shards excavated from different archaeological sites, which indicates that for all the archaeological sites of the Eastern Tian Mountains area in this article, some pottery wares were produced in their excavation areas, whereas some pottery wares were made in other archaeological sites of different archaeological culture styles and then traded to their excavation areas. This suggests that archaeological sites from the Yanbulake culture, the Yuegongtai-xiheigou culture and the Dongheigou-hongshankou culture had close trade and culture exchange.

Key words: Eastern Tian Mountains area; bronze age to early iron age; pottery; manufacture technique; provenance

1 引言

新疆东部的东天山地区，主要包括哈密市、巴里坤哈萨克族自治县和伊吾县三县市，是新疆与内地联系的关键地区，也是中原通往西域的丝绸之路必经之处。近年来新疆考古工作取得了长足的进步，东天山地区陆续发掘大量属于青铜时代至早期铁器时代的墓地和遗址，引起了海内外学术界广泛的关注和兴趣。迄今为止，很多学者已从类型学的角度探讨了这些遗址的特点及它们之间的文化关系。陈戈先生依据当地已发掘的遗迹中青铜器和铁器的情况，将当时已清理发掘的遗址和墓葬划分为青铜时代（公元前 2000—公元前 1000 年左右）和早期铁器时代（公元前 1000 年开始）。此后陈戈先生又发表了多篇较有影响力的文章进一步阐述本地区时代划分问题[1,2]。随后，考古学界普遍认同了新疆地区"史前时期"这一概念，并将其时间定为公元前 2 世纪至远古时期[3]。同时，学者们逐步尝试划分了东天山地区文化的区系类型，并取得一定的成果[4]。焉不拉克文化这一概念首先在东天山地区得到确认。1993 年，水涛将新疆地区已发掘的史前遗址和墓葬进行了系统的分析，以此将新疆已知的史前遗存共划分成了八个大的区域，每区分别各代表一种文化[5]。同时，水涛先生认为东天山山北的各遗存和东天山山南的各遗存之间在诸多方面均存在着明显的差异[6]。2005 年韩建业先生将新疆的已知史前文化分为十个小区，其中东天山地区被划入哈密盆地—巴里坤草原区[7,8]。总体来说，东天山山南和山北两侧的遗址和墓葬在诸多方面均存在差异，文化因素不同，应划分为两区[8]。20 世纪以后，东天山南北两侧的考古学文化及其相互交流等关系已有了初步了解[9]。

与此同时，东天山地区遗址出土的大批陶器文物，为研究此地区陶器，分析不同遗址或不同文化类型遗址间的交流关系提供了实物资料。但由于本地区各遗址出土陶器种类较多，且缺乏大量完整、典型器物，且陶器与所其所出土遗址的考古文化谱系常不相符合。在这种情况下，仅依靠考古类型学等传统考古学方法对本地区陶器进行系统分析研究往往难以奏效，成为亟待解决的一大问题。因而利用现代科学分析技术科技考古手段对东天山地区陶器进行分析研究显得尤为必要。本论文选取了东天山地区 11 处较为典型的遗址，对其出土陶器的制作工艺及产地进行初步分析研究，以探讨东天山地区不同区域、不同文化类型遗址间陶器的生产、传播、贸易及交流等关系。

2 东天山地区青铜至早期铁器时代相关遗址及文化类型概述

考古学家已将东天山地区的大量遗址划分为几种不同的考古学文化类型，不同文化类型间可能存在着一定程度的联系[5-9]。本论文所讨论的陶器出土自三种不同文化类型的遗址—焉不拉克文化遗址，岳公台—西黑沟遗址群文化类型遗址和东黑沟—红山口遗址群文化类型遗址，现将本论文中陶片样品的出土遗址及其所属三种文化类型予以简要介绍。

2.1 陶片样品出土遗址概况

新疆东天山地区遗址众多，难以将每处遗址均列入论文中对其进行制作工艺和产地研究。因此本论文综合考虑了遗址本身所具有的重要性及代表性、考古发掘资料的完备性和实际采集样品的可行性等条件和因素，在不同地区和不同考古学文化类型遗址中各选取了 3～4 个遗址进行讨论。每个遗址选取8~10片陶片作为实验样品,陶片大部分为红色或红褐色夹细砂彩陶,所属器型包括罐、杯、豆、壶和瓮。本论文所包括遗址简介如表1。

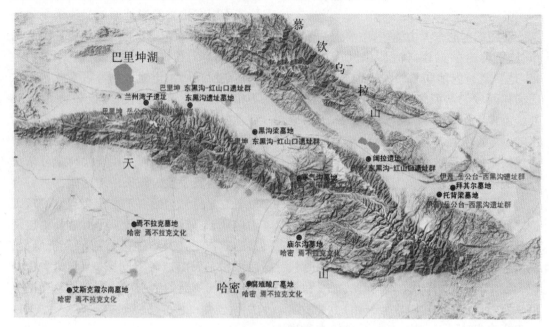

图1　东天山地区遗址分布图

表1　东天山地区遗址简介表

遗址名称	地区	文化类型	年代
焉不拉克墓地	天山以南（哈密）	焉不拉克文化	一期:相当于西周早、中期 二期:相当于西周晚期和春秋早期 三期:相当于春秋中、晚期 注:本次研究所用陶片样品均采自第三期
艾斯克霞尔南墓地	天山以南（哈密）	焉不拉克文化	早期铁器时代,相当于春秋中、晚期
腐植酸厂墓地	天山以南（哈密）	焉不拉克文化	年代上限较早,下限与焉不拉克墓地相当或稍晚
庙尔沟墓地	天山以南（哈密）	焉不拉克文化	整体年代略晚于焉不拉克晚期墓葬
寒气沟墓地	天山里（哈密）	焉不拉克文化	春秋晚期至战国初期
拜其尔墓地	天山以北（伊吾）	岳公台－西黑沟遗址群文化类型	春秋战国
托背梁墓地	天山以北（伊吾）	岳公台－西黑沟遗址群文化类型	春秋战国

续表

遗址名称	地 区	文化类型	年 代
邵家鄂博大型石围墙基址（又称兰州湾子遗址）	天山以北（巴里坤）	岳公台—西黑沟遗址群文化类型	春秋战国
东黑沟遗址墓地	天山以北（巴里坤）	东黑沟—红山口遗址群文化类型	春秋战国到汉代之间
阔拉遗址	天山以北（伊吾）	东黑沟—红山口遗址群文化类型	春秋战国到汉代之间
黑沟梁墓地	天山以北（巴里坤）	东黑沟—红山口遗址群文化类型	春秋战国到汉代之间

2.2 东天山地区遗址所属文化类型概述

2.2.1 焉不拉克文化概述

焉不拉克文化是以哈密市三堡乡的焉不拉克墓地命名的考古学文化，是哈密盆地的一种史前文化。该文化类型的遗存在哈密盆地分布范围广泛，向北到哈密市北约50公里的寒气沟，东达哈密市东沁城白山，南到哈密市南约10公里的腐植酸厂[10]。焉不拉克文化延续时间较长，据碳十四测定，年代为公元前1300年—公元前600年，即商代到春秋中晚期。焉不拉克文化基本的文化特征有如下几个方面[8]：①墓葬形制主要为竖穴土坑墓和竖穴二层台墓；②葬式多为侧身屈肢；③彩陶以弧线纹的红衣黑彩为代表；④陶器器形以单耳器和高颈腹耳壶等为主；⑤装饰品及用具多为铜器[8]。

焉不拉克文化的墓地总体来说属于同一文化，但各个墓地间亦存在差别，主要体现于墓葬形制、彩陶比例和鋬耳器比例等诸多方面的不同。按此可以将焉不拉克文化细分为西部类型和东部类型。从发掘的遗物来看，西部类型，又称"焉不拉克类型"的人群主要依靠农业经济，同时兼营畜牧业。而东部类型，又称"寒气沟类型"的人群应主要依靠畜牧业，同时存在少量的农业生产，但农业并不发达。也许正是不同的生产方式和环境使两个类型产生一定差别[11]。

2.1.2 岳公台—西黑沟遗址群文化类型概述[8,12,13]

岳公台—西黑沟遗址群文化类型主要分布于东天山山南山北两侧的山前坡地上，山北地区遗址位于巴里坤县的岳公台山峰至西黑沟区域，山南地区遗址分布范围广，大部分位于山谷口。就目前调查及发掘情况而言，岳公台—西黑沟遗址群文化类型有共同文化特征的遗址多达52处，大型、中型和小型遗址均有。遗址中遗迹包括正方形和矩形石围基址（居住遗迹）、大型石围墙基址（居住遗迹）、石筑高台（一般是中心点，进行祭祀活动）、不起堆的正方形和矩形石结构墓葬和岩画（以静态剪影式为主），且以上遗迹有共存关系；典型的为巴里坤岳公台—西黑沟遗址群、伊吾拜其尔墓地等。这些遗址所处环境、遗迹、出土器物均反映出相一致的文化特征，推测是当时某游牧民族的文化遗存，称之为第一类早期游牧文化。岳公台—西黑沟遗址群文化类型年代为公元前5世纪到公元前2世纪，即春秋战国到汉代之间。具体年代的确认还有待于今后更多的考古研究工作。

2.1.3 东黑沟—红山口遗址群文化类型概述[8]

东黑沟—红山口遗址群文化类型主要包括东黑沟墓地所属的东黑沟遗址和红山口墓地所属的红山口遗址这一广大地区的墓葬、居住遗迹和岩画。有明显地域性分布,以东天山山北侧地区为主,共26处,东天山山南区域只发现7处。东黑沟—红山口遗址群被称之为第二类早期游牧文化,推测可能是当时某游牧民族最高首领的王庭所分布区域。已发掘的遗址主要为两处,分别为黑沟梁墓地和东黑沟墓地,墓地有竖穴土坑墓和偏室较不明显的竖穴偏室墓两种墓室结构,且有人牲陪葬葬式。黑沟梁墓地和东黑沟墓地已经使用了较成熟的铁器,但铜器亦在使用。且人骨的测定年代大概为距今 2200 ± 70 年,所以东黑沟—红山口遗址群文化类型年代划分于早期铁器时代,即西汉早期[8]。

3 东天山地区陶片样品分析方法

3.1 陶片样品制作工艺分析方法

陶器的吸水率是用来表征陶器物理性能的常用基本量,是反映其胎质致密程度的一项重要参数。同时陶器吸水率大小与制作陶器时所用的黏土原料、烧制温度、气氛和时间等多种因素有关。此外烧成温度同样也是陶器制作工艺研究中的一个重要组成部分。随着烧制陶器温度的升高,陶器坯体体积密度会增大,而吸水率和显气孔率则会逐渐减小[14,15]。因此,本论文将通过对东天山地区陶器吸水率及烧成温度的测定来讨论本地区古代陶器制作工艺方面的有关信息。

本论文采取质量吸水率表示方法,即陶器样品在浸水饱和的状态下所吸收水分的质量与样品在绝对干燥状态下的质量之比。

实验依据国家标准 GB/T1966—1996 多孔陶瓷显气孔率、容重试验方法中的真空法进行吸水率测试。

陶片样品的原始烧成温度实验在上海硅酸盐研究所古陶瓷研究中心完成。使用的仪器是热膨胀仪 DIL—402C。测试中的升温过程共分为两个阶段:第一阶段以 10℃/min 的升温速率从 20℃ 升至 700℃;第二阶段以 5℃/min 的升温速率升至 1200℃。

3.2 陶片样品产地分析方法

微量成分分析是研究古陶器产地的基本方法。本论文利用电感耦合等离子原子发射光谱分析(ICP-AES)对新疆东天山地区陶片样品和土样进行测试,得出样品微量元素的含量,然后聚类分析方法对所测得数据进行讨论,从而得出有关陶片产地的相关信息。

本论文于三种文化类型中各选取一个遗址作为代表进行陶片样品和土样的 ICP-AES 测试。所选遗址为寒气沟墓地(焉不拉克文化)、东黑沟遗址墓地(东黑沟—红山口遗址群文化类型)和托背梁墓地(岳公台—西黑沟遗址群文化类型)。本次 ICP-AES 分析测试试验在西北大学分析测试研究中心进行。所用仪器为美国赛默尔飞世尔科技有限公司的 IRIS Advantage ER/S 型高分辨全谱直读电感耦合等离子体发射光谱仪,包括中阶梯光栅、玻璃同心雾化室,二维色散系统和 CID 电荷注入式固体检测器。仪器工作参数:功率为 1150W;频率为 27.12MHz;雾化压力为 192.9MPa;积分时间为:短波 20s,长波 10s。

4 东天山地区陶片样品制作工艺讨论

将测得的东天山地区各遗址陶片样品

吸水率制成箱式图(图2)。整体来看,东天山各遗址间样品的吸水率没有明显差别,除东黑沟—红山口遗址群文化类型的黑沟梁墓地和东黑沟墓地外,其余遗址陶片的吸水率范围基本集中在12%~18%之间。黑沟梁墓地及东黑沟墓地陶片样品的吸水率范围均较为分散,从最低的12%至最高的22%,与其他遗址相比,出现若干吸水率较高的陶片样品。

成温度均在较小范围内变化,且不同遗址间及不同文化类型遗址间的陶片样品吸水率及烧成温度并无明显差别,这说明东天山地区各遗址出土的陶器在制作工艺上似乎没有明显差别,东天山不同地区和遗址间的陶器及其制作工艺可能在一定程度上有所交流。

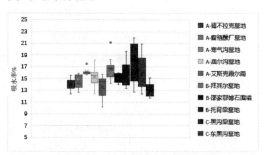

图2 东天山地区遗址陶片样品吸水率箱式图
(A代表焉不拉克文化;B代表岳公台—
西黑沟遗址群文化类型;C代表东黑沟—
红山口遗址群文化类型)

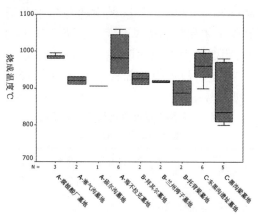

图3 东天山地区陶片样品烧成温度箱式图
(A代表焉不拉克文化;B代表岳公台—
西黑沟遗址群文化类型;C代表东黑沟—
红山口遗址群文化类型)

图3为东天山地区各遗址陶片样品测得烧成温度的箱式图。整体来看,东天山地区不同陶片样品的原始烧成温度亦没有明显差别。烧成温度虽然在800~1060℃内变化,但这种差别并没有明显体现于不同遗址间或不同文化类型遗址间。具体来说,东天山山南的焉不拉克文化遗址陶片样品原始烧成温度范围基本为905~1060℃,仅略高于山北的岳公台—西黑沟遗址群文化类型的陶片样品烧成温度(855~940℃)。而山北的东黑沟—红山口遗址群陶片样品烧成温度变化范围较大,在800℃到1005℃之间。陶器的吸水率大小与陶器制作中的黏土原料选择、加工,以及烧成温度等制作工艺密切相关,而烧成温度本身亦是陶器制作工艺的直接体现。除去东黑沟—红山口遗址群文化类型的黑沟梁墓地和东黑沟墓地外,本论文其余遗址出土陶片的吸水率和烧

此外,从上述讨论中可以看出,与其他遗址陶片样品相比,东黑沟—红山口遗址群文化类型遗址的东黑沟遗址墓地和黑沟梁墓地陶片样品的吸水率范围(12%~22%)和烧成温度范围(800~1005℃)均较为分散。这与这两个遗址所出土陶器样品不同的考古学背景有关。

黑沟梁墓地有与东黑沟墓地有相似的特殊墓葬形制和葬俗,即规模较大的墓葬包含有被肢解后葬入的人牲,个别人牲体旁有少量随葬器物,包括陶器、金属工具等。这些器物都是实用器,有明显使用过的痕迹(尤其是陶器)。而墓主人随葬品大多是明器,无明显使用痕迹,制作较粗糙,如陶钵、单耳罐和豆等小型器[16-18]。基于此,本论文中所讨论的东黑沟遗址墓地和黑沟梁墓地出土的陶片样品可分为明器和实用器两

类(表2),其吸水率和烧成温度结果如图4和图5所示。这两个遗址中,整体来看,无明显使用痕迹的明器吸水率普遍较高,而实用器吸水率则较低。同时,明器和实用器的烧成温度也有较为明显的差异,其中明器的整体烧成温度范围较低(800~935℃),而实用器的整体烧成温度范围较高(970~1005℃)。这说明随葬品中明器制陶工艺和陶器烧成温度与实用器是不同的,明器作为专门的陪葬品在制作工艺上较为粗糙,故而有较低的烧制温度和较高的吸水率。

表2 东黑沟遗址墓地和黑沟梁墓地实用器与明器分类表

样品编号	遗址名称	样品分类	吸水率(%)	烧成温度(±30℃)
DHG-1	东黑沟遗址墓地	明器	15.02	930
DHG-2		明器	15.00	935
DHG-3		明器	15.99	900
DHG-4		实用器	12.39	995
DHG-5		实用器	13.27	1005
DHG-6		实用器	13.89	985
DHG-7		实用器	13.78	未测
DHG-8		明器	18.37	未测
DHG-9		明器	20.91	未测
DHG-10		实用器	16.19	未测
HGL-1	黑沟梁墓地	明器	18.30	未测
HGL-2		明器	19.93	835
HGL-3		明器	21.91	810
HGL-4		明器	20.96	800
HGL-5		明器	20.69	未测
HGL-6		明器	19.06	未测
HGL-7		实用器	12.73	980
HGL-8		实用器	13.36	970

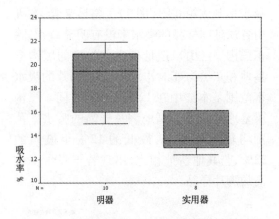

图4 东黑沟和黑沟梁遗址墓地实用器与明器吸水率箱式图

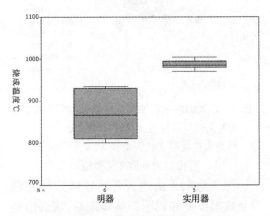

图5 东黑沟和黑沟梁遗址墓地实用器与明器烧成温度箱式图

5 东天山地区遗址陶片产地分析及讨论

5.1 东天山地区三种不同文化类型遗址间陶器交流的探讨

本论文关于东天山地区陶片产地分析着重讨论的是东天山地区不同文化类型的遗址间陶器是否存在交流。因此三个文化类型各选取一个典型遗址,对其中所出土陶片样品及遗址附近土样进行分析和陶片产地讨论。不同文化或遗址之间,由于它们文化性质或空间上的较大差距,陶器的原料成份也会有较大的差别。虽然,陶器的原料成分与时空、文化和环境的有着十分复杂的相互关系,但是当不同遗址间存在一定的文化交流或传承关系时,它们的陶器样品在分析图上会有较为明显的相互交叉现象[19]。

寒气沟墓地(焉不拉克文化)、东黑沟遗址墓地(东黑沟—红山口遗址群文化类型)及托背梁墓地(岳公台—西黑沟遗址群文化类型)陶片样品和土样微量元素的聚类分析结果见图6。从聚类树形图可以看出:当 $\lambda = 3$ 时,所有样品可以被分为6大类。Ⅰ类为东黑沟遗址墓地的土样和出土自此遗址墓地的大部分陶片样品,以及托背梁墓地的陶片样品 TBL-12、TBL-13 和寒气沟墓地的陶片样品 HQG-15。由于该类样品中有取自东黑沟遗址墓地附近的土壤样品,因此可以认为,聚于这一类中的陶器,应该是在东黑沟遗址附近选土并烧制而成的。此类样品中,东黑沟遗址墓地出土陶片的应为当地烧造,而托背梁和寒气沟遗址出土的陶片应为东黑沟遗址烧造,经过交流后被流通到托背梁和寒气沟遗址地区。Ⅱ类为寒气沟墓地的土样和出土自此遗址的大部分陶片样品,以及托背梁遗址墓地的陶片TBL-10、东黑沟遗址墓地的陶片 DHG-11 和 DHG-12,这说明这类陶器可能是在寒气沟遗址墓地附近取土并烧制而成。此类样品中,寒气沟遗址墓地出土陶片的应为当地烧造,而托背梁和东黑沟遗址出土的陶片应为寒气沟遗址烧造,后被流通至托背梁和东黑沟遗址地区。Ⅳ类为托背梁墓地附近的土样和出土自此遗址的大部分陶片样品,以及东黑沟遗址墓地出土的陶片样品 DHG-15 和 DHG-16,这说明这类陶器可能是托背梁墓地附近取土并烧制而成。此类样品中,托背梁遗址墓地出土陶片应为当地烧造,而东黑沟遗址出土的陶片应为托背梁遗址烧造,后被流通至东黑沟遗址地区。而陶片样品 DHG-4、HQG-4 和 TBL-4 则分别各自为一类,不能判断其产地,这些样品可能是分别生产自东天山地区其他遗址,经过交流后被流通至各自出土地所在地区。

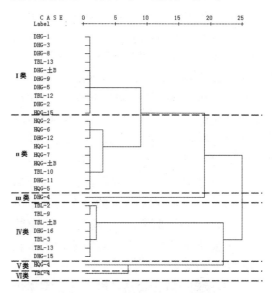

图6 ICP-AES 数据聚类树形图

整体来说,东天山地区各遗址陶器生产的特点为:每个遗址均有一部分陶器为就地取材,本地制造,同时还有一部分陶器是外来的,并且外来陶器常常来自不同文化类型的多个遗址。这说明东天山地区不同文化类型各遗址间交流较为紧密。实际上,以往的考古类型学研究也得到相关的结论。在东天山地区,同一遗址中所发现的陶器,其种类和形式往往多种多样,缺乏联系,很难进行有关考古类型学的研究。同时,一些具有相似形式的陶器,在东天山地区多个遗址中均有发现,单耳罐、双耳罐、钵和壶等器形在三种文化类型遗址中均可以找到相似甚至几乎一模一样的类型[20]。这些相同类型的器物可能是一种类型器物传入本地后,在本地逐渐流行起来,这代表着不同地区遗址之间的相互交流和文化传入。

本论文所讨论的焉不拉克文化属于绿洲农业文化,但其又可细分为西部类型(主要依靠农业经济,兼营畜牧业)和东部类型

(主要依靠畜牧业,少量农业生产),而岳公台—西黑沟遗址群文化类型和东黑沟—红山口遗址群文化类型分别被称为第一类早期游牧文化和第二类早期游牧文化。东天山地区陶器交流较为紧密。这可能与游牧民族的迁移性有关,他们将本来属于同一个产地的部分陶器携带到了不同的区域。游牧民族的活动能力和活动范围较大,这使得游牧文化遗存中的陶器在相当广阔的地域范围内存在着相似性。一方面,不断迁徙的游牧会将不同地域的陶器带往各处,所以在同一个遗址中往往会发现来自各处的外来陶器。另一方面,陶器易碎的特点使其不可能在游牧中大量携带,所以随着迁徙,游牧民族也会使用当地的陶器,这就必然带来较多的贸易和交流。

5.2 东黑沟—红山口遗址群文化类型遗址中明器和实用器陶器产地的探讨

如上文所说,东黑沟—红山口遗址群文化类型的黑沟梁墓地与东黑沟遗址墓地出土的陶器分两种：一种是专门作为墓主人随葬品的小型明器,无使用痕迹；另一种是有明显使用痕迹的大型实用器,作为墓主人及人牲的陪葬品。明器和实用器在吸水率和烧成温度等制作工艺上体现出明显的不同。本部分以东黑沟遗址墓地为例,对明器和实用器陶器的产地进行探讨。

从样品聚类树形图中可以看出,出土于东黑沟遗址墓地的所有明器陶片样品(DHG-1、DHG-2、DHG-3、DHG-8、DHG-9)均聚于Ⅰ类样品中,为东黑沟遗址本地取土烧制而成。而出土于东黑沟遗址墓地的实用器陶片样品,仅 DHG-5 聚于Ⅰ类样品中,为东黑沟遗址本地取土烧制而成。其余样品分别聚于其他不同区域,DHG-11 和 DHG-12 聚于Ⅱ类寒气沟墓地陶片样品区域,DHG-15 和 DHG-16 聚于Ⅳ类托背梁墓地陶片样品区域,DHG-4 单独聚于一类,这说明这部分实用器应该是来自不同遗址的外来物。整体来看,东黑沟遗址墓地中作为墓主人陪葬品的小型明器均为就地取材,本地烧制。而作为墓主人及人牲陪葬品的实用器则和其他遗址所出土的陶器一样,一部分是本地烧制的,另一部分为外来陶器。

6 结 论

本论文对东天山地区三种不同文化类型遗址出土的陶片样品的吸水率、烧成温度及微量元素进行分析,通过讨论得出有关本地区陶器制作工艺和产地的相关信息。主要结论如下：

(1)东天山地区不同遗址间及不同文化类型遗址间的陶片样品吸水率及烧成温度并无明显差别,这说明这些东天山地区各遗址出土的陶器在制作工艺上似乎没有明显差别,东天山不同地区和遗址间的陶器及其制作工艺可能在一定程度上有所交流。

(2)本论文中所讨论的东天山地区遗址每个遗址均有一部分陶器为就地取材,本地制造,同时还有一部分陶器是外来的,并且外来陶器常常来自不同文化类型的多个遗址。三种文化类型遗址(焉不拉克文化、东黑沟—红山口遗址群文化类型、岳公台—西黑沟遗址群文化类型)不同文化类型遗址间存在陶器的贸易和交流,这可能与东天山地区游牧民族特有的具有迁移性的生产和生活等方式有关。游牧民族的活动能力范围均较大,不断迁徙的游牧会将本属于同一产地的陶器带往各处,这使得游牧文化遗存中的陶器在相当广阔的地域范围内存在着一定的相似性。

(3)东黑沟—红山口遗址群文化类型的东黑沟遗址墓地和黑沟梁墓地中出土的实用器和明器在制作工艺和产地上均有较

大差别。作为墓主人陪葬品的小型明器均为就地取材,本地烧制,且烧制温度较低,吸水率高。而作为人牲陪葬品的实用器一部分为本地烧制,另一部分是来自岳公台—西黑沟遗址群文化类型和焉不拉克文化类型的外来器物,这类陶器烧成温度较高,吸水率低。

参考文献

[1] 陈戈. 关于新疆地区的青铜时代和早期铁器时代文化[J]. 考古,1990,(4):366-374.

[2] 陈戈. 新疆史前文化[J]. 西北民族研究,1995,(1):39-50.

[3] 周伟洲. 新疆的史前考古与最早的经济开发[J]. 西域研究,2003,(4):1-7.

[4] 龚国强. 新疆地区早期铜器略论[J]. 考古,1997,(9):7-20.

[5] 水涛. 新疆地区青铜文化研究述评[A]. //中国西北地区青铜时代考古论文集[C]. 北京:科学出版社,2001:1-5.

[6] 水涛. 新疆青铜时代诸文化的比较研究:附论早期中西文化交流的历史进程[A]. //中国西北地区青铜时代考古论文集[C]. 北京:科学出版社,2001:6-46.

[7] 韩建业. 新疆的青铜时代和早期铁器时代文化[M]. 北京:文物出版社,2007:4-40.

[8] 张坤. 东天山地区第二类早期游牧文化墓葬研究[D]. 西安:西北大学,2011.

[9] 王建新,席琳. 东天山地区早期游牧文化聚落研究[J]. 考古,2009,(1):28-37.

[10] 陈戈. 焉不拉克文化补说[J]. 新疆文物,1999,(1):48-63.

[11] 邵会秋. 新疆史前时期文化格局的演进及其与周邻地区文化的关系[D]. 长春:吉林大学,2007.

[12] 丁岩. 岳公台—西黑沟遗址群及相关问题研究[D]. 西安:西北大学,2003.

[13] 刘瑞俊. 新疆巴里坤岳公台—西黑沟遗址群初步认识[J]. 西北大学学报(哲学社会科学版),2009,39(2):48-52.

[14] 方邺森,方金满,刘长荣. 中国陶瓷矿物原料[M]. 南京:南京大学出版社. 1990.

[15] 薛冰. 河南安阳北朝至隋代瓷器的制作工艺与产地的相关研究[D]. 合肥:安徽大学,2007.

[16] 西北大学文化遗产与考古学研究中心,哈密地区文物局,巴里坤县文管所. 新疆巴里坤东黑沟遗址调查[J]. 考古与文物,2006,(5):16-26.

[17] 新疆文物考古研究所,西北大学文化遗产与考古学研究中心. 新疆巴里坤县东黑沟遗址2006—2007年发掘简报[J]. 考古,2009,(1):3-27.

[18] 王建新. 新疆巴里坤东黑沟(石人子沟)遗址考古工作的主要收获[J]. 西北大学学报(哲学社会科学版),2008,38(5):86-91.

[19] 邱平,王昌燧,张居中. 贾湖遗址出土古陶产地的初步研究[J]. 东南文化,2000,(11):41-47.

[20] 朱铁权. 我国北方白瓷创烧时期的工艺相关研究[D]. 北京:中国科学技术大学,2007.

手持式 XRF 定量分析古陶瓷化学组成方法初探*

凌 雪[1]　弓雨晨[1]　朱 剑[2]

(1. 文化遗产研究与保护技术教育部重点实验室(西北大学), 西北大学科技考古学研究中心,
陕西 西安 710069; 2. 北京科技大学科技史与文化遗产研究院, 北京 100083)

摘要: 古陶瓷的化学组成定量分析是探究陶瓷原料选取及其制作工艺等信息的重要途径。但是, 古陶瓷具有不可再生性, 有时还存在馆藏文物难以出库、整器易碎难以运输至仪器分析实验室等问题。手持式 XRF 具有体积小巧、方便携带、无损分析等优点, 能够实现古陶瓷的现场分析。然而, 如何利用该仪器进行古陶瓷化学组成的定量分析, 迄今未能得到研究。本文采用 13 个陶瓷标样为手持式 XRF 光谱仪建立校准曲线, 将陶瓷标样测量值与标准值进行比较, 同时对比自建陶瓷校准曲线下的测试结果与仪器自带 Mudrock majors 标线下的测量结果, 计算结果的相对误差与相对标准偏差, 比较分析手持式 XRF 准确度与精密度。然后利用手持式 XRF 对经前人使用 PXRF 分析测试的西周原始瓷样品胎体进行定量分析, 将分析结果与原来所测结果进行对比。结果表明, 所建 Na、Mg、Al、Si、P、K、Ca、Ti、Cr、Mn、Fe、Ni、Cu 元素校准曲线相关系数均大于 0.9。准确度与精密度分析显示, Al、Si、Ca、K 元素的测量相对误差 Er<7%, Na、Mg、P、Ti、Mn、Fe 元素的相对误差 Er 基本<35%, Ni、Cu、Cr 元素因为含量较少, 相对误差 Er 较大。陶瓷标样主量元素测试结果相对标准偏差 RSD 基本小于 5%。利用手持式 XRF 测量西周原始瓷胎体化学成分结果与前人分析对比, 结果体现出良好的一致性。综合来看, 手持式 XRF 在古陶瓷的分析中具有较好的可靠性与适用性, 此研究为今后手持式 XRF 在古陶瓷样品化学组成定量分析的应用上提供了一定的借鉴意义。

关键词: 古陶瓷; 手持式 XRF; 校准曲线; 定量分析

Preliminary Study on Quantitative Analysis of Chemical Composition of Ancient Ceramics by Handheld XRF

LING Xue[1], GONG Yu-chen[1], ZHU Jian[2]

(1. Key Laboratory of Cultural Heritage Research and Conservation (Northwest University),
Research Center of Archaeometry (Northwest University), Shaanxi Xi'an, 710069, China;
2. Institute of Cultural Heritage and History of Science Technology, Beijing, 100083, China)

Abstract: Quantitative analysis of ceramic chemical composition plays an important role in the study of ancient ceramics, which can help explore the selection of raw materials and manufacturing technology. Ancient ceramics are irreproducible, requiring analyzing nondestructively. In the chemical composition analysis of ancient ceramics, there still exist some problems, for example, it's difficult to take ceramic remains which are in museum with export

---

* 本文得到陕西省教育厅产业化培育项目(15JF006)、国家社科基金重大招标项目(17ZDA220)和西北大学科研启动基金资助。

restrictions to the laboratory for chemical analysis. Handheld XRF has been widely used in the field of cultural relics study, and its characteristics of small size, portability and nondestructive analysis allow to analyze artefacts in on-site places. We used 13 ceramic standard samples as the reference samples to establish calibration curves by hand-held XRF. The measured values of ceramic standard samples were compared with the standard values. Meanwhile the measured results under factory-set correction scheme were compared with the standard values. Relative error and relative standard deviation of the test results were calculated and the accuracy and precision of hand-held XRF were also discussed. We also conducted the chemical analysis of the proto-porcelain of West Zhou dynasty with published data by handheld XRF so as to test the HHXRF's validity for the quantitative analysis of ancient ceramics. The results show that the correlation coefficients of the calibration curves of Na, Mg, Al, Si, P, K, Ca, Ti, Cr, Mn, Fe, Ni and Cu exceed 0.9. The accuracy and precision analysis shows that the relative error of Al, Si, Ca and K was less than 7%, and for Na, Mg, P, Ti, Mn and Fe that was less than 35%. The relative error of Ni, Cu and Cr was relatively high, because of their low concentrations. The relative standard deviation of main elements of ceramics standard sample was less than 5%. Generally speaking, hand-held XRF has better test results for major elements. The results of chemical composition analysis of proto-porcelains in the Western Zhou Dynasty by handheld XRF is compatible with the published literature values. This study demonstrates that handheld XRF has reliability and validity in the quantitative analysis of ancient ceramics and provides a reference for the future application of handheld XRF in the analysis of chemical composition of ancient ceramics samples.

Key words: Ancient ceramic; hand-held XRF; quantitative analysis; calibration curve

1 引言

在古陶瓷研究领域,其化学组成分析有着举足轻重的地位,通过对其化学组成的分析,有助于人们了解陶瓷的制作工艺的发展以及产地等信息,从而深化对当时的人们生产、生活以及贸易交流状况的认识[1,2]。文物具有不可再生性,在对文物进行测试分析时,要尽量避免损伤文物本体,对其造成不可逆的破坏。目前,有许多无损或微损分析技术逐渐在文物研究领域中广泛运用[3],其中X射线荧光分析是较早应用于文物分析的方法之一,具有无损、分析元素范围广泛、分析迅速、检出限低等诸多优点。因此,X射线荧光分析法作为一种无损化学元素组成分析方法在文物研究领域等到了广泛的应用[4],如在陶瓷[5]、玻璃[6]、黑曜石[7]、金属[8]等文物的化学组成以及产地等方面,并取得了丰硕的结果。

随着科学技术不断进步以及实际应用需要,XRF分析仪器设备逐渐向着小型化、便携化以及快速化方向发展,从大型台式PXRF(Portable XRF)逐步发展为现如今的小型HHXRF(Handheld XRF)[9],即手持式XRF。手持式XRF具有突出的体积小巧、便于携带、简单易行的优点,这为文物分析研究提供了极大的便利,使得一些不可移动文化遗址、考古发掘现场文物以及难以出库的博物馆馆藏文物等难以运输到仪器分析实验室的文化遗存实现了现场分析,从而能更深入的获得文物所包含的内在信息。尤其在进行古陶瓷研究工作时,想要对一些保存在考古所或博物馆的陶瓷整器进行测试分析时,往往面临着其脆弱易损、无法出库、难以搬运到实验室等问题,此时手持式XRF就发挥了十分重要的作用。但是,如何利用该仪器进行古陶瓷化学组成的定量分析迄今未能得到深入研究。

因此,本文以13个陶瓷标样作为标准物质为手持式XRF建立标准曲线,对此法定量分析陶瓷标样结果的准确度与精密度比较分析，并将手持式 XRF 初步应用于西周时期原始瓷胎体化学组成测试分析中，探讨其适用性，以期为手持式 XRF 在陶瓷类文物的化学组成定量分析上提供一定理论依据。

2 实验部分

本实验采用德国布鲁克公司生产的 Tracer5i 手持式 XRF 分析仪进行定量分析测试。

XRF 定量分析方法可以分为实验矫正法与数学校正法[10]。其中实验矫正法作为最早应用于 X 射线荧光定量分析的方法，现已广泛应用于定量分析中。本实验采用实验矫正法中的校准曲线法进行定量分析，是利用已知化学组分标准样品数值与 X 射线荧光信号建立标准曲线从而得到定量结果，因此一组物理状态、化学组成及浓度与待测物相近的标准物质有着决定性的作用[11]。

本文以中国科学院大学提供的一套 13 件烧结的陶瓷标样[12]作为标准物质。这套标样的特点是具有与古陶瓷类似的多组分、多物相复合基体，并且表面平整光滑，元素含量与物理化学形态均与古陶瓷类似，能满足陶瓷科技分析的要求。利用 Easycal 软件在自定义模式 Ceramic majors(Vacuum) 下为手持式 XRF 建立校准曲线。其参数设定为：电压：15kV；电流：40μA；光斑：3mm；滤片：无；环境：真空；测试时间：300s；此模式主要用来测量 Na、Mg、Al、Si、P、K、Ca、Ti、Cr、Mn、Fe、Ni、Cu 等元素，在此模式设定条件下使得 X 射线射线管能量最高可达 15keV，并且可以使得 Rh(2.5-3keV)L 线能与样品相作用，能有效激发吸收能量低于 2.3keV 的元素，并且采用了真空模式避免空气中的轻质元素对 X 射线产生吸收与辐射。在该模式下(表1)对 13 个古陶瓷标准样品进行测试分析得到测量值，以陶瓷标样标准值为横坐标，手持式 XRF 测量结果为纵坐标建立线性校准曲线，并且对校准曲线进行矫正。

(1) 谱峰重叠校正。

手持式 XRF 分析仪的能量分辨率 < 140eV，因此，当有两个能谱峰的能量差小于 140eV 时，分析仪有时难以将两个峰辨别开来，产生测量误差。所测元素中，NaKα (1.040keV) 与 MgKα (1.254keV) 相差 0.214keV，SiKα (1.740keV) 与 P Kα (2.010keV) 相差 0.270keV，AlKα (1.486keV) 与 Si Kα (1.740keV) 相差 0.254keV，对以上元素进行谱峰重叠校正。

(2) 基体效应校正。

在一定范围内样品中元素浓度含量与 X 射线荧光强度成一定线性关系，但是由于样品基体内化学组成和物理、化学状态的变化的影响，造成吸收或者减弱效应，使得测量结果复杂化，降低测量的准确度。Al、Si、Fe 等元素作为陶瓷标准样品的主量元素含量较高，极易受到基体效应的影响或者造成基体效应，因此主要对其进行基体效应矫正。

(3) 异常值的舍去。

在建立标校正曲线时，Na 元素的校准曲线舍去偏离较大的 3 号标样数值，Mg、Ca 元素舍去偏离较大的 10 号标样数值。

通过以上校正方法对陶瓷标样标准值与手持式 XRF 测量结果两个变量之间进行线性拟合，各元素的校准曲线以及相关系数见图1~图13 和表1。可见全部所测元素相关系数均大于 0.9，具有良好的线性相关。

表1 Ceramic majors(Vacuum)模式下个元素校准曲线相关系数

分析元素	Na	Mg	Al	Si	P	K	Ca	Ti	Cr	Mn	Fe	Ni	Cu
相关系数	0.971	0.973	0.994	0.98	0.922	0.995	0.998	0.975	0.988	0.982	0.982	0.955	0.980

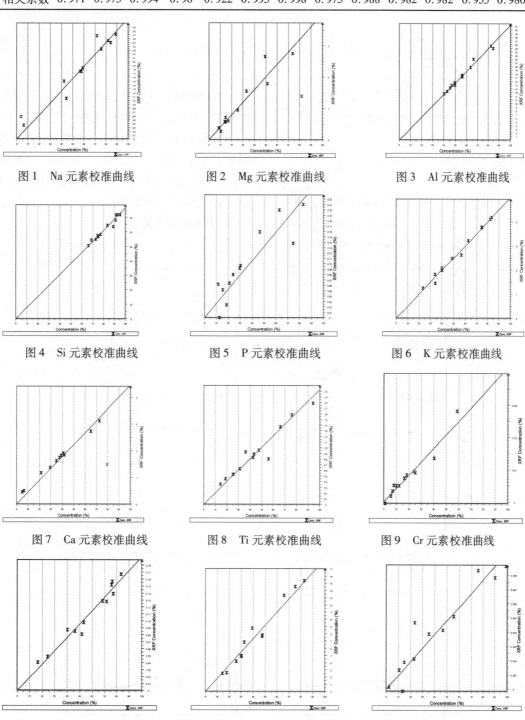

图1 Na元素校准曲线　　图2 Mg元素校准曲线　　图3 Al元素校准曲线

图4 Si元素校准曲线　　图5 P元素校准曲线　　图6 K元素校准曲线

图7 Ca元素校准曲线　　图8 Ti元素校准曲线　　图9 Cr元素校准曲线

图10 Mn元素校准曲线　　图11 Fe元素校准曲线　　图12 Ni元素校准曲线

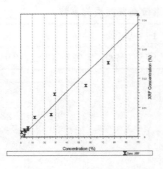

图 13 Cu 元素校准曲线

3 结果讨论

3.1 相对误差与相对标准偏差测试计算

分别在建立好的 Ceramic majors（Vacuum）以及仪器自带的 Mudrock Majors 模式（如表 2）下测量 1、4、8、11 号古陶瓷标准样品，测试时间为 60s。

表 2 仪器 Mudrock Majors 模式参数条件设置

Mode	Voltage	Current	Secounds	Filter	Atmosphere	Colimator
Mudrock Majors	15 kV	88μA	55	\	Air	3mm

将测量值与标准值进行对比，并计算相对误差，测量结果及相对误差见图 14。

任意选取古陶瓷标样中的两块 9、13 号标准样品，在建立好的 Ceramic majors（Vacuum）（测试时间 60s）模式下重复测量 8 次，计算其相对标准偏差（RSD），测试结果及相对标准偏差见表 3。

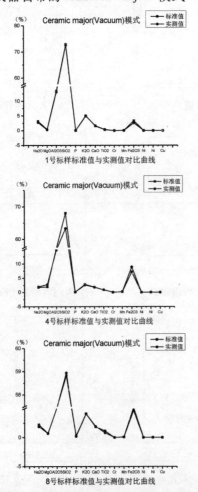

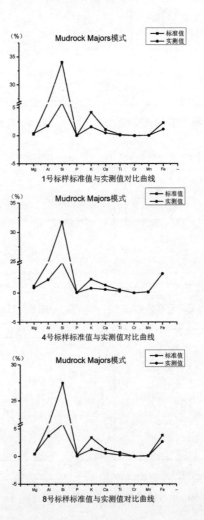

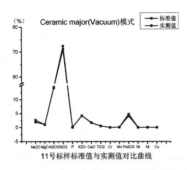 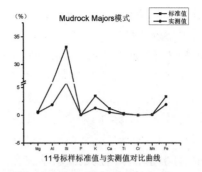

图 14 1、4、8、11 号陶瓷标样实测值与标准值对比结果折线图

表 3 9 和 13 号陶瓷标样相对标准偏差测量结果

编号	Ceramic majors(Vacuum)			
	9		13	
	S	RSD(%)	S	RSD(%)
Na_2O	0.15	6.00	0.23	8.67
MgO	0.11	13.00	0.09	4.49
Al_2O_3	0.11	0.62	0.13	0.84
SiO_2	0.33	0.48	0.31	0.48
P	0.004	13.3	0.0055	4.04
K_2O	0.01	0.47	0.01	0.4
CaO	0.01	0.70	0.01	0.47
TiO_2	0	0.31	0.00	0.48
Cr	0.0007	6.17	0.0008	24.51
Mn	0.0014	1.63	0.001	1.19
Fe_2O_3	0.06	0.83	0.05	0.71
Ni	0.0001	1.41	0.0001	2.09
Cu	\	\	0.0008	12.98

注:S 为标准偏差;RSD 为相对标准偏差;\ 表示测量结果低于检限,无法计算。

3.2 准确度与精密度分析

(1)相对误差分析。

由 Ceramic majors(Vacuum)模式下的测量值与标准值对比可得,Al、Si、Ca、K 元素的测量相对误差 Er <7%,Na、Mg、P、Ti、Mn、Fe 元素的相对误差 Er 基本 <35%,Ni、Cu、Cr 元素因为含量较少,相对误差较大。其中,Al 的相对误差 Er <5%;Si 除了四号陶瓷标样相对误差为 6.97%,其余相对误差在 0.2% ~1.93% 之间;K 的相对误差大部分在 1% 左右;Ca 的相对误差 Er 基本低于 5%;Na 的相对误差 Er 分布在 9.79% ~27.12% 之间,因为其为轻质元素特征能量小,穿透能力弱,并且其荧光产额较小,但随着 Na 含量增大,相对误差减小;Mg 同 Na 一样为轻质元素,相对误差分布较广,随着 Mg 含量增大,相对误差较小,基本小于 10%;P 含量较少,相对误差控制在 35% 以内;K 除过四号标样相对误差达 6.77%,其余标样相对误差控制在 1% 左右;Ti 含量大于 0.5% 时,误差基本在 5% 以内;Cr 含量小于 0.002% 时相对误差较大,当含量较大时,相对误差可控制在 5% 以内;Mn 除过一个标样含量较少,相对误差为 36.62%,其余相对误差小于 10%;Fe 的相对误差在 25% 以内;Ni 的含量大于 0.002% 时,相对误差控制在 15% 以内。总体来说,相对误差在可接受范围内,并且对于主量元素测量结果较好。

由 Murock Majors 模式下的测量值与标准值对比可得,大部分元素 Mg、Al、Si、P、K、Ca、Ti、Cr、Mn、Fe 元素的误差基本都在 50% 以上,原因分析:Mudrock Majors 模式是以泥岩作为标准样品建立校准曲线,泥岩标样与陶瓷标样主量、次量元素化学组成上存在一定差别,因此定量分析结果误差较大。

(2)相对标准偏差分析。

由 Ceramic majors(Vacuum)模式下重

复测量9、13号古陶瓷标样8次所得数据可得,对于9号古陶瓷标样:除过Na、Mg、Cr、P、Cu元素相对标准偏差分布在6%~13.3%之间,其余元素相对标准偏差RSD皆小于2%;对于13号古陶瓷标样:除过Na、Cr、Cu元素相对标准偏差分别为8.67%、24.51%、12.98%,其余元素相对标准偏差RSD均小于5%,且大部分控制在1%左右。由于Na、Mg为轻质元素、荧光产额低,且含量少,Cr、P、Cu为微量元素含量过少,因此偏差相对较大难以避免。但总体上,测量结果较为稳定,符合测试要求。

3.3 初步应用手持式XRF测试古陶瓷样品

在古陶瓷化学组成成分中,Na、Mg、Al、Si、K、Ca、Ti、Mn、Fe为主、次量元素,这些元素的比例是可以人为控制或刻意加入的,反映了古陶瓷原料的选取,同时也决定了古陶瓷的物理化学性能。而其余元素则为微量、痕量元素,这些元素含量的多少是人们无法控制的,其蕴含着原料产地的信息[12]。相关研究表明[13],XRF分析方法更适用于对古陶瓷主、次量成分的定量分析。

利用手持式XRF在自建的Ceramic majors(Vacuum)模式下,对周原遗址周公庙凤凰岭陵坡墓地出土西周原始瓷样品:Qzl1、Qzl5的胎进行测试分析,为了保证均匀性,每个样品选不同点测2~3次,取平均值。在测试之前,使用酒精对样品表面进行擦拭,防止表面杂质污染。样品测试结果以及参考值(前人[14]曾利用德国布鲁克公司生产的ARTAX-400可移动式能量色散X射线荧光光谱仪两个样品的胎釉化学组成进行了测量分析)见表4。

表4 西周原始瓷样品胎化学组成HHXRF测量值与参考值

编号	数值	Na_2O	MgO	Al_2O_3	SiO_2	P_2O_5	K_2O	CaO	TiO_2	MnO	Fe_2O_3
Qzl1	average	0.89	0.04	14.88	76.93	0.01	3.45	0.43	0.82	0.02	2.53
	reference	0.37	0.12	11.80	80.80	0.03	3.81	0.12	0.92	0.02	2.00
Qzl5	average	0.94	0.19	20.03	71.79	0.06	2.76	0.41	0.82	0.02	2.96
	reference	0.53	0.35	17.98	74.31	0.04	3.33	0.13	0.96	0.03	2.36

由表4可见,两者数据结果大体相近,表明手持式XRF的测试结果是符合古陶瓷样品化学组成分析要求。此外,表4中测量数据表明,Qzl1、Qzl5的样品Al_2O_3含量较低、SiO_2含量较高,且Al_2O_3与SiO_2总含量在90%以上,与我国南方盛产的具有"高硅低铝"特征的瓷石化学组成相似[15],Qzl1、Qzl5助熔剂R_xO_y中主要贡献为Fe_2O_3、TiO_2、K_2O等,其中Fe_2O_3和TiO_2的总含量分别为3.35%、3.78%,为胎体的主要着色元素。K_2O的含量分别为3.45%、2.76%。以上数据分析结果与参考值出处文献[14]中的分析结果基本一致,表明测量古陶瓷的化学组成结果具有一定的可靠性。

4 结 论

(1)手持式XRF分析仪通过校准曲线法定量分析已知化学成分含量的古陶瓷标样,测试结果的相对误差和相对标准偏差分析表明,陶瓷标样的大部分主量元素的测量结果有着相对较好的准确度与精密度。

(2)利用手持式XRF分析仪自建定量方法分析西周原始瓷样品化学组成结果表明,手持式XRF分析仪在古陶瓷化学成分分析测试中具备较高的可靠性与适用性。

(3)手持式XRF分析仪体型小巧,便于携带,为文物的现场测试提供了极大的便利。

参考文献

[1] Hunt AMW, Speakman RJ. Portable XRF analysis of archaeological sediments and ceramics [J]. Journal of Archaeological Science, 2015, 53:626-638.

[2] Tite M. S. Pottery Production, Distribution, and Consumption—The Contribution of the Physical Sciences[J]. Journal of Archaeological Method and Theory,1999,6(3):181-233.

[3] LadislavMusílek, Tomáechák, TomáTrojek. X-ray fluorescence in investigations of cultural relics and archaeological finds[J]. Applied Radiation and Isotopes,2011:1872-9800.

[4] 凌雪,吴萌蕾,廖原,等. 文物研究与保护中的无损分析技术[J]. 光谱学与光谱分析, 2018,38(7):2026-2031.

[5] RJ Speakman, NC Little, D Creel. Sourcing Ceramics With Portable XRF Spectrometers A Comparison With INAA Using Mimbres Pottery From the American Southwest[J]. Journal of Archaeological Science. 2011, 38 (12): 3483-3496.

[6] Shugar, Aaron N., and J. L. Mass. Handheld XRF for Art and Archaeology [M]. Belgium: Leuven University Press, 2013,449-470.

[7] E Frahm, R Doonan, V Kilikoglou. Handheld Portable X-Ray Fluorescence of Aegean Obsidians[J]. Archaeometry,2014,56(2):228-260.

[8] Garrido Francisco, Tao Li. A handheld XRF study of Late Horizon metal artifacts: implications for technological choices and political intervention in Copiapó, northern Chile[J]. Archaeological and Anthropological Sciences, 2017,9(5):935-942.

[9] Ellery Frahm. Validity of "off-the-shelf" handheld portable XRF for sourcing Near Eastern obsidian chip debris[J]. Journal of Archaeological Science, 2013, 40(2):1080-1092.

[10] 罗立强,詹秀春,李国会. X射线荧光光谱分析[M],北京:化学工业出版社,2015.

[11] 吉昂,陶光仪. X射线荧光光谱分析[M]. 北京:科学出版社,2003:1-2.

[12] 吴隽. 古陶瓷科技研究与鉴定[M]. 北京:科学出版社. 2009.

[13] 陈铁梅,王建平. 古陶瓷的成分测定,数据处理和考古解释[J]. 文物保护与考古科学, 2003(4):50-56.

[14] 周羿辰,凌雪,魏女,等. 陕西周原遗址出土西周原始瓷工艺特征的初步研究[J]. 光谱学与光谱分析,2016,36(5):1514-1520.

[15] 李家治. 中国科学技术史:陶瓷卷[M]. 北京:科学出版社. 1998.

隰县瓦窑坡墓地刻纹铜斗的刻纹形态及相关问题

南普恒[1]，王晓毅[1]，陈小三[2]

(1. 山西省考古研究所，山西 太原 030001；2. 山西大学历史文化学院，山西 太原 030006)

摘要：利用超景深视频显微系统 VHX-5000 对山西隰县瓦窑坡墓地 M30 出土春秋中期刻纹铜斗表面刻纹的形态特征进行了微观形貌观察与分析。分析结果表明，铜斗表面线刻纹饰中的直线、弧线及卷曲弧线均由楔形短线断续或顺续相延、顺次相接组成，楔形短线多数首端纤细，尾端略粗大，錾刻痕迹极为明显。同时，结合相关资料和研究，对春秋时期刻纹铜器的刻纹形态、刻纹工具及刻纹铜器的兴起之地等问题进行了相关探讨。

关键词：春秋中期；刻纹铜器；刻纹形态；显微观察

The Graphic Form and Related Problems of Graphic Bronze Dou in Wayaopo Cemetery, Xixian County

NAN Pu-heng[1], WANG Xiao-yi[1], CHEN Xiao-san[2]

(1. Shan xi Archaeological Institute, Shanxi Taiyuan 030001;
2. School of History and Culture, Shanxi Taiyuan 030006)

Abstract: The supreme-high-depth field microscopic display systems (VHX-5000) had been applied on the observation of the bronze Dou unearthed from Wayaopo Cemetery M30. HD digital photographs and silica gel rubbing moulds were analyzed during the research. The result indicated that the sculptured straight line, arc and curve on the artefact were all connected with engraved short-wedge shaped lines smoothly or intermittently. Most of the wedge shaped lines present as thin beginning and bold end, which were evidently chiseled. Moreover, this article discussed about the patterns and tools of the sculptures, and the origination and development of the sculptured bronze artefact.

Key words: Middle spring and autumn period; sculptured bronze artefact; sculpture patterns; microscopic observation

2005 年，临汾市文物局和隰县文物旅游局联合对位于隰县县城西北的瓦窑坡墓地进行了抢救性发掘，发现墓葬 17 座，出土遗物丰富，包括 M29 和 M30 两座高等级春秋中期墓葬，出土了一批重要青铜器[1]。其中，M30 出土有一件器身内壁饰线刻鱼纹、器身外壁和器盖饰几何纹的刻纹铜斗，造型别致、工艺复杂，尤为引人注目。

铜器刻纹是兴起和发展于东周时期的一种表面装饰技法，也是先秦青铜艺术中一项新的创举。此类铜器多见于三晋地区和东南地区，刻纹图案多为写实的生活场景，且多饰于锻制成型的薄壁铜盘、匜等内壁或外壁，少数器物内、外壁均有[2-4]。战国之后，此装饰技法在汉代继续流行于中原、滇及岭南地区[5,6]。从考古发现和现有研究来看,此件刻纹铜斗是目前所知刻纹铜器中年代最早的实物例证,为研究东周时期刻纹铜器的出现和发展提供了新的实证资料。

为了解此件刻纹铜斗表面线刻纹饰的刻纹形态特征,对其进行了微观形貌观察分析。同时,结合相关考古发现和研究成果对春秋时期刻纹铜器的刻纹技法、刻纹工具及刻纹铜器兴起之地等问题进行了探讨。

1 分析方法

在研究中,曾尝试使用日本基恩士VHX-5000型超景深视频显微系统和体视显微镜观察、记录铜斗表面刻纹的显微形貌特征,但受器型和仪器结构所限,均未能获得高质量的显微照片。为此,先采用硅胶翻模的方法拓印了此件刻纹铜斗器身内壁两条较为清晰的鱼纹和外壁的几何纹,再使用超景深视频显微系统对拓印线刻纹饰的硅胶模进行了显微观察和测量分析。

2 分析结果

2.1 内壁鱼纹

显微观察结果显示,器身内壁鱼纹中构成躯干轮廓、鱼鳍及鱼鳞的线条均由长度基本一致,且纵截面呈三角形的楔形短线顺续或断续相延构成。

器身内壁鱼纹A(图1)的背鳍长约2.3~3.5mm,纵截面呈三角形(图2)。头部轮廓为楔形短线首尾相连构成(图3),首端较小,尾端较大,每条短线长约600~1400μm。

器身内壁鱼纹B(图4)的背部轮廓、腹鳍及鱼鳞也均由楔形短线首尾相接组成(图5)。其中,背部轮廓由长约800~1400μm的楔形短线构成。腹鳍由长约2.3~3.4mm的楔形短线构成,其中最长的一条为2刀刻成,其余均为1刀刻成。背鳍长2.4~3.4mm,

图1 铜斗器身内壁鱼纹A

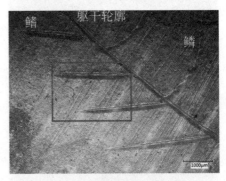

图2 内壁鱼纹A鱼鳍局部

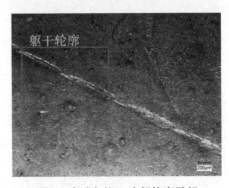

图3 内壁鱼纹A头部轮廓局部

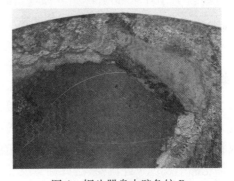

图4 铜斗器身内壁鱼纹B

纵截面均为三角形。鱼鳞长约180～700μm，由略小的楔形短线首尾相连构成，并在弧度稍大的地方略长，弧度稍小的地方略短（图6）。

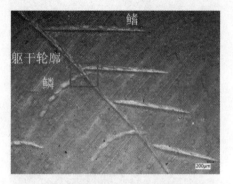

图5　内壁鱼纹B背部轮廓局部

图6　内壁鱼鳞局部

2.2　外壁几何纹

器身外壁刻纹的直线、弧线及卷曲弧线（图7）也均由纵截面呈三角形的楔形短线首尾依次衔接构成。构成直线的楔形短线长为400～1200μm（图8），而构成弧线的楔形短线长为100～500μm（图9）。整体而言，弧度越大的地方，长度越短，弧度越小的地方，长度略长。

由此可见，器身内、外壁刻纹图案中的直线、弧线及卷曲弧线均多由截面呈三角形、长短不一的楔形短线断续或顺续相接组成，且构成直线的楔形短线略长，构成弧线或卷曲弧线的楔形短线略短，仅在内壁鱼纹局部轮廓中发现少许流畅、连贯且宽度较为一致的直线。所有楔形短线均呈一端较为

图7　铜斗器身外壁几何纹

图8　外壁刻纹弧线局部

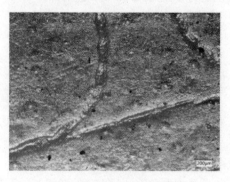

图9　外壁刻纹直线局部

粗大，另一端略微细小的不规则形态，并且衔接、弯曲及转折之处均不流畅、不连贯。长度和深度也存在一定的差异，弧度大的地方略高、略短，可能刻纹时用力较深，弧度小的地方略低、略长，可能刻纹时用力较小。

需要指出的是，器身内壁鱼纹的躯干轮廓和鱼鳍局部存在少量流畅、连贯，且着力均匀的线条，刻纹线条底部光滑、宽度较为

一致,可能采用了刻划技法,一次成型。而器身外壁刻纹直线均较为平直,在制作中可能使用了类似直尺的辅助器具。

此外,器盖残损较多,因此未对其表面的刻纹形态进行显微观察和分析,但其表面刻纹图案与器身外壁刻纹图案基本一致,推测表面刻纹形态也应与器身外壁相差不大。

3 相关讨论

3.1 关于刻纹技法

刻纹形态是刻纹技法和刻纹刃具的综合反映,不同的技法和不同的工具往往会在铜器表面留下不同形态的刻纹。

东周时期刻纹形态有断续相延或顺续相延的楔形短线和深浅较为规律的直线两种类型,并分别主要使用于春秋和战国两个时期[7-9]。战国时期的直线型刻纹当为手持刻刀以一刀一段的形式在铜器表面刻划而成。但春秋时期的楔形短线型刻纹的形成却并非只有连续敲击或捶打的錾凿方式一种。使用现代钢质刻刀在现代锡青铜残片上錾凿、錾刻及刻划时发现,如果刻刀的硬度和锋利程度足够,手持刻刀直接錾刻,也能够在铜器表面形成长短不一、深浅不同的楔形线条。可见,楔形短线型刻纹的形成,至少存在錾凿和錾刻两种操作技法,但仅从楔形短线的外观形态似乎难以准确区分,尚需进行更多的模拟实验。

显微测量结果显示,此件刻纹铜斗器身内壁的鱼纹轮廓多由长 600~1400μm 的楔形短线构成,器身外壁的直线和弧线则分别由长 400~1200μm 和 100~500μm 的楔形短线构成,并且弦长 2~5mm 的弧形鱼鳞多由 7~15 条长 180~700μm 顺续相接的楔形短线构成,而长度在 2~4mm 的直线形鱼鳍则多由 1 条楔形短线构成。

整体而言,组成器身内壁、外壁刻纹图案直线、弧线及卷曲弧线的楔形短线均较短,仅组成鱼鳍的楔形短线略长。从操作的便利性考虑,推测其应分别使用了錾刻和錾凿技法。

3.2 关于刻纹工具

山西曲沃北赵晋侯墓地西周晚期晋侯苏钟[10]和山东藤县春秋早期杞薛铜簠[11]中均发现利器阴刻的铭文。可见,两周之际前后已经存在较为尖锐且硬度较高的刻刀类器具,从而使得铜器刻铭以及后来的铜器刻纹成为可能。但从目前的材料来看,两周时期发现的刻刀类器具较少,仅在河南三门峡虢国墓地 M2001(两周之际)和山西侯马铸铜遗址(春秋中晚期)发现数件,且均为铜质,其首端均平直略窄,末段呈不同刃口,高约 13cm,刃口有平刃、斜直刃及斜弧刃三种[12,13]。虽然尚未发现铁质或钢质的刻刀类器具,但是两周之际或春秋时期使用陨铁、块炼渗碳钢制作的铁刃铜戈、刀及剑,以及块炼渗碳钢质地的铁剑等兵器却有较多发现[14,15],可见此时期也应存在钢铁质地的刻刀类器具。一般而言,工具类青铜器的锡含量一般要远高于铜容器和乐器,但随着锡含量增加,在硬度增加的同时,其脆性也会随之增大,因而可能较难用于铜器的刻铭或刻纹,但不排除少量使用铜质刻刀的可能。从可选择的材料及材料性能来看,此件铜斗表面纹饰的錾刻器具更可能为钢质地。而春秋时期刻纹铜器多使用錾刻技法,而战国时期则多使用刻划技法[16],除了技法逐渐娴熟之外,还可能与人工制钢技术逐渐成熟、钢质刃具性能愈加优越有关。

此外,刻纹纵截面的形态与刻纹刃具的刀头形态有关,"▼"类形态应是两面均为坡形的刀头所致,"◤"类形态应是一面为坡形一面较垂直的刀头所致。此件铜斗表面的刻纹均为纵截面呈三角形的楔形短线,可以判断其使用了刀头为两面均呈坡形的刻刀。至于刀头的刃口是平直、斜直还是弧形则尚难判断。但从实用和便利的角度考虑,似乎斜直刃口更适宜一些。

3.3 关于兴起之地

关于刻纹技法的兴起,学界尚有不同看法。李学勤根据出土遗物分布认为是南方和北方同时兴起[17]。刘建国、林留根及施玉平根据刻纹内容、器物形态及工艺传统等,认为铜器刻纹工艺兴起于南方之吴地[18,19]。李夏廷根据刻纹图案中的人物形象,认为刻纹铜器的原产地非晋莫属[20]。

从这件刻纹铜斗来看,其内壁图案写实,外壁图案为几何形,与年代略晚器物的刻纹内容有较大不同。由此可见,此件刻纹铜斗当属刻纹铜器的较早形态。

此外,虽然人工制钢制作刀具的出现和应用可能并不是刻纹铜器出现的必要条件,但其对刻纹铜器在春秋晚期和战国时期的迅速发展无疑起到了重要的推动作用。而早期冶铁的最新研究也表明,黄河中游的豫陕晋交界地带可能是中原冶铁技术起源地[21]。综合上述因素,有理由相信刻纹铜器应兴起于三晋地区。

4 结 论

综合以上分析,可得到以下初步结论:

(1)铜斗表面刻纹图案中的直线、弧线及卷曲弧线均由纵截面呈三角形的楔形短线断续或顺续相延构成。楔形短线多数首端纤细,尾端略粗大,錾刻特征极为明显。

(2)铜斗表面纹饰制作时使用了錾刻和刻划两种技法,器具可能为刀头两面均呈坡形的钢质地刻刀。

(3)从此件刻纹铜器的年代、纹饰特征及三晋地区早期冶铁的发展情况来看,刻纹铜器兴起于晋地的观点仍可进一步坚持。

(4)硅胶翻模可以有效的拓印刻纹铜器表面的刻纹形态,是铜器刻纹技术特征研究中一种极为便捷和有效地方法。

致 谢

山西省科学技术厅社会发展科技攻关计划(20130313035-1)及其青铜器保护修复实验室运行补贴项目(2016年)、教育部人文社会科学青年项目(14YJC780002)提供资助。部分照片由厉晋春拍摄。谨此一并致以衷心感谢。

参考文献

[1] 王晓毅,陈小三,狄跟飞,等.山西隰县瓦窑坡墓地的两座春秋时期墓葬[J].考古,2017,(5):25-46.

[2] 叶小燕.东周刻纹铜器[J].考古,1983,(2):158-164.

[3] 刘建国.春秋刻纹铜器初论[J].东南文化,1988,(5):83-90.

[4] 张广立.东周青铜刻纹[J].考古与文物,1983,(1):83-88.

[5] 吴小平.汉代滇系刻纹铜器研究//边疆考古研究(第12辑)[M].北京:科学出版社,2012:249-264.

[6] 吴小平.汉代中原系刻纹铜器研究[J].考古与文物,2014,(4):68-72.

[7] 张广立.东周青铜刻纹[J].考古与文物,1983,(1):83-88..

[8] 叶小燕.东周刻纹铜器[J].考古,1983,(2):158-164.

[9] 刘建国.春秋刻纹铜器初论[J].东南文化,1988,(5):83-90.

[10] 李朝远.晋候苏钟铭文的刻制与西周用铁问题//徐中舒先生百年诞辰纪念文集[M].成都:巴蜀书社,1998:116-121.

[11] 万树瀛、杨孝义.山东藤县出土杞薛铜器[J].文物,1978,(4):95-96.

[12] 河南省文物考古研究所,三门峡市文物工作队.三门峡虢国墓:第1卷[M].北京:文物出版社,1999:92-94.
[13] 山西省考古研究所.侯马铸铜遗址(下)[M].北京:文物出版社,1993:图版289.
[14] 韩汝玢.中国早期铁器(公元前5世纪以前)的金相学研究[J].文物,1998,(2):87-96.
[15] 孙淑云,李延祥.中国冶金技术专论[M],北京:中国科学文化出版社,2003:113.
[16] 刘建国.春秋刻纹铜器初论[J].东南文化,1988,(5):83-90.
[17] 李学勤.东周与秦代文明(增订本)[M].北京:文物出版社,1991:229.
[18] 刘建国.春秋刻纹铜器初论[J].东南文化,1988,(5):83-90.
[19] 林留根,施玉平.试论东周刻纹铜器的起源及其分期∥文物研究:第6辑[M].黄山书社.1990:191-195.
[20] 李夏廷.关于图像纹铜器的几点认识[J].文物季刊,1992,(4):45-54.
[21] 陈建立,杨军昌,孙秉君,等.梁带村遗址M27出土铜铁复合器的制作技术[J].中国科学E辑,2009,39(9):1574-1581.

明代漕运船木材髹漆工艺初步分析

徐军平[1], 刘　靓[1], 王云鹏[1], 李　斌[2]

(1. 山东省文物保护修复中心, 山东 济南　250014; 2. 秦始皇帝陵博物院, 陕西 西安　710000)

摘要:1956年山东梁山县西北贾庄村西宋金河支流出土一艘明代漕运船。出土时,船的各个木质构件已经完全散落,通过发掘清理,拼对出大部分船体构件,其中发现有两块髹漆的木材,推测其可能是船舱上层的木质建筑构件的一部分。通过超景深显微镜、偏光显微镜、扫描电镜—能谱、红外光谱、激光拉曼等方法对漆皮残片进行检测分析,结果表明:样品的漆膜均为大漆材料;显色成分包括朱砂(HgS)和铁黑;漆灰层中加入了石英和长石类粘土矿物。至此,对这些木质构件的髹漆特点有了初步认识。

关键词:明代漕运船;木材髹漆;仪器分析

Preliminary Analysis of Wood Painting Process of a Ming Dynasty Water Transport Ship

XU Jun-ping[1], LIU Liang[1], WANG Yun-peng[1], LI Bin[2]

(1. Shandong Cultural Relic Conservation and Restoration Center, Jinan, Shandong 250014, China;
2. Emperor Qingshihuang's Mausoleum Site Museum, Xi'an, Shaanxi 710000, China)

Abstract:In 1956, a Ming Dynasty water transport ship was unearthed in the west Song Jin River's tributary of Jiazhuang Village, northwest Liangshan County, Shandong Province. When unearthing, all of the wooden components of the ship have been completely scattered. Through the excavation and cleaning, most of the hull components were pinned out, among which two pieces of painted wood were found, which may be part of the wooden building components in the upper layer of the cabin. The residual pieces of paint skin are detected and analyzed by ultra-depth of field microscope, polarizing microscope, scanning electron microscope - energy spectrum, infrared spectrum and laser Raman spectroscopy. The results show that the paint film of the sample is all Chinese lacquer material, the color composition includes cinnabar (HgS) and iron black, quartz and feldspar clay minerals are added to the paint ash layer. And the lacquer characteristics of these wood components are understood preliminary.

Key words:Ming Dynasty water transport ship; wood painting; instrument analysis

1 前言

1956年山东梁山县西北贾庄村西宋金河支流出土一艘明代漕运船。船由杉木制成,呈柳叶形,全长21.8m,船身中部宽3.44m,高1.4m,有13间船舱,各自设有独立排水孔。同时出土的大铁锚上铸造铭文"洪武五年造……字一千三十九号",由此可知这艘船是在明代洪武初年制造的。船舱内遗留有各种兵器、马具、货币及生活用具、修船工具等。明代运河漕船有军运和民运两类,此船出土物多兵器、马具和军用工具等,因此,应为明代军运漕船。此船体形巨大,保存较完整,是了解和研究明代水上运输情况的重要实物资料(图1)。

此船出土时,发现有两块髹漆的木材,一块呈长方体,另一块由于残缺呈不规则形状。

这两块木材正反面均涂饰有漆层,而且都是一面为红色,另一面为黑色(局部可以看出黑色漆上层还有一层棕色漆),推测其可能是船舱上层的木质建筑构件的一部分。

图1 明代漕运船修复后全景图

为了解这些木质构件的髹漆材料和工艺,对少量残片进行了仪器分析和研究(图2、图3)。

图2 长方体髹漆木材正反面

图3 不规则髹漆木材正反面

2 样品及测试方法

2.1 样品

样品主要是从木材自然脱落、且无法原样回贴的漆片中,挑选少量红色、黑色、棕色三种残片进行检测分析。样品上没有发现明显的因髹漆不当而引起的漆膜缺陷,如橘皮、挂流等现象。样品1取自长方体髹漆木材,为纯红色漆片;样品2取自不规则髹漆木材,为表面带有墨迹的红色漆片;样品3取自不规则髹漆木材,为黑色漆片,其上层

图4 样品正反面

还髹饰一层棕色漆(图4)。

2.2 测试方法

(1)超景深三维视频显微观察。

莱卡(德国)DVM6 超景深三维视频显微镜,放大倍数范围不小于12~700X,并可实现12~700X 内任意倍数下的显示观察、

自动标尺标定和测量,单视野最大观察直径不小于40mm。主要用于文物样品表面无损形貌观测。

(2)偏光显微观察。

莱卡(德国)DMLSP偏光显微镜;Leica Wild体视显微镜;Meltmount固封树脂;巴斯德滴管;直头和弯头钨针;异物镊;载玻片;φ12盖玻片;擦拭纸;无水乙醇。

制样:用丙酮擦拭载样面;再用黑笔在背面标出载样区域;据样品的离散状况,滴加无水乙醇至样品边缘后,用钨针研匀样品直至溶剂完全挥发;镊取盖玻片放于样品上,加热至90~100℃;同时,吸取固封树脂沿盖玻片一侧缓慢渗满整个盖玻片;待冷却后,即可在偏光显微镜下观察。主要用于文物样品显微形貌有损观测。

(3)扫描电镜—能谱检测。

飞纳(荷兰)Phenom XL能谱版扫描电镜,光学放大倍率:3~16倍,电子放大:100,000倍,分辨率:≤15nm。对文物样品使用15kV电压和配套电流条件结合能谱进行分析。主要用于文物样品形貌观察、元素测定。

(4)激光拉曼光谱检测。

雷尼绍(英国)inVia Qontor共焦显微拉曼光谱仪,zei大整体高度范围,28mm(标准显微镜)。支持的物镜,10~100倍的标准雷尼绍物镜。532nm激发波长,激光器功率不低于50mW,光谱范围:100~4000cm^{-1};632.8nm激发波长,激光器功率不低于17mW,光谱范围:100~6000cm^{-1};785nm激发波长,激光器功率不低于280mW,光谱范围:100~3500cm^{-1}。主要用途以3D拉曼化学图像对文物样品同时观察化学性质和表面形貌。

(5)傅立叶变换显微红外光谱仪。

赛默飞(美国)Nicolet S50 + continuum DTGS检测器,采用KBr压片法进行制样。KBr片的厚度为0.3~0.6mm,将样品研细后与溴化钾混合,装入模具内放在油压机上加压,使成为透明的晶片。样品的用量为1~2mg,溴化钾的用量为100~200mg。样品在真空干燥箱干燥,真空度一般为0.13~0.26kPa即可。扫描范围4000~400cm^{-1},分辨率为4cm^{-1},扫描次数32次。主要用于文物样品定性分析。

3 测试结果及讨论

3.1 漆片形貌观察

采用超景深三维视频显微镜、偏光显微镜对样品表层的漆膜、灰层、编织物进行观察、以及定性分析。

样品1从显微观察可以发现,漆膜表面较平整,有少量颗粒感,漆面光泽较弱。红色漆膜、棕黑色灰层和木材分层明显(图5)。

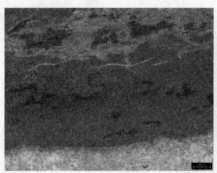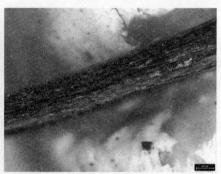

图5 样品1超景深表面和横截面观察

样品2从显微观察可以发现，漆膜表面不平整，有较强颗粒感，能看到较多白色颗粒物，漆面光泽弱。漆膜表面的黑色墨迹凹凸不平，局部有裂隙。漆膜、灰层和编织物分层明显。背面编织物采用的是二经绞一纬的组织结构，经纬线不加捻。偏光显微观察，纤维纵向较为粗糙，无明显的扭曲，有明显的纵向条纹，纤维表面有部分横结，呈现出凹凸不平状。这符合麻纤维的物理特性（图6~图9）。

样品3从显微观察发现，漆膜表面平整，漆面光泽较强。棕色、黑色漆膜、灰层和木材分层明显（图10）。

图6　样品2超景深表面和横截面观察

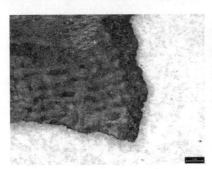 

图7　样品2背面编织物超景深观察

图8　样品2背面编织物组织结构示意图　　图9　样品2背面编织物纤维纵向显微观察

图10　样品3超景深正面和横截面观察

3.2　漆膜定性分析

采用红外光谱对样品外层漆膜及样品2背面编织物进行定性分析,从而推断其物质属性(图11~图14)。

根据傅里叶红外反射光谱图可知,3种样品的4类漆膜在 $3421cm^{-1}$、$2925cm^{-1}$、$2852cm^{-1}$、$1623cm^{-1}$、$1451cm^{-1}$、$1269cm^{-1}$ 和 $1082cm^{-1}$、$1038cm^{-1}$ 附近出现了较强吸收峰。这些主要吸收峰与漆酚(生漆的主要成分之一)的红外特征吸收峰十分相似,所归属的官能团包括:O—H(漆酚苯环上的羟基),—CH_2(漆酚侧链上的亚甲基),C=O(漆酚氧化后生成的酮基),C=C(苯环中的碳－碳主链),C—O(苯环上的碳－氧键)。[1]由此可以推断样品表面均为大漆材料。

根据样品2灰层下面编织纤维的傅里叶红外反射光谱图可知,纤维中含有大量的葡萄糖类物质,葡萄糖是纤维素的主要组分,

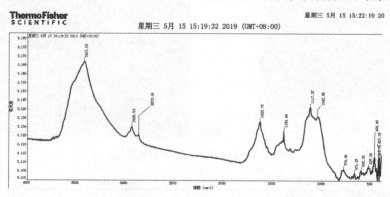

图11　样品1纯红色漆膜红外光谱图

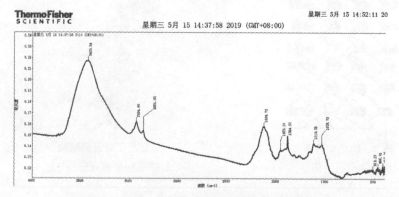

图12　样品2带黑色墨迹红漆膜红外光谱图

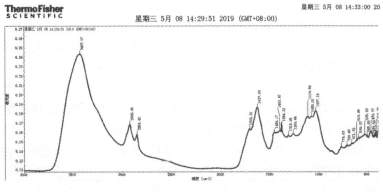

图13　样品3棕色漆膜红外光谱图

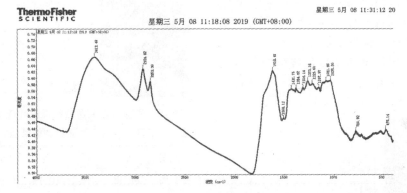

图14　样品3黑色漆膜红外光谱图

可断定灰层中的纤维是植物纤维。再通过与麻纤维的标准傅里叶红外反射光谱比较，可知3431cm^{-1}的吸收峰为纤维素分子内-OH伸缩振动；2925cm^{-1}、2853cm^{-1}吸收峰为C-H伸缩振动，1704cm^{-1}为半纤维素和木质素中的非共轭羰基的伸缩振动，1627cm^{-1}吸收峰为木质素中共轭羰基和C=C伸缩振动的重叠吸收峰，1456cm^{-1}吸收峰为纤维素与木质素的CH$_2$弯曲振动，1317cm^{-1}吸收峰为木质素中的O-H弯曲振动，1270cm^{-1}为C-C、C-O、C=O伸缩振动的重叠峰，1120cm^{-1}、1081cm^{-1}、1039cm^{-1}处为纤维素中葡萄糖环中的C-O醚键的伸缩振动，855cm^{-1}处为纤维素中

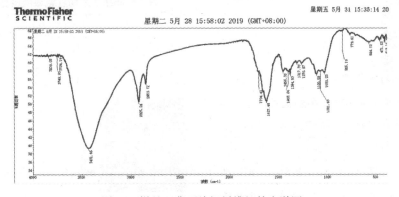

图15　样品2背面编织纤维红外光谱图

β-D-葡萄糖苷键的特征吸收振动谱带。[2]证明纤维的主要成分是麻纤维(图15)。

3.3 漆膜显色成分定性分析

采用能谱、激光拉曼对样品的漆膜、漆灰层中的填充料进行元素分析,从而推断其可能包含的显色成分和辅助填料颗粒物的属性。

(1)样品的能谱分析。

样品1从扫描电镜观察,表面凹凸不平,磨砂颗粒感强。横截面中的漆层和灰层分界明显,漆层平均厚度为19.6~23.5μm。大部分颜料颗粒粒径在4.87~7.19μm之间。通过能谱扫描发现红色漆膜中含有大量Hg元素,可以推断其显色成分中含有朱砂。灰层中含有Ca、Si、Al元素(图16、图17,表1、表2)。

样品2从扫描电镜观察,红色漆膜表面不平整,有较多凹坑,颗粒感强。上层墨迹已经产生较多细微裂隙。横截面中的漆层和灰层分界明显,漆层平均厚度为7.7~18.7μm。大部分颜料颗粒粒径在3.25~7.14μm之间。通过能谱扫描发现,墨迹的主要显色成分是碳。红色漆膜中也含有大量Hg元素,可以推断是由生漆与朱砂调和,结膜而成。灰层中含有大量Si、Al、Na、Ca元素(图18~20,表3~5)。

图18 样品2表面墨迹扫描电镜能谱点扫谱图

表3 样品2表面墨迹能谱点扫数据

元素	O	C	N	Ca	S
Wt%	44.48	41.37	10.48	3.28	0.39
At%	39.34	48.74	10.59	1.16	0.17

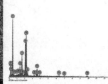

图16 样品1表面扫描电镜能谱点扫谱图

表1 样品1表面能谱点扫数据

元素	Hg	C	Fe	K	Mg	Na
Wt%	99.25	0.11	0.01	0.00	0.00	0.00
At%	92.43	1.71	0.03	0.02	0.03	0.02

图19 样品2表面红色漆扫描电镜能谱面扫谱图

表4 样品2表面红色漆能谱面扫数据

元素	Hg	C	O	S	Na
Wt%	93.55	2.71	2.14	1.22	0.04
At%	53.24	25.79	15.28	4.35	0.19

图17 样品1横截面灰层扫描电镜能谱面扫谱图

表2 样品1横截面灰层能谱面扫数据

元素	O	C	S	Ca	Si	Al	Hg
Wt%	53.73	31.75	8.53	3.07	1.57	1.35	0.00
At%	52.06	40.98	4.13	1.19	0.87	0.78	0.00

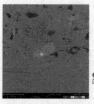

图20 样品2横截面灰层扫描电镜能谱面扫谱图

表5　样品2横截面灰层能谱面扫数据

元素	O	Si	Al	Na	C	Ca
Wt%	45.27	30.81	11.70	11.57	0.57	0.09
At%	57.60	22.33	8.82	10.25	0.96	0.04

样品3表面较为平整,已出现块状裂隙。棕色漆呈色成分是较为复杂。横截面中的棕色和黑色漆层与灰层分界明显,棕色漆层平均厚度为 34.2~37.3μm。黑色漆层平均厚度为 10.9~14.3μm。黑色漆膜中发现有铁元素的存在,可能是由生漆与铁黑调和,结膜而成。灰层中含有 Si 元素(图21~图23,表6~表8)。

图21　样品3表面棕色漆扫描电镜能谱面扫谱图

表6　样品3表面棕色漆能谱面扫数据

元素	O	C	Ca	S	Si	Al	Na	Mg	Cl	K
Wt%	47.37	41.20	4.22	2.13	1.65	1.25	0.82	0.60	0.44	0.32
At%	43.87	50.83	1.56	0.99	0.87	0.68	0.53	0.37	0.18	0.12

图22　样品3表面黑色漆扫描电镜能谱点扫谱图

表7　样品3表面黑色漆能谱点扫数据

元素	O	Ca	Si	Al	S	Fe	K	Mg
Wt%	31.62	22.33	19.14	10.92	5.66	3.85	3.85	0.82
At%	49.05	13.82	16.91	10.04	4.38	2.51	2.45	0.84

图23　样品3横截面灰层扫描电镜能谱面扫谱图

表8　样品3横截面灰层能谱面扫数据

元素	O	C	Si
Wt%	65.11	34.33	0.55
At%	58.57	41.14	0.28

(2)样品的激光拉曼分析。

通过激光拉曼分析,样品1的拉曼峰为 253cm^{-1}、288cm^{-1}、343cm^{-1},样品2的拉曼峰为 253cm^{-1}、284cm^{-1}、343cm^{-1},与朱砂(HgS)的标准拉曼散射峰较为接近,从而再次证明红色漆膜显色成分中含有朱砂。样品3棕色和黑色漆膜的拉曼荧光信号过强,未检测出有效信号(图24、图25)。

4　结　论

通过对样品残片的显微观察和定性分析,可对明代漕运船髹漆类型和材料有了科学的认识。

(1)木材髹漆类型有三种:第一种分为三层,最下层是木材,中间层是漆灰层,最上层是红色面漆。第二种分为四层,最下层是木材,接着是漆灰层,上层是黑色底漆,最上层是棕色面漆。第三种分为五层,最下层是木材,接着是麻层,上面是漆灰层,再向上是红色底漆层,最上面是黑色墨迹。第一种类型是在长方体木材上的主要髹漆手法,第二种、第三种是在不规则木材上的主要髹漆手法,推测这两种木材是船体上不同部位的构件,所以髹漆工艺有所相异。

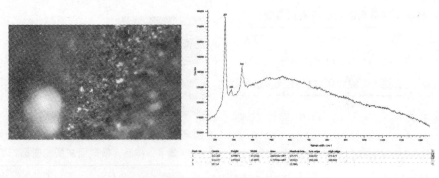

图 24 样品 1 激光拉曼检测点与结果

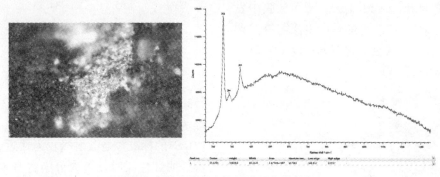

图 25 样品 2 激光拉曼检测点与结果

（2）漆片成膜材料和显色成分定性分析：根据红外光谱分析，可推断 4 种漆膜均为大漆材料。通过能谱和激光拉曼分析，可以推断显色成分中包含有朱砂（HgS）、铁黑等矿物颜料。根据矿物颗粒的分类标准，颗粒位于 $4\sim70\mu m$ 之间，属于细粒和亚细粒范畴[3]。样品 1 和样品 2 中的显色颜料颗粒粒径在 $3.25\sim7.19\mu m$ 之间，说明漆膜中添加的朱砂，被研磨的比较细。样品 1 漆层平均厚度为 $19.6\sim23.5\mu m$，样品 2 漆层平均厚度为 $7.7\sim18.7\mu m$，样品 3 黑色漆层平均厚度为 $10.9\sim14.3\mu m$，棕色漆层平均厚度为 $34.2\sim37.3\mu m$。可以看出，样品 2 的漆层和样品 3 的黑色漆层厚度都较薄，样品 1 和样品 3 的棕色漆层较厚。

（3）漆膜灰层中填料成分分析：通过能谱分析，可知灰层中的主要元素有 Ca、Si、Al、Na 等，推测样品的漆灰层中是以石英和长石为主要填充材料。髹漆前抹灰层可以将木材表面的缝隙和树纹抹平，在增加木材表层强度的同时还可以修整木材的微小变形，使髹漆面变得平整。此外，还可以增强漆膜的附着能力，便于挂漆，使髹饰后的漆层更平整光滑。

致　谢

山东省文物保护修复中心分析检测部刘芳志对漆片进行了傅里叶红外光谱分析，在此表示衷心的谢意！

参考文献

[1] 胡克良,李银德,杨嘉玲,等.徐州西汉陶漆的红外光谱[J].光谱学与光谱分析,1994,(5):31-34.

[2] 王雪,刘欢,李志通,等.扫描电镜和红外光谱技术鉴别麻纤维的方法[J].纺织科技进展,2015,(5),63.

[3] 金普军.汉代髹漆工艺研究[D].合肥:中国科学技术大学,2008:62-67.

广州莲花山古采石场珠江水域出水螺旋桨的科学分析研究

吕良波

(广州市文物考古研究院,广东 广州 511400)

摘要:对广州珠江水域进行水下文化遗产调查,在莲花山古采石场周边水域出水一件铜螺旋桨。本研究对螺旋桨进行金相组织观察和元素成分分析,结果显示,螺旋桨为高强度黄铜的一种铝黄铜,为铸造成型,存在较大的铸造缺陷。该螺旋桨极有可能是我国牌号为 ZHAl67 - 5 - 2 - 2 高强度铝黄铜材料制作的螺旋桨。

关键词:莲花山;古采石场;螺旋桨;科学分析

Scientific Analysis and Research on Outflow Propeller of Lianhuashan Ancient Quarry in Guangzhou

LV Liang-bo

(Guangzhou municipal Institute of cultural heritage and archaeology, Guangzhou 511400, China)

Abstract: An underwater cultural heritage survey was carried out in the pearl river area of guangzhou. The results of metallographic observation and element composition analysis of the propeller show that the propeller is a kind of aluminum brass of high strength brass, which is cast and formed, and there are some casting defects. The propeller is probably made of ZHAl67 - 5 - 2 - 2 high strength aluminum brass material.

Key words: Lianhuashan; ancient quarry; propeller; scientific analysis

为了全面摸清广州珠江水域的水下文化遗存,助力广州海上丝绸之路史迹的保护和申遗工作。2017 年 7 月 17 日至 8 月 25 日,广州市文物考古研究院启动了《2017 年广州海上丝绸之路水下考古调查项目》,对分布有黄埔古港、曾边窑、沙边窑、南海神庙、莲花山古采石场、虎门炮台及"肇和号"巡洋舰等重点遗存的珠江口广州水域开展水下文化遗产考古调查。在全国重点文物保护单位莲花山古采石场周边水域莲花湾水道疑点 D02 出水了一件铜螺旋桨,见图 1。螺旋桨器物编号 2017GZD02:01。初步判断为近代,铜质,长 81 厘米、宽 79 厘米、高 23 厘米。由三片螺旋状的叶子组成,中间有转轴与传动器连接[1]。现国内报道出土或出水的螺旋桨非常少,对螺旋桨的铸造工艺研究更是少之又少,因此对该螺旋桨的科学分析研究将对近现代珠江水上交通、造船、冶金甚至广州的对外交往等方面研究具有十分重要的意义。

在 2017 年广州海上丝绸之路文化遗产考古调查过程中,根据分工安排,广州市文物考古研究院文物保护科技研究部负责对出水文物进行科技保护,在对螺旋桨进行脱盐保护处理时,选取了螺旋桨的样品进行金相和扫描电镜检测等分析,以期了解其铸造工艺,试图探究其背后蕴藏的信息。

图 1　2017GZD02:01 螺旋桨

1　实验样品和方法

本次对螺旋桨提取了 2 件样品,1 件样品通过镶样、磨样进行金相和扫描电镜进行分析,1 件样品采用便携式 X 射线荧光光谱仪进行检测分析。另外编号为 S3 的样品是利用便携式荧光分析仪直接对螺旋桨本体进行测试。锯取的 2 件样品,严格按照既尽量避免对器物整体形貌产生影响,又能满足分析需要的原则进行。S1 取自螺旋桨的边缘处,S2 取自螺旋桨的残缺处,且样品尽可能小,并拍照记录。具体的取样信息见表 1。

样品 S1 采用电木粉包埋,依次进行预磨和抛光。不经浸蚀处理,先在金相显微镜下观察夹杂物,然后采用硝酸高铁酒精溶液浸蚀。在金相显微镜下观察其组织形态并拍摄金相照片。制样设备:司特尔 - 30 系列磨抛镶嵌一体机。观察仪器:蔡司 Axio observer 金相显微镜。观察后的样品重新抛光,并进行表面喷碳处理。而后置入配置有能谱仪的扫描电镜中,进行观察和微区化学成分分析。成分分析采用扫描电镜能谱无标样定量分析法进行,扫描电子显微镜系统为蔡司 LEO1450 Thermo Scientific Ultradry 台式扫描电镜 - 能谱版,实验条件高真空,测量时激发电压为 20kV,放大倍数为 40 ~

3000 倍。

采用美国 Thermo Niton 便携式能量色散型 X 射线荧光(HXRF)金属模式进行 3 个样品进行测试,型号为 Niton XL3t 950 GOLDD + series,分析元素范围为 Mg - U。其主要激发源为微型 X 射线管,Ag 靶,50 kV/200 μA 最大值。金相观察及成分分析结果详见图 2、图 3 和表 2、表 3,SEM - EDAX 背散射电子像及测点位置见图 4。

表 1　螺旋桨取样信息表

样品编号	取样/测试部位	样品描述	检测方法
S1	浆叶中部边缘	表面浅灰色,内部金黄色金属本体	金相、扫描电镜能谱、便携荧光
S2	浆叶端部残缺处	表面浅灰色,内部金黄色金属本体	便携荧光
S3	浆叶页面	表面浅黄色	便携荧光

图 2　浸蚀前金相组织(200×)

(200×)　　(50×)　　(200×)

图 3　浸蚀后金相组织

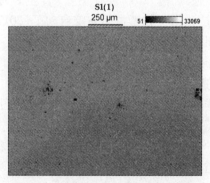

图 4　SEM - EDAX 背散射电子像及测点位置(200×)

表2 扫描电镜能谱仪测试样品的元素成分

测点位置	化学成分(wt%)						扫描方式	材质
	Cu	Zn	Al	Ni	Sn	其他		
S1 面扫	67.99	24.39	4.61	-	0.35	Fe:2.66	区域扫描	Al-Zn-Cu
S1 点1 浅色部位	65.97	34.03	-	-	-	-	微区扫描	Zn-Cu
S1 点2 深色部位	70.26	16.62	6.07	3.69	0.06	Fe:1.89、Mn:1.41	微区扫描	Ni-Al-Zn-Cu
S1 点3 黑色部位	53.98	28.43	1.04	-	1.09	Mo:3.18、Ca:1.41、O:10.86	微区扫描	Zn-Cu

注:"—"表示在该仪器检测精度内未发现该元素,下同。

表3 便携式能量色散型X射线荧光测试样品的元素成分

测试部位	化学成分(wt%)									材质
	Cu	Zn	Al	Ni	Sn	Pb	Fe	Mn	其他	
S1 一侧	64.13	34.85	-	0.25	0.18	0.05	0.29	0.09	Mo:0.16	Zn-Cu
S1 另一侧	71.40	18.98	4.17	1.91	0.34	0.15	2.15	0.78	-	Al-Zn-Cu
S2	73.08	15.69	4.69	2.36	0.36	0.19	2.52	0.94	-	Ni-Al-Zn-Cu
S3	68.84	13.11	6.83	2.00	0.30	0.08	2.04	0.80	Si:5.08	Ni-Al-Zn-Cu

2 分析结果

金相分析结果显示,样品S1为铸造组织,且整体分为浅色和深色两部分,浅色部分以白色条状α相以及灰色基体的β相,深色部分另含细小的蓝灰色铝γ相。

成分分析中,采用了扫描电镜能谱仪和便携式能量色散型X射线荧光分析仪两套仪器进行分析。便携式能量色散型X射线荧光测试的数据有一定的误差,因此下文的讨论主要以扫描电镜能谱数据为主,便携式荧光测试的数据仅作为一种验证和辅助参考。扫描电镜能谱仪分析样品S1面扫结果显示,铜含量67.99%、锌含量24.39%、铝含量4.61%、铁含量2.66%、锡含量0.35%。S1微区扫描中,点1浅色部位显示仅有铜和锌,含量分别为65.97%、34.03%。点2深色部位铜含量70.26%、锌含量16.62%、铝含量6.07%、镍含量3.69%、锡含量0.06%、铁含量1.89%、锰含量1.41%。点3黑色部位测试结果中除了有铜、锌、铝、锡等元素之外,还有钼含量3.18%、钙含量1.41%、氧含量10.86%。再结合便携式能量色散型X射线荧光测试的数据,可见样品S1,浅色部位应为Zn-Cu合金,而深色部位应为Al-Zn-Cu合金,而黑色点状分布的应为钼的氧化物。

而便携式能量色散型X射线荧光分析结果发现,S2、S3测试的结果与S1点2深色部位的结果化学成分元素和范围几乎一致。即便携荧光检测结果与扫描电镜能谱仪在成分的定性结论是可信的。可见样品S1出现的简单黄铜现象导致的浅深不同部位成分的不一致,可能是螺旋桨铸造缺陷所致,而整个螺旋桨的材质应为Ni-Al-Zn-Cu合金。同时推测该螺旋桨可能是采用简单黄铜通过添加其他元素铸造而成。因此,下文对螺旋桨材质的讨论主要以扫描电镜能谱仪测试的样品S1点2深色部位的数据为主。

3 讨 论

3.1 螺旋桨的合金名称及牌号

根据上文的检测分析得知,本次检测的2017GZD02:01螺旋桨属于高强度黄铜中的铝黄铜。而高强度黄铜的牌号,中国、英国、美国、日本、荷兰、西德、东德、意大利、苏联等国家共有23种[2]。经过对成分进行比对,发现与本次检测螺旋桨的成分最为接近的有中国的ZHAl67－5－2－2、英国的HTB3C、联邦德国的G－SoM557F60、民主德国的G－SoM557F45等四个合金名称及牌号。中国ZHAl67－5－2－2牌号的Cu含量67%~70%、Al含量5%~6%、Mn含量2%~3%、Fe含量2%~3%、余量为Zn。该螺旋桨测试的结果在Cu、Al、Mn、Fe、Zn等元素与中国牌号ZHAl67－5－2－2极为接近,但是中国牌号ZHAl67－5－2－2的高强度黄铜却不含Ni、Sn。英国HTB3C牌号的Cu含量55%、Al含量3%~6%、Mn含量0%~4%、Fe含量1%~2.5%、Ni含量0%~1%、Sn含量0%~0.2%,余量为Zn。而与英国牌号HTB3C相比,所含的元素种类基本一致,但是Cu、Zn、Ni三类元素的含量相差较大。西德G－SoM557F60牌号的Cu含量57%、Ni含量3%、Al＋Si＋Mn＋Fe＋Sn含量≤7.5%,余量为Zn。东德G－SoM557F45牌号的Cu含量50%－60%、Ni含量＜3%、Al＋Si＋Mn＋Fe＋Sn≤7.5%,余量为Zn。联邦德国和民主德国的两个牌号,含有Si,却不含Sn,且其他元素除Ni含量比较相近之外,其他元素含量相差较大。

经过以上分析,虽然与高强度铝黄铜铸造螺旋桨最佳性能所建议的合金化学成分范围Cu含量67%~69%,Zn含量20%~23%,Al含量5%~5.5%,Fe含量2%~2.6%有一定的误差,但是我们认为该螺旋桨极有可能是我国牌号为ZHAl67－5－2－2高强度铝黄铜材料制作的螺旋桨。

3.2 合金元素对螺旋桨性能的影响[3]

样品S1点2深色部位微区扫描中Al含量6.07%。在黄铜添加元素中,铝的锌当量系数较高,它对组织和性能的影响也较大。黄铜中加入铝后,使α、(α＋β)和β相区的边界明显的向铜侧方向移动。在截面的固态合金中,随着温度不同而发生锌在α及β相内溶解度的改变。含铝量为4%~6%时,可制造强度高,延伸率较好的铸件。当含铝量超过6%时,合金中会出现大量β相并析出γ相,使塑性降低。在螺旋桨用铝黄铜中,含铝量一般控制在4.5%~6%。样品S1点2深色部位微区扫描中Mn含量1.41%。在铝黄铜中,锰作为次要的强化元素加入,在含铜55%~60%的黄铜中加入锰,能改善合金的性能。在规定的范围内,增加含锰量后,强度和硬度均提高。加少量锰时,延伸率略有提高。锰能提高黄铜的耐海水腐蚀性及热稳定性。当含铝量达5%时,锰和铁的含量可以适当增多,一般可控制在2%~3%。样品S1点2深色部位微区扫描中Fe含量1.89%。在铝黄铜中,铁主要是细化晶粒,改善机械性能,在含铁量为1%~2%时,即有明显的效果。在铝黄铜中,与铝、锰共存时,铁的加入量可达铝含量的30%~50%,所以铁含量一般控制在2%~3%,含铁量过多会使富铁相聚集,降低机械性能并使耐蚀性恶化。样品S1点2深色部位微区扫描中Zn含量16.62%。在铝黄铜中,锌是主要强化元素,提高强度并保持一定的延伸率。但是最佳的锌含量为24%。样品S1点2深色部位微区扫描中Ni含量3.69%。加镍可以细化黄铜的组织,提高α和β相的硬度,特别是β相的硬度增加甚剧,改善合金的耐磨性,使机械性能、韧性及腐蚀疲劳强度略有提高。延伸率在开始时增加，以后则下降。加镍主要是提供黄铜的耐蚀性。过去国外曾用含镍3%～14%的黄铜来制造螺旋桨。但在黄铜中加镍后，对机械性能的提高幅度不大，比重不见减小，且镍价钱昂贵，因此一般很少应用加镍黄铜，而是采用铝黄铜。样品S1点2深色部位微区扫描中Sn含量0.06%。加锡略微提高黄铜的强度，而主要是提高黄铜的耐腐蚀性，含锡小于1%时是有效的，超过1%后对耐蚀性不再有明显的提高。而且当含锡量超过1.2%后，组织中出现脆性γ相，使机械性能显著降低。在铝黄铜中，锡被当着杂质元素，要求小于0.3%。

3.3 螺旋桨的腐蚀

高强度黄铜螺旋桨在海水中主要发生脱锌腐蚀，即合金中的锌发生优先脱溶，而残留下多孔的铜和腐蚀产物。脱锌腐蚀后，由于残留金属相呈海绵状的松软层，其密度比原合金的小，机械性能会急剧降低[4]。铜锌合金的脱锌腐蚀速度受含锌量的影响，含锌5%～20%的低锌黄铜不会发生脱锌腐蚀，超过此值后，随着锌浓度的增加，脱锌腐蚀就加速进行，样品S1点2深色部位微区扫描中Zn含量16.62%是符合最佳含锌量的范围的，而S1点1浅色部位微区扫描中Zn含量34.03%，S1面扫结果中Zn含量24.39%，这个含量范围是比较容易发生脱锌腐蚀的，因此S1浅色部位应该属于铸造缺陷。

此外还有螺旋桨所处环境的氧、氯化物、酸度、铜离子浓度、海水流速、温度等都会影响螺旋桨的脱锌腐蚀。因此通过添加合金元素来提高黄铜螺旋桨的耐腐蚀性能。铝和锡有全面改善黄铜耐蚀性的效果，但是无砷存在时，锡对抑制脱锌几乎无效果，然而锰、铁等则加速脱锌腐蚀。该螺旋桨含有Al、Ni、Sn、Fe、Mn、Mo、Ca等合金元素，其中Al、Ni属于有意加入，为了改善螺旋桨的耐蚀性，而Sn、Fe、Mn、Mo、Ca等杂质的存在则可能加速螺旋桨的腐蚀。

3.4 螺旋桨的铸造年代

要研究螺旋桨的铸造年代，需先了解螺旋桨材料发展概况[5]。螺旋桨最早是用木材制成的，木质的螺旋桨强度低，但容易损坏。大约在19世纪30年代，铸造材料开始有铸铁和铸钢，铸钢的强度虽有提高，但是都会因海水腐蚀而很快损坏。而后，逐渐发展用简单锡青铜和简单黄铜来制作。铜合金比铸铁、铸钢螺旋桨的抗剥蚀强度要大，耐海水腐蚀性能要好，螺旋桨可以加工的比较精确一些，提高了螺旋桨的效率。1876年PARSON创造了巴森青铜，它是在简单黄铜中添加了锰、铝、铁、锡合金元素的一种合金，这些合金元素的加入提高了合金的强度和延伸率，改善了耐蚀性，是一种著名的船用螺旋桨材料。至今，锰黄铜在世界各国仍广泛地来制造舰船螺旋桨。高强度黄铜具有良好的综合性能。但是由于强度低，尤其是腐蚀疲劳强度低，具有脱锌腐蚀和应力腐蚀开裂等缺点，已逐渐被铝青铜所取代。比高强度黄铜强度更高，耐蚀性等更优越的铝青铜，随着熔铸技术的发展，大型铸件的缓冷脆性问题得到解决，使之应用日益广泛起来。近年来，随着船舶的大型化、高速化，船舶单桨功率增加，艉轴不均匀流场很严重。即使用镍铝青铜制造的大型螺旋桨，也产生严重的空蚀及桨叶变形。另外，螺旋桨重量增加，艉轴损坏很快等问题，均要求螺旋桨材料具有更高的机械性能、耐蚀性能、腐蚀疲劳强度等优异的综合性能，为此，适用于大型和超大型螺旋桨的新的高强度特种不锈钢，耐污染海水腐蚀的特种不锈钢及屈服极限高，抗空蚀性能更优的铜—铝—铍合金等螺旋桨材料正在引起人们的重视。此外，玻璃钢、尼龙、钛合金、铝合金及锰基的低音青铜合金等作为新型螺旋桨材料也正在迅速的发展起来。根据前文所述,本次测试的螺旋桨材料极有为我国 ZHAl67 - 5 - 2 - 2 牌号生产的螺旋桨,因此推测该螺旋桨的铸造年代应为我国广泛应用 ZHAl67 - 5 - 2 - 2 牌号高强度黄铜铸造螺旋桨的年代。

4 结 语

对螺旋桨进行了元素成分分析和金相组织观察,分析结果显示:螺旋桨为高强度黄铜的一种铝黄铜,并存在较大的铸造缺陷。虽然与高强度铝黄铜铸造螺旋桨最佳性能所建议的合金化学成分范围有一定的误差,但是认为该螺旋桨极有可能是我国牌号为 ZHAl67 - 5 - 2 - 2 高强度铝黄铜材料制作的螺旋桨。并分析了个元素对螺旋桨性能和腐蚀因素的影响,同时简单回顾了螺旋桨材料发展情况。要获得该螺旋桨更加明确的产地、年代等信息,还需要查阅更多的资料,进行更深一步的研究。

参考文献

[1] 广州市文物考古研究院内部资料:2017 年度广州海上丝绸之路文化遗存考古调查工作报告,2018,8.

[2] 船用螺旋桨铸造编写组.船用螺旋桨铸造[M].北京:国防工业出版社,1980,5.

[3] 赵九宽,黄克竹,苗万英,等.大型舰船螺旋桨用新材料(无镍高锰铝青铜)研究[J].特种铸造及有色合金.1984.2:20 - 25.

[4] 杨汝钧.国外舰船用铜合金螺旋桨材料[J].国外舰船技术(材料类).1981.9:1 - 14.

[5] 李庆春,孟爽芬,贾均,等.大型船用螺旋浆铜合金的材料、熔炼和铸造工艺[J].热加工工艺,1982,8:1 - 8.

四川彭山江口古战场遗址出水金碗的复制

孙 凤[1]，王若苏[1]，先怡衡[1]，刘志言[2]

(1. 西北大学文化遗产学院,陕西 西安 710069；2. 四川省文物考古研究院,四川 成都 610041)

摘要：为后续研究和展示的需要,对江口古战场遗址出水金碗进行调研和分析,研究文物复制的原因。然后对文物进行观察、拍照和测量,根据测量数据绘制文物复原图。为保证复制品重量和尺寸的准确性,对测量数据科学地进行了校准。以复原图和测量数据为依据,选择银做材料,用鎏金的方法模拟颜色,使用传统金银器工艺进行文物复制。结果展示了金碗的原状,确定了具体的尺寸,制作完成了金碗复制品。

关键词：江口沉银；金碗；文物复制

Reproduction of the Golden Bowl Underwater from the Ancient Battlefield Site of Jiangkou, Pengshan, Sichuan

SUN Feng[1], WANG Ruo-su[1], XIAN Yi-heng[1], LIU Zhi-yan[2]

(1. School of Cultural Heritage, Northwest University, Shaanxi Xi'an, 710069;

2. The Sichuan Provincial Cultural Relics and Archaeology Research Institute, Chengdu, Sichuan, 610041)

Abstract: To meet the needs of follow-up research and exhibition, the golden bowl underwater from the ancient battlefield site of jiangkou was investigated and analyzed, and the reasons for the reproduction of cultural relics were studied. Then the cultural relics are observed, photographed and measured, and the cultural relics are reconstructed according to the measured data. In order to ensure the accuracy of the weight and size of the replica, the measurement data are scientifically calibrated. Based on the restoration figure and measurement data, silver is selected as the material, the color is simulated by gilding method, and the cultural relic is reproduced by traditional gold and silver craft. The results show the original shape of the bowl, determine the specific size, and make a copy of the bowl.

Key words: Silver underwater from jiangkou; golden bowl; reproduction of cultural relics

1 引 言

四川彭山江口古战场遗址是一处明末清初的遗址,据考古证实为明末农民起义将领张献忠"江口沉银"的战场。自崇祯三年(1630年)于陕西米脂起义,到清顺治三年(1646年)携宝转移,在岷江被南明军队伏击,战败沉船,张献忠在转战道路上曾大肆劫掠,建立了大西政权,所有的金银财宝数目惊人[1]。江口古战场遗址考古收获颇丰,更是有力地证明了这一点。本文以考古发掘出水的一件金碗为研究对象,试对其进行复原和复制。

文物复制是以文物藏品为依据所进行的复原制作,复制品在文物的研究、保护和展示中起到重要作用。复制品的制作,有的需根据文物当时的制作条件和方法进行,有的可按现代制作工艺和方法进行。复制品必须忠于文物的原状,应具有真实性和准确性。对原件残缺,而又需复制出原状的文物,必须有科学依据,不应随意创造。复制过程,必须确保文物安全无损,复制品应注明标志,避免真伪不分,造成混乱[2]。

本文将探讨复制金碗的原因,并且通过对金碗的观察、测量,以及用科学的方法进行数据处理,使数据更接近真实值,得到金碗的具体尺寸和花纹图案、位置,并且选择合适的材料和工艺,进行文物复制。研究揭示了进行金碗复制而不是修复的原因,科学地获取了金碗及其花纹的具体信息,以真实性和准确性为原则进行文物复制,为金碗的后续研究提供参考。

2 进行文物复制的原因

文物所具备的不可再生性,使得它一旦受到破坏,产生的损失是不可逆转的。需要复制的文物分为三类:第一类是由于其珍贵稀少和本质脆弱,使用复制品能够大大减少不必要的外来影响,为研究和陈列设计提供方便,在古籍、书画、纺织品、青铜器等各类文物中有广泛应用。第二类是其本身已受损坏,但由于各种原因不能对其进行修复,比如结构复杂、腐蚀严重,完全清理会造成文物不可逆损伤的隋炀帝皇后凤冠,原件如图1,复制品如图2。第三类是借文物的复制来探讨其制作工艺,如陶瓷器复制。另外有时私人收藏家将自己的珍藏捐献给博物馆收存,博物馆亦会将复制品回赠给原物主作为纪念。

此件金碗就属于第二类。据《彭山县志》(嘉庆十九年刻本)卷一载:"明季杨展率兵拒张献忠,焚贼舟数百,珠宝金银悉

图1 隋炀帝皇后凤冠

图2 隋炀帝皇后凤冠复制品

沉水底。"可知张献忠是在被南明军和清军夹击的情况下,收敛金银财物试图从岷江转移,却受伏击战败沉船。金银财宝的收敛在这种紧急情况下进行,为了节省空间和方便运输,我们合理推测当时人会将金银器物进行折叠、压缩、弯曲、串联等,江口古战场遗址出水的大量文物的状态也证明了这一点。所以金碗的折叠是人为的,是当时历史的见证,属于文物本身历史价值的一部分,为保存其价值,便不再考虑对金碗进行修复。故而为后续研究和展示的需要,制作一件金碗的复制品,是很有必要的。

另外,根据文物的前期评估结果,金碗的碗壁较厚,有严重折叠变形现象,局部开裂。而修复中要撑起被压扁的文物,这一过程需对金器加热、施力,在碗体已经存在开裂现象的前提下,实施操作有很大风险,器壁可能形成新的开裂,同时加热也容易使器壁表面发生变色,从而造成二次损坏,并且丧失部分历史信息。因此,为了最大程度利

用文物所蕴含的历史、技术与艺术信息,故不进行修复处理,而是根据分析结果进行文物复制。文物复制方法有本体翻模、雕塑泥雕塑成型、测绘后加工复制三种方法[5],鉴于金碗的损坏现状和制作材料,本次文物复制使用测绘后进行金属材料加工的方法复制。

3 文物数据的获取和处理

3.1 金碗整体测量及数据处理

待复制的金碗现状见图3,可以看到金碗形态为敞口斜直壁,碗腹较浅,下部带有圈足,整体被进行了两次折叠,一次将一面碗沿内翻,挡住了表面的部分花纹,另一次则将金碗彻底压扁。从还暴露的部分金碗表面可见,金碗整个外侧面錾刻有一圈花纹,露出的内侧面为素面。

a. 金碗正面

b. 金碗背面

图3 金碗的正、背面

根据文物复制的准确性和真实性要求,需要保证复制品在材料相同的情况下重量与原文物一致,而测量获得的数据有误差,以该数据计算后的金碗重量与真实值相差较大,其中碗壁和圈足的厚度测量值误差对重量影响最大,故舍去,改为使用一定的数据处理方法确定厚度。具体做法如下:

金的密度为 19.32g/cm³,称取金碗重量为 85.57g,计算可得金碗材料体积约为 4.43cm³。与厚度相比,对金碗直径、长度等数据的测量误差对重量影响较小,故认为数据可信。将金碗视为几何体,碗身部分为一个凹心的曲面立体,圈足为一个空心圆柱体,可依据体积和长度数据以几何学的方法计算出具体的厚度。

经仔细测量和数据处理可得,金碗总重量 85.57g,碗身高 2.19cm,斜壁长 3.3cm,碗口直径 7.11cm,碗壁厚度 0.5mm;圈足部分高 0.3cm,内圈直径 1.82cm,外圈直径 2.17cm,厚度 1.56mm。

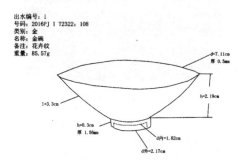

图4 金碗复原图及基本数据

3.2 金碗表面花纹

金碗的外侧面有一圈花纹,以錾刻工艺完成,是金碗复制中的重要部分。花纹分为两部分:一部分由花和花枝组成,占据金碗外侧的大半面积;另一部分无花,枝上有四团枝叶。花枝部分的花分为四簇共11朵,平行分布在一道遒劲的枝条上,左右两簇为每簇两朵,中间偏左侧一簇三朵,偏右侧一簇四朵;花分五瓣,花瓣稀疏,内部分布着花蕊。金碗总体纹样排布疏密相间、布局有致,具有清秀、古朴、雅致的美感。

为了保证复制的准确性,需要对花纹进行测量,测量内容为花枝部分各突出点距离碗身上下边沿的距离,以确定这部分花纹在

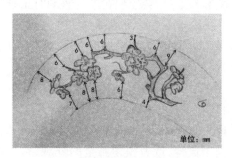

图5 金碗表面花纹测量结果

金碗外侧面的具体位置，测量结果如图5，另一部分花纹未作测量。复制过程中錾刻完成的花纹图案如图6。

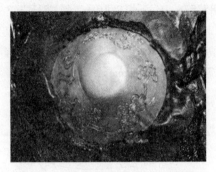

图6 复制过程中錾刻完成的花纹

4 复制品的制作

对金碗复制品的制作分选材、加工制作两个步骤。

4.1 材料和工艺的选择

在材料的选择上，为还原金碗本身的外观和艺术效果，使用传统金属工艺，有金、银、铜三种材料可选。其中金为文物本身的材料，且密度高、延展性好、柔软、光亮、易于加工、不易腐蚀，但价格较贵；银也是古代重要的金属材料之一，理化性质较稳定、反光率高、柔软，富有延展性，易于加工，价格低于金；铜是人类最早使用的金属之一，机械性能好、延展度高、耐用。三种金属中金、银的布氏硬度约2.5~3.0，铜板的布氏硬度为3.0[1]，略高于金银，硬度作为主要因素影响錾刻效果，会使铜在进行錾刻时出现更明显的錾痕。综合考虑成本、可行性、工艺效果因素后，认为银更加适合用于文物复制的材料。

在中国古代，黄金稀少贵重，以纯金做材料制作物品往往不能实现，但金色又有奢华尊贵的意义，因此古人发明了很多工艺极力利用黄金，或者模仿黄金的外观，常见的方法有鎏金、贴金、包金、泥金、错金等[2]。

其中鎏金工艺始于春秋时期，盛于战国时期，因其制成的鎏金表面牢固耐久、色泽美丽，且操作方法简便易行，还可以自由掌握鎏金层厚薄，各尺寸器物都能应用。因此，鎏金工艺适用于金碗复制中的表面仿色。

综上所述，金碗的复制选用银作材料，以鎏金工艺仿成金色，复制品为鎏金银器，各尺寸与原金碗相同。

4.2 加工制作

为了最大限度的还原文物信息，复制采用传统的金银器工艺，以捶揲、錾刻、焊接的工艺加工成型。具体步骤如图7所示，表述如下：

(1) 银材落样：根据设计好的图稿在银料片上画出需要的银料形状。

(2) 银材下料：比照画好的图形下银料，银料要比图稿略大，留出一定的加工余量。

(3) 银材退火：将金属加热到一定温度，保持足够时间，然后以适宜速度冷却，用于改善材料性能，为进一步加工做准备。

(4) 银碗初步整形：初步捶打出银饰大的凹凸形状。

(5) 银碗进一步整形：在大致形状的基础上，进行再次捶打，使形状更完美。

(6) 银碗精整形：进行较精密的捶打整形，将锤击痕迹整理平整。

(7) 银碗进一步修形：将下料时多余的银料修去，使器物尺寸接近设计图的尺寸。

(8) 银碗反复回火：将金属加热到适当温度，保温若干时间，然后缓慢或快速冷却。用于减小或消除内应力；调整硬度、强度、塑性和韧性，达到使用性能要求；稳定组织与尺寸，保证精度；改善和提高加工性能。

(9) 银碗靠样：对银碗形状进行调整。

(10) 银碗打磨：用工具将银料表面打磨光滑。

(11) 银碗打精磨：在上一步的基础上

进行进一步精细打磨。

（12）银碗花纹描样：根据文物原件的照片，将文物上的花纹描绘在制作好的银碗上。

（13）银碗花纹錾刻：使用锤子和錾子进行錾刻，将文物花纹刻在银碗表面。

（14）银碗錾刻完成：錾刻完成的银碗如下图示。

（15）银碗配足圈：用银料制作相配的银碗足圈。

（16）足圈焊接：用银作焊料，将足圈焊接到银碗底部。

（17）银碗内部：制作完成的银碗内部，为素面。

（18）银碗鎏金：将金和水银合成金汞剂，涂在表面，然后加热使水银蒸发，金就附着在银碗表面。

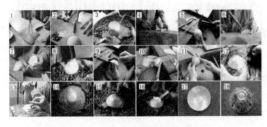

图7　鎏金银碗制作过程

制作完成的金碗复制品如下图8所示。复制获得的鎏金银碗尺寸与原文物相同，但因为材料的密度不同，金的密度为19.32g/cm³，银的密度为10.49g/cm³，故复制品和原文物的重量有约39.10g的差距，如将银换为等量的金，则复制品重量应与文物相近。

5　结　语

通过对江口古战场遗址出水金碗的调研和分析，得出为保存其价值和避免二次破坏，不对其做修复处理，而是直接进行文物复制的结果。然后进行观察和测量，以及对测量所得数据进行处理，科学地确定了金碗的具体尺寸以及花纹形态、位置，根据得到的结果进行文物复制，保证了复制的准确性和真实性。然后选择复制所用的材料和工艺，对比成本、可行性、工艺效果等因素后选择银做材料，用鎏金的方法模拟金色，使用传统金银器工艺进行文物复制，复制品为鎏金银器，对金碗后续研究和展示有重要的参考价值。此次对这件金碗的复制，不只科学、准确的复原了金碗的原状，而且为以后的类似保护修复项目提供了经验和参考，对不可修复的残损文物复制研究有重要意义。

参考文献

[1] 李飞.张献忠"沉银埋宝"初步研究[J].中国史研究动态,2016,(5):47-51.

[2] 成仲旭,吴海涛.博物馆的文物复制[J].中国博物馆,1993,(2):59-62.

[3] 黄学文.金属器物及石质文物复制中的保护工作[A]//博物馆藏品保管学术论文集:北京博物馆学会保管专业第四—八届学术研讨会论文选编[C].北京博物馆学会,2009:3.

[4] 朱强,安荣.金属工艺基础[M].合肥:安徽科学技术出版社.2008.

[5] 杨小林.中国细金工艺与文物[M].北京:科学出版社.2008.

a.复制品内部　　　b.复制品外部

图8　复制品内外部图片

基于无损化学分析和家户尺度上的史前陶器网络研究

李 涛

(武汉大学历史学院考古系,湖北 武汉 430072)

摘要:学术界对陶器生产、流通和消费网络的研究,已取得基本的共识,即:最好建立在多种空间尺度上,结合系统性随机抽样,以定量分析和可视化的方式,重建相对稳定的陶器网络。利用便携式X射线荧光分析数据和多变量统计方法,本文重建了红山文化核心区715个陶片在家户和地方性社群(或村落)尺度上的生产、流通和消费网络,指出核心区:不存在唯一的和中心式的陶器生产组织;陶器生产应以家户为单位并主要在村落尺度上进行;家户在日常活动中存在相互依存的关系,但依赖关系较弱;存在跨区域的陶器流动,但不是陶器流通和消费的主要形式。

关键词:史前;泥质陶器;便携式X射线荧光分析仪;化学成分

Reconstructing Prehistoric Pottery Networks at a Household Level Using Compositional Data from Non-Destructive Analysis

TAO Li

(Department of Archaeology, School of History, Wuhan University, Wuhan 430072)

Abstract: Many researchers would in general agree that, in order to study the pottery production, distribution, and consumption, a multi-scalar analysis should better be carried out using sherd specimens selected from systematic random sampling, with the results being quantified and presented visually which help to identify a relatively stable pottery network. By applying multivariable statistical methods to compositional data obtained on 715 sherds from the Hongshan core zone with a handheld X-ray fluorescence analyzer, the present paper manages to reconstruct the pottery production, distribution, and consumption both at the household and local community levels. The results suggest the absence of a single, highly centralized pottery production unit in the core zone but instead that pottery should be carried out mainly in households and organized at the local community level. Household interdependence does exist in the Hongshan core zone but it seems somewhat weak than usually imagined. Hongshan pottery do cross the geographic boundaries of the three regions (Dongshanzui, Sanjia, and Erbuchi) but only sporadically, which fails to explain the main forms by which pottery was distributed and consumed.

Key words: Prehistoric; fine-paste pottery; handheld X-ray fluorescence analyzer; chemcial composition

1 引 言

通常,陶器是新石器时代遗存中数量最多、保存最好的物质材料,是研究古代制陶技术的直接信息来源,并在许多情况下,成为探索考古学文化内涵、古代人类行为、群体心理和组织关系(包括社会、经济和政治等方面)的唯一媒介。陶器的出现和使用,不仅改变了人类的生活方式(尤其是在制作、加工和储藏食物方面),其作为一种全球性的文化现象,还直接或间接地引发了陶器使用人群在人际关系、社会组织等方面的转变。除上述共性外,史前陶器更为人瞩目的是其蕴含的"个性"特征。大量的民族志和考古学研究证实,在不同地区以及不同人群中,所生产和使用的陶器在形制、质地、胎色、制法、功能、使用情境、纹饰和图案等诸多方面,表现出高度的变异和变化。很显然地,从全球性的视角观察,陶器的生产不仅是为满足人类日常生活的需要,更是为了满足文化、社会和生态的(阶段性)需要。

意识到史前陶器可能具备的丰富信息,自20世纪80年代开始,欧美的研究者不断致力于研究史前陶器的生产、流通和消费网络。这些探索不仅包括自然科学分析方法和技术在研究陶器制作工艺和追溯陶器产地方面的应用[1,2],也包括基于现存土著制陶人群的民族考古学调查[3,4],以及针对区域性考古调查和发掘出土陶片的统计学分析以及空间分析[5,6]。经过几十年的努力,学术界取得一些基本的共识,即:对陶器生产、流通和消费网络的研究,最好建立在多种空间尺度(例如,家户—村落或社群—社区)上,并结合系统性随机抽样,以定量分析和可视化的方式,重建相对稳定的陶器网络。最近十年,随着家户考古学的发展,学界开始格外重视在较小空间尺度上的人群关系及其所反映的社交网络、资源获取、经济和社会地位以及社会分层[7,8]。许多人坚信,家户作为最小的社会单位,其反映的人际关系将有助于理解更大尺度上的人群社会行为(如社会复杂化)[7-9]。对日常社交网络的重视,将家户研究的重要性提升到新的层次,而作为家户日常和社会生活中的必需物品,陶器的重要性由此凸显无疑。

通过对辽宁西部红山文化(前4500—3000)核心区16个家户使用的715件陶片进行化学分析,本文旨在尝试建立该地区陶器的生产、流通和消费网络,从而认识家户之间在非食物生产性经济(此处指陶器生产)方面的相互依存关系。最终,这些信息将有助于评估陶器生产和使用以及相关的资源获取和控制在红山社会复杂化进程中的作用和角色。

2 拟探讨的两个问题

较大空间尺度上的研究,对于理解跨区域的人类行为(如交换、贸易等)非常有效。但是,它却不足以反映人群之间的主要互动方式和形式。尤其在史前,最频繁和最密集的人群互动和交流,应当主要地发生在较小的空间尺度上,例如,家户之间或是由若干个家户组成的地方性社群(local community)之间[10]。以红山时期的手工业生产为例,尽管学术界较为一致地认为红山玉器和无底彩陶筒形器(以下简称筒形器)体现了很高的制作水平,是专业化程度较高的表现[11-13],但是,几十年的调查和发掘也仅收获了300多件玉器。假设这一数字反映或接近红山玉器真实的生产和使用情况,那么平均每百年间仅生产20~30件玉器。相比玉器,筒形器数量更多,但即便如此,日用陶器的数量仍要数倍甚至数十倍于筒形器[14]。因此,日用陶器应更加真实地反映红山时期陶器的生产、流通和消费,如果进一步结合筒形器(非日用陶器)的情况,无疑将有助于从整体上认识红山时期的陶器网络。

在《红山文化无底"筒形器"的专业化生产问题》一文中(以下简称为《筒形器》)[14],笔者着重论述了辽宁西部东山嘴、三家和二布尺三个地区(彼此空间距离1~5公里)出土筒形器的生产和消费情况,指出:筒形器应分别在三个地区生产并(主要)在地区内消费,其生产不具备高度专业化的特点。此外,筒形器与日用陶器在陶土来源上并未有显著差别,应当都是就地或就近取土,甚至由相同的生产单位制作。通过探索性数据分析(Exploratory Data Analysis,简称 EDA),该文进一步指出,715 个陶片(筒形器 136 个,日用陶器 579 个)指向 12 个陶器生产单位。

限于篇幅,《筒形器》一文没有具体讨论 12 个生产单位对 16 个红山家户的贡献,即哪些家户最依赖(或最不依赖)于什么样的陶器生产单位。针对这一缺憾,本文重点讨论两个问题:第一,每个家户所消费的陶器中,分别由这 12 个生产单位贡献了多少(如果以百分比表示的话)? 第二,基于 12 个生产单位的贡献百分比,如何理解家户对陶器生产单位以及不同家户之间的相互依存关系? 上述两个问题的解答,将有助于理解红山陶器在家户尺度上的流通,以及红山家户之间(如生产陶器的家户与使用陶器的家户;不从事陶器生产的家户之间)的互动性质。

3 研究材料与方法

本文主要基于前期对核心区 715 个陶片(含 136 个筒形器和 579 个日用陶器)化学成分的无损分析以及 EDA 分析。核心区以及红山家户的地理位置见图 1 和图 2(大凌河上游调查在东山嘴、三家和二布尺共确认超过 50 个红山时期的家户,本次分析陶片来自其中的 16 个家户)。陶器的化学成分数据(CSV 和 EXCEL 文件)以及 EDA 结果(PNG 图片)已在《大凌河上游流域红山陶器生产数据集》(Upper Daliang Region Hongshan Pottery Production Dataset)发布(网址:www.cadb.pitt.edu,有中文版和英文版),可免费下载。715 个陶片的选取标准、

图 1 红山文化核心区和大凌河上游调查区域

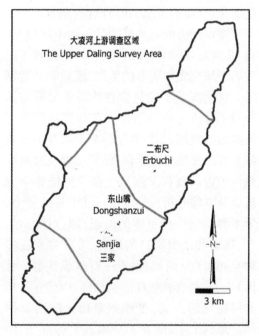

图 2 东山嘴、三家、二布尺和红山家户
(红色点)在大凌河上游调查区域中的位置

选样流程以及 12 个生产单位的界定依据在《筒形器》一文中有详细说明。所有陶片的考古学信息在 CSV 和 EXCEL 格式文件中有详细描述。陶片化学成分的提取借助便携式 X 射线荧光分析仪(handheld X - ray fluorescence analyzer,以下简称为 hhXRF)完成,使用 hhXRF 的考虑、对数据可靠性的讨论以及对数据的提取、处理和统计分析过程,在《史前陶器的手持式 X 射线荧光光谱

仪分析》(待发表)和《Economic Differentiation in Hongshan Core Zone Communities (Northeastern China): A Geochemical Perspective》(44~74页)中有细致的陈述[10,15]。12个生产单位贡献百分比按照合并估算(pooled estimate)进行计算,其计算过程在《Economic Differentiation》(97~104页)有详细解释,贡献百分比的计算结果见102页的表3.1。

4 结果与讨论

通过《筒形器》一文的论述,可知在红山文化核心区,不存在唯一的、中心式的陶器生产组织,并且也不是所有的家户都从事陶器生产。仅就分析的16个家户而言,他们所使用的陶器最可能来自12个陶器生产单位。从陶器生产者(12)和陶器使用者(16)的比例来看,生产者数量少于使用者数量,仅仅满足"专业化"一词最宽泛的定义[16,17]。这一结果肯定了红山家户在日常经济生活中的相互依存关系。

我们首先来看12个生产单位对每个家户使用陶器的贡献百分比。

图3以柱状图的形式展现了12个生产单位对每一个红山家户所使用陶器的贡献百分比(从左到右,以12种颜色表示1号至12号生产单位,柱状图的高低表示生产单位的贡献百分比)。以整个大凌河调查区域为研究尺度的话,很明显地,16个家户所消费的陶器并非由同一个生产单位提供,也并非全部都来自12个生产单位。每一个红山家户的陶器都由数个(1＜n≤12)陶器生产单位提供,并且生产单位对不同家户的贡献百分比存在差异。

如果将研究的空间尺度缩小到1公里左右,三个地区各自形成由若干红山家户组成的地方性社群(此概念可对应"村落"),

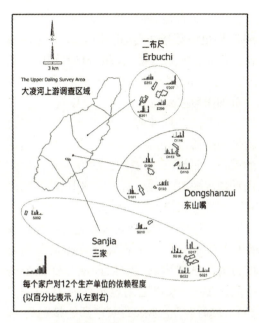

图3 12个生产单位对16个家户所使用的陶器的贡献百分比

则发现不同社群对某些陶器生产单位更加依赖。例如,三家地区的六个家户特别依赖1号至6号生产单位;而二布尺地区的四个家户则主要依赖于7号至12号生产单位。东山嘴地区位于三家地区和二布尺地区之间(更接近三家地区),它的两个家户(D101和D109)表现出与三家地区家户相似的陶器消费行为(即这些家户主要消费了由相同生产单位生产的陶器,下同),而其余四个家户(D103、D110、D112和D116)则与二布尺地区的陶器消费行为更接近。家户对不同生产单位依赖程度的变化很好地对应了家户之间的空间距离,再次支持了不同地区存在各自的陶器生产行为,以及同一地区内的家户主要依赖于本地生产的陶器[14]。

如果将研究的空间尺度进一步缩小(500米),则会发现,距离越近的家户在消费陶器的行为上相似度更高。以三家地区为例,其东南角的四个家户(S016、S017、S022和S023)中,位置偏西侧的S016和S022消费了更多由2号、7号和10号生产单位生产的陶器,而位置偏东侧的 S017 和 S023 则更依赖于 1 号、6 号和 12 号生产单位。位于三家地区最西端的 S002 和中部的 S010,很可能属于两个不同的社群。S002 消费的陶器主要由 2 号生产单位提供,并且较少消费由 1 号、4 号、6 号和 7 号生产单位提供的陶器,这明显区别于大多数三家地区的家户。而 S010 消费陶器的方式更接近东山嘴地区的 D101 家户,说明 S010 的居民受东山嘴地区家户的影响较大。

综上所述,可知空间尺度越小(尤其在家户尺度上),红山人群在获取和消费陶器的行为上更加相似(当然,即便是在最小的空间尺度上,家户之间也依然存在些许差异)。同时,三个地区的家户都能接触到 12 个生产单位中的大多数,说明陶器的流动超越了家户和地方性社群的地理界线。

回到第二个问题:在估算了 12 个生产单位的贡献百分比之后,如何理解家户与陶器生产单位之间的相互依存关系,以及不同家户之间在日常生活中的互动?这里,更多考虑的是陶器生产者与陶器使用者以及陶器使用者之间的关系。

如《筒形器》一文所述,如果考虑红山文化核心区和周边区(如赤峰地区)与陶器生产有关的直接证据,则只有内蒙古敖汉旗四棱山遗址(核心区)和赤峰市上机房营子遗址(周边区)发现的几座红山时期的陶窑可以参考。但是,分析后发现,核心区和周边区的陶窑在生产方式、规模、器物类型方面并无本质差别,都是以生产日用陶器为主,只不过核心区生产的陶器种类更丰富而已[14]。聚焦到整个大凌河调查区域,即使在红山物质文化最为丰富的区域之一(东山嘴及其周边地区),陶器的生产也仍然只是以地区为单位进行,更确切地说,是以地方性社群或村落为中心,缺乏超越村落和集中化的生产和组织模式。

在村落或更大的空间尺度上,陶器生产的地区性特征对比明显。两个不同地区的陶器,其化学组成上的差异性远远大于任一地区内部陶器在化学组成上的相似性。很显然,当生活在不同地区的红山陶工进行陶器生产时,其产品的使用者主要来自同一地区的人群。鉴于同一地区内的家户对生产单位的依赖常有较为明显的差异,可以排除每一个地区仅存在一个陶器生产单位的可能性。换言之,在红山时期的每一个村落里,应存在过一个以上的陶器生产单位,但也不是每个家户都从事陶器生产(否则无法解释家户之间的相似性和差异)。陶器生产者(生产陶器的家户)与陶器使用者(仅消费陶器的家户)之间存在相互依存关系似乎是显见的,只不过这种依存关系并不十分强烈,远不能与那种"高度专业化"对应起来。

假设上述分析成立,那么陶器使用者(即不生产陶器、仅消费陶器的家户)之间的关系就变得异常重要,原因在于,陶器使用者所消费的陶器在化学组成上是不尽相同的,同一地区的家户之间甚至存在显著的差别,这反映出家户对陶器生产者依赖程度的不同,而接触不同陶器生产者并与之建立联系则反映了家户与同一空间范围其他人群(如陶器生产者)沟通和交流的能力、频率和强度。因此,我们看到的三个地区陶器使用者在消费陶器上的差异,很可能会直接或间接地转化为他们的社会地位,或经济地位,或两者皆有。要论证这一点,需结合 16 个红山家户的其他遗物信息(如反映地位的彩陶和玉器的数量),才能作出判断。

此外,若陶器总是只在某一地区内部被生产和消费,那么这一地区的陶器在化学组成上应当更加一致,并因此(明显)区别于其他具有另外化学特征的地区。然而,这与我们观察到的现象并不一致:在东山嘴、三家和二布尺中的任意一个地区,总能看到属于其他两个地区成分特征的陶器,这说明陶器的流动超越了家户和村落,并在更大的空间尺度上扩散。这种扩散的动力还不明确,究竟来自于陶器使用者还是陶器生产者,尚待论证。

5 结 论

在对红山文化核心区出土陶器进行系统随机选样和无损化学分析的基础上,本文利用统计学方法对陶片化学组成进行探索性数据分析,获取715个陶片(包括579个日用陶器和136个非实用性陶器的残片)的分布模式,从中识别出12个陶器生产单位。利用这12个生产单位,本文重建了715个陶片在家户和地方性社群(或村落)尺度上的生产、流通和消费网络。研究结果肯定了《筒形器》一文的结论,如"红山文化核心区不存在唯一的中心式陶器生产组织"和"红山时期的陶器生产应以家户为单位并主要在村落尺度上进行"。跨区域和超越村落尺度的陶器流动是存在的,但明显不是陶器流通和消费的主要形式。整体而言,红山文化的日用陶器和筒形器的传播应沿某一生产地以波动式向四周扩散,这种递进式流动以及随之产生的物质遗存最终界定了红山文化的分布范围。

本文是对家户尺度上史前陶器研究的一次崭新的尝试,确认了红山文化核心区的家户在日常活动中存在相互依存的关系,并指出这种依赖关系较弱。至于红山时期陶器生产者与陶器消费者以及陶器消费者之间的日常互动,仍需作更为深入的研究。

致谢:本研究得到美国国家自然科学基金(项目号:BCS1444978,负责人:李涛、Robert D. Drennan)和武汉大学"双一流"建设专项人才启动经费(项目号:1105-60046001,负责人:李涛)支持,在此表示感谢。

参考文献

[1] Rice, PM. Pottery Analysis: A Source Book [M]. Chicago, IL: University of Chicago Press, 1987.

[2] Tite, MS. Pottery Produciton, Distribution and Consumption: The Contribution of the Physical Sciences [J]. Journal of Archaeological Method and Theory, 1999, 6(3):181-233.

[3] Stark, MT. Ceramic Production and Community Specialization: A Kalinga Ethnoarchaeological Study [J]. World Archaeology, 1991, 23 (1):64-78.

[4] Costin, CL. The Use of Ethnoarchaeology for the Archaeological Study of Ceramic Production [J]. Journal of Archaeological Method and Theory, 2000, 7(4):377-403.

[5] Peterson, CE. "Crafting" Hongshan Communities? Household Archaeology in the Chifeng Region of Eastern Inner Mongolia, PRC [D]. Pittsburgh, PA: University of Pittsburgh, 2006.

[6] Drennan RD, Peterson CE. Patterned Variation in Prehistoric Chiefdoms [J]. Proceedings of the National Academy of Sciences of the United States of America. 2006, 103(11):3960-3967.

[7] Drennan, RD, Peterson CE, Lu X, et al. Hongshan Households and Communities in Neolithic Northeastern China [J]. Journal of Anthropological Archaeology, 2017, 47:50-71.

[8] Hendon, JA. The Engendered Household. In: Women in Antiquity: Theoretical Approaches to Gender and Archaeology [M]. Nelson, SM (eds.). Lanham, MD: AltaMira Press, 2013:171-198.

[9] Matthews, R. About the Archaeological House: Themes and Directions. In: New Perspectives on Household Archaeology [M]. Parker BJ and Foster CP (eds.). Winona Lake, Indiana: Eisenbrauns, 2012:559-565.

[10] 李涛. 史前陶器的手持式X射线荧光光谱仪分析[J]. 南方文物, 2019, 待刊.

[11] Guo, DS. Hongshan and Related Cultures. In: The Archaeology of Northeast China: Beyond the Great Wall [M]. Nelson, SM (eds.). London and New York: Routledge, 1995:21–64.

[12] Nelson, SM. Ideology and the Formation of an Early State in Northeast China. In: Ideology and the Formation of Early States [M]. Claessen HJM and Oosten JG (eds.). New York, NY: E. J. Brill Publishers, 1996:153–169.

[13] Nelson, SM. Ritualized Pigs and the Origins of Complex Society: Hypotheses Regarding Thehongshan Culture [J]. Early China, 1995, 20:1–16.

[14] 李涛. 红山文化无底筒形器的"专业化"生产问题 [J]. 北方文物, 2019, (1):15–24.

[15] Li, T. Economic Differentiation in Hongshan Core Zone Communities (Northeastern China): A Geochemical Perspective [D]. Pittsburgh, PA: University of Pittsburgh, 2016.

[16] Costin, CL. Craft Specialization: Issues in Defining, Documenting, and Explaining the Organization of Production [J]. Archaeological Method and Theory, 1991, 3(5):1–56.

[17] Baysal, E. Will the Real Specialist Please Stand Up? Characterizing Early Craft Specialisation, a Comparative Approach for Neolithic Anatolia [J]. Documenta Praehistorica, 2013, 40:233–246.

新型无机材料在石质文物加固保护中的应用

刘 妍[1,2],杨富巍[1,2],王丽琴[1,2],张 坤[1,2],杨 璐[1,2],周伟强[1,2],魏国锋[3]

(1. 西北大学文化遗产学院文物保护技术系,陕西 西安 710069;
2. 文化遗产研究与保护技术教育部重点实验室,陕西 西安 710069;
3. 安徽大学历史系,安徽 合肥 230039)

摘要:无机材料物理化学性质稳定,与同是无机物的石质文物兼容性好,因而也更适合于石质文物的加固保护。近年来,草酸钙、纳米氢氧化钙、生物碳酸钙和磷灰石等新型石质文物保护材料的研究逐渐兴起并取得了一批有价值的成果。本文就上述材料的保护原理、特点及研究现状进行了阐释与评述,以期为石质文物保护研究及实践工作提供借鉴和参考。

关键词:无机材料;石质文物;加固

Application of Inorganic Materials in Consolidation of Stone Relics

LIU Yan[1,2], YANG Fu-wei[1,2], WANG Li-qin[1,2],
ZHANG Kun[1,2], YANG Lu[1,2], ZHOU Wei-qiang[1,2], WEI Guo-feng[3]

(1. Department of Preservation Technology for Cultural heritage, Northwest University, Xi'an 710069, China;
2. Key Laboratory of Cultural Heritage Research and Conservation of Ministry of Education, Northwest University,
Shaanxi Xi'an 7100693, China; 3. Department of History, Anhui University, Hefei 230039, China)

Abstract: Due to the good stability and compatibility, inorganic materials are suitable for the conservation of stone cultural relics. In recent years, calcium oxalate, nano calcium hydroxide, biological calcium carbonate and apatite materials were developed gradually and a number of valuable research findings were achieved. In this paper, the protection principles, performacne characteristics and research status of the above materials are reviewed for the research and protection practice of stone cultural relics.

Key words: Inorganic materials; stone relics; consolidation

石质文物是指在人类历史发展过程中遗留下来的具有历史、艺术、科学价值的,以天然石材为原料加工制造的遗物。由于石质文物大多处于露天环境中,在自然风化[1]、空气污染(空气中的污染物如硫氧化物、氮氧化物和二氧化碳等酸性气体和有害粉尘)[2]、气候变化[3-5]等因素的综合作用下,它们有加速破坏,逐渐消亡的趋势。

为保护此类石质文物,人们研发了众多的保护材料。按照化学成分,这些保护材料可分为有机材料和无机材料两大类。常用的有机材料有丙烯酸树脂、环氧树脂、有机硅树脂和有机氟树脂等[6-9]。有机保护材料具有强度高、渗透性好等优点,因而自19世纪50年代以来在文物保护领域得到广泛应用[10]。不过,近几十年国内外的应用检验和研究结果表明,此类有机材料并不适合于石质文物等无机质文物的保护。首先,有机高分子材料的化学稳定性不够好,对石质文物的保护时间有限。大多数高分子材料是光、热敏感的,暴露在空气中会因为光照、温度变化和潮湿等因素发生老化现象[11-13],而其老化后就部分或完全丧失了保护作用。而且,作为有机物,它们本身、配合使用的溶剂及其老化产物都是微生物的营养源,易于被真菌等微生物侵蚀而发生霉变现象[14],而霉变现象会加速石质文物的损坏。其次,高分子保护材料老化失效以后难以去除,其残存的斑痕不但影响文物的外观,而且会给后续的保护工作带来困难[15,16]。还有,合成高分子材料与石质文物的物理和化学兼容性差[17]。许多经高分子材料保护处理过的石质文物甚至出现了加速风化的现象[18]:石质文物表面龟裂、剥蚀甚至大片脱落。因而,已有国外石质文物保护专家指出:"高分子材料虽然有一时的保护效果,但从长远来看,它们的使用对石质文物是有害的[19]";"对石质文物而言,合成高分子材料不符合兼容性原则[20]"。

与合成高分子材料相比,无机材料的物理化学性质更稳定,与同是无机物的石质文物兼容性更好,因而也更适合于石质文物的保护[21]。水玻璃等硅酸盐、氢氧化钙和碳酸氢钙等碱土金属氢氧化物及其酸式碳酸盐等都曾用于石质文物的加固保护。水玻璃等硅酸盐通常用于砂岩类石质文物的保护。由于水玻璃等硅酸盐一般只能起到表面硬化作用,而且容易产生碳酸钠等可溶盐类有害副产物,过去几十年已经很少使用[22]。氢氧化钙[23]和碳酸氢钙[24]等碱土金属氢氧化物及其酸式碳酸盐则常用于石灰岩和大理石等碳酸盐类石质文物的保护处理。不过,碱土金属的化合物普遍溶解度小,加固效果不明显,其应用也因此受到限制。

近年来,草酸钙、纳米氢氧化钙、生物碳酸钙和磷灰石等新型无机保护材料的研究逐渐兴起并取得了一批原创性成果。这些成果对于文物保护研究及实践工作具有重要的启示和借鉴意义。下文将对此类无机保护材料的加固原理及其应用研究作一简要介绍。

1 草酸钙

草酸钙层在大理石、石灰岩类文物及岩石的表面很常见[25-28],它通常沿着岩石的表面及裂缝生长,能阻止碳酸钙岩体的溶蚀风化,起到了保护作用。草酸钙层的保护作用与其化学性质稳定、溶解度小及耐酸性强等特性有直接的关系[29]。受此启发,人们尝试将草酸钙用于大理石、石灰岩等碳酸盐类石质文物的加固保护处理。Verganelaki A 等[30]将纳米草酸钙-氧化硅复合溶胶用于钙质砂岩的加固保护处理。研究发现,经此溶胶渗透处理后,岩样的强度有了明显提高而其孔隙结构、外观和透气性等基本属性的变化仍在允许的范围之内。Ion R M 等[31]将纳米草酸钙和磷灰石的混合物超声分散于乙醇中制成其悬浮分散液并将之用于石灰岩文物的加固保护处理。结果表明,以表面刷涂或喷涂方式将该混合材料引入风化石灰岩试样后,岩样的风化孔隙得以填塞,岩样的密度和力学强度都有一定程度的提高,岩样的耐酸性和抵御冻融病害的能力也得到了增强。总的来看,在风化石质文物中生成或直接引入草酸钙矿物不失为一个可行的加固保护思路,但现有方法中生成或引入的草酸钙矿物与文物基底结合力不足,尚需进一步改进。

2 纳米氢氧化钙

近年来,为了克服氢氧化钙在水溶液中溶解度小的缺点,人们发展了氢氧化钙的纳米悬浮体系,即将氢氧化钙制成纳米粉体并将之分散于挥发性醇溶剂中制成悬浮分散液[32]。在此悬浮分散液中,保护材料氢氧化钙的固含量可以达到15g/L。利用该悬浮分散液可对疏松多孔的石质文物进行灌浆处理。经灌浆处理后,引入其中的氢氧化钙与空气中的二氧化碳发生反应后可生成具有加固作用的碳酸钙矿物。Daniele V[33]等将纳米氢氧化钙的异丙醇悬浮分散液用于意大利一种多孔煤岩样品的加固处理。研究表明,纳米氢氧化钙的异丙醇悬浮分散液在煤岩样品中的渗透深度为30μm左右,且经上述处理后其表面强度提高了近30%,毛细水吸收则降低了10%以上,具有较为明显的加固效果。López – Arce P[34]利用纳米氢氧化钙的异丙醇悬浮分散液加固白云岩并研究了湿度对加固效果的影响。研究表明,经渗透加固处理后,白云岩样品的孔隙率减小,表面裂隙消失,外观基本维持不变,显示了一定的加固效果。另外,研究还表明,较高的相对湿度(75%)有助于纳米氢氧化钙的碳酸化反应和强度的形成。不过,由于受到纳米颗粒本身及其团聚体尺寸大小(0.05~0.80μm)的限制,纳米氢氧化钙的悬浮液只适合于等大孔隙(>30.0μm)文物的渗透保护处理,而对于小孔隙(<2.0μm)的风化石质文物渗透效果普遍不好[35-37]。

3 生物碳酸钙

在其生长代谢过程中,细菌等微生物能够通过对有机培养基中碳源的转化和钙离子的富集来诱导碳酸钙矿物的生成。近年来,利用此类生物沉积碳酸钙加固保护石质文物逐渐成为文物保护领域新的研究热点[38]。Rodriguez-Navarro C 等[39]的研究表明,黄色粘球菌能诱导碳酸钙的矿化。在用于岩石样品处理时,黄色粘球菌能在其内部孔隙中沉积碳酸钙,这些碳酸钙沉积物与孔隙壁结合力强,加固效果显著。Perito B 等[40]的研究表明,失活的枯草杆菌细胞和细胞壁组分都能诱导碳酸钙沉淀的生成。另外,将风化岩石样品浸入含有枯草杆菌细胞和细胞壁组分的矿化液后,碳酸钙能在岩石的孔隙和裂缝中沉积并显著降低风化岩石样品的毛细水吸收并提高其强度。近年来,我国学者也开始关注和参与这方面的研究。孙延忠等[41]的研究表明,枯草杆菌 – Ⅱ在固体和液态培养基上都能诱导碳酸钙的矿化,有石质文物加固保护应用前景。李琼芳等[42]的研究表明,嗜冷型碳酸酐酶可在大理石试块表面诱导沉积致密的碳酸钙矿化层,且该矿化层在吸水性、透气性和耐酸度上都优于大理石试块。该研究可为石质文物的生物修复提供一定的理论依据。不过,细菌方法产生的碳酸钙数量有限而过程缓慢,而且细菌生长过程中易形成污斑,其作为石质文物的加固保护方法尚不够成熟。

4 磷灰石

羟基磷灰石化学性质稳定,力学强度适中,胶结性能良好,其上述性质使之具有成为石质文物保护材料的天然优势。2011年以来,羟基磷灰石材料开始在石质文物的加固保护中得到越来越多的研究和应用。Yang F W 等[43,44]的研究表明,磷灰石材料可用于风化石灰岩、钙质砂岩等多孔石质文物的加固保护。在加固保护处理时,可将纳米氢氧化钙的醇悬浮液和磷酸铵溶液先后引入待加固石质文物,两者发生反应后生成具有空间网状结构的羟基磷灰石矿物可以起到加固作用。Sassoni E 等[45-50]则直接利用磷酸铵溶液加固保护灰岩和大理石文物,其加固原理在于磷酸盐和石质文物基底中的碳酸钙或硫酸钙直接反应生成了磷灰石矿物。这种方法适用于孔隙率小且本身密度较高的风化石材。Franzoni E 等[51]以磷酸氢铵溶液为加固处理剂,研究了表面刷涂、敷贴和浸泡三种使用方式对保护效果的影响。结果表明,三种方式都有较为理想的保护效果,但相比之下,表面刷涂法对石材孔隙结构、透气性和外观的影响最小而强度提高最大,最适于大型石质文物的加固保护处理。不过,在保护实践中,现有以磷酸铵为磷灰石前驱材料的加固路线有造成微生物滋生的风险。

致 谢

本工作得到国家自然基金项目(B0116 21461022, E0251 262026)、陕西省"千人计划"项目(2019)、甘肃省协同创新团队项目(2017C-20)及陕西省重点产业创新链(群)项目(2019ZDLSF07-05)等的支持。

参考文献

[1] 王丽琴,党高潮,梁国正. 露天石质文物的风化和加固保护探讨[J]. 文物保护与考古科学, 2004, 16(4): 58-63.

[2] Ortiz P, Vázquez M A, Ortiz R, et al. Investigation of environmental pollution effects on stone monuments in the case of Santa Maria la Blanca, Seville (Spain)[J]. Applied Physics A, 2010, 100(3): 965-973.

[3] Bonazza A, Messin P, Sabbioni C, et al. Mapping the impact of climate change on surface recession of carbonate buildings in Europe[J]. Science of the Total Environment, 2009, 407(6): 2039-2050.

[4] 于秀敏,童秀英,于秀玲. 细菌保护石质文物的应用研究[J]. 安徽农业科学, 2011, 39(14): 8570-8571.

[5] 张秉坚,魏国锋,杨富巍,等. 不可移动文物保护材料研究中的问题和发展趋势[J]. 文物保护与考古科学, 2010, 22(4): 102-109.

[6] Khallaf M K, El-Midany A A, El-Mofty S E. Influence of acrylic coatings on the interfacial, physical, and mechanical properties of stone-based monuments[J]. Progress in Organic Coatings, 2011, 72(3): 592-598.

[7] Cardiano P, Ponterio R C, Sergi S, et al. Epoxy-silica polymers as stone conservation materials[J]. Polymer, 2005, 46(6): 1857-1864.

[8] El-Midany A A, Khallaf M K, El-Mofty S E. Characterization of silicone coating for archeological stone conservation[J]. Surface and Interface Analysis, 2011, 43(8): 1182-1188.

[9] Aldo D, Alessio A, Turchi F, et al. Fluorinated polymers as stone-protective materials: an FTIR study on intermolecular interactions[J]. Polymer International, 2004, 53(10): 1567-1571.

[10] Tsakalof A, Manoudis P, Karapanagotis I, et al. Assessment of synthetic polymeric coatings for the protection and preservation of stone monuments[J]. Journal of Cultural Heritage, 2007, 8(1): 69-72.

[11] Lazzari M, Scalarone D, Malucelli G, et al. Durability of acrylic ?lms from commercial aqueous dispersion: Glass transition temperature and tensile behavior as indexes of photooxidative degradation[J]. Progress in Organic Coatings, 2011, 70(2-3): 116-121.

[12] Poli T, Toniolo L, Sansonetti A. Durability of Protective Polymers: The Effect of UV and Thermal Ageing. Macromolecular Symposia, 2006, 238: 78-83.

[13] Favaro M, Mendichi R, Ossola F, et al. Evaluation of polymers for conservation treatments of outdoor exposed stone monuments[J]. Part II: Photooxidative and salt induced weathering of acrylicsilicone mixtures. Polymer Degradation and Stability, 2007, 92(3): 335-351.

[14] Cappitelli F, Sorlini C. Microorganisms Attack Synthetic Polymers in Items Representing Our Cultural Heritage[J]. Applied and Environmental Microbiology, 2008, 74(3): 564-569.

[15] Carretti E, Giorgi R, Berti D, et al. Oil-in-Water Nanocontainers as Low Environmental Impact Cleaning Tools for Works of Art: Two

Case Studies[J]. Langmuir, 2007, 23(11): 6396-6403.

[16] Grassi S, Monica Favaro, Patrizia Tomasin P, et al. Nanocontainer aqueous systems for removing polymeric materials from marble surfaces: A new and promising tool in cultural heritage conservation[J]. Journal of Cultural Heritage, 2009, 10(3): 347-355.

[17] Bugani S, Camaiti M, Morselli L, et al. Investigating morphological changes in treated vs. untreated stone building materials by xray micro CT[J]. Analytical and Bioanalytical Chemistry, 2008, 391(4): 1343-1350.

[18] 刘强,张秉坚,龙梅. 石质文物表面憎水性化学保护的副作用研究[J]. 文物保护与考古科学, 2006, 18(2): 1-7.

[19] Baglioni P, Giorgi R. Soft and hard nanomaterials for restoration and conservation of cultural Heritage[J]. Soft Matter, 2006, 4(2): 293-303.

[20] Dei L, Salvadori B. Nanotechnology in cultural heritage conservation: nanometric slaked lime saves architectonic and artistic surfaces from decay[J]. Journal of Cultural Heritage, 2006, 2(7):110-115.

[21] Baglioni P, Giorgi R, Dei L. Soft condensed matter for the conservation of cultural heritage [J]. Comptes Rendus Chimie, 2009, 12(1-2): 61-69.

[22] Zendri E, Biscontin G, Nardini I, et al. Characterization and reactivity of silicatic consolidants[J]. Construction and Building Materials, 2007, 21(5):1098-1106.

[23] Price C A. The consolidation of limestone using a lime poultice and limewater [C]. Adhesives and Consolidants, Paris Meeting, ICC, London, 1984, 160-162.

[24] Tiano P, Cantisani E, Sutherland I, et al. Biomediated reinforcement of weathered calcareous stones[J]. Journal of Cultural Heritage, 2006, 7(1): 49-55.

[25] Del Monte M, Sabbioni C. A study of the patina called Scialbaturta on Imperial Roman marbles[J]. Studies in Conservation, 1987, 32: 114-121.

[26] Watchman A L. Age and composition of oxalate-rich crusts in the Northern Territory, Australia[J]. Studies in Conservation, 1991; 36: 24-32.

[27] Rampazzi L, Andreotti A, Bonaduce I, et al. Analytical investigation of calcium oxalate films on marble monuments[J]. Talanta, 2004, 63 (4):967-977.

[28] Rosado T, Gil M, Mirao J, et al. Oxalate biofilm formation in mural paintings due to microorganisms-A comprehensive study[J]. International Biodeteriorartion & Biodegradation, 2013, 85:1-7.

[29] González-Gómez W S, Quintana P, Gómez-Cornelio S, et al. Calcium oxalates in biofilms on limestone walls of Maya buildings in Chichén Itzá, Mexico [J]. Environmental Earth Sciences, 2018, 77(60):230.

[30] Verganelaki A, Kilikoglou V, Karatasios I, et al. A biomimetic approach to strengthen and protect construction materials with a novel calcium-oxalate-silica nanocomposite[J]. Construction and Building Materials, 2014, 62: 8-17.

[31] Ion R M, Turcanu-Caruiu D, Fierscu R C, et al. Caoxite-hydroxyapatite composition as consolidating material for the chalk stone from Basarabi-Murfatlar churches ensemble[J]. Applied Surface Science, 2015, 358:612-618.

[32] Daniele V, Giuliana Taglieri G, Quaresima R. The nanolimes in cultural heritage conservation: characterisation and analysis of the carbonatation process[J]. Journal of Cultural Heritage, 2008, 9(3): 294-301.

[33] Daniele V, Taglieri G. Nanolime suspensions applied on natural lithotypes: The influence of concentration and residual water content on carbonatation process and on treatment effectiveness[J]. Journal of Cultural Heritage, 2010, 11: 102-106.

[34] López-Arce P, Gomez-Villalba L S, Pinho L, et

al. Influence of porosity and relative humidity on consolidation of dolostone with calcium hydroxide nanoparticles: Effectiveness assessment with non-destructive techniques[J]. Materials Characterization, 2010, 61 (2): 168 – 184.

[35] Tomasin P, Mondin G, Zuena M, et al. Calcium alkoxides for stone consolidation: Investigating the carbonation process[J]. Powder Technology, 2019, 344: 260 – 269.

[36] Daniele V, Taglieri G. Synthesis of Ca(OH)$_2$ nanoparticles with the addition of Triton X-100. Protective treatments on natural stones: Preliminary results[J]. Journal of Cultural Heritage, 2012, 13: 40 – 46.

[37] Chelazzi D, Poggi G, Jaidar Y, et al. Hydroxide nanoparticles for cultural heritage: Consolidation and protection of wall paintings and carbonate materials[J]. Journal of Colloid and Interface Science, 2013, 392: 42 – 49.

[38] Krajewska B. Urease-aided calcium carbonate mineralization for engineering applications: A review[J]. Journal of Advanced Research, 2018, 13: 59 – 67.

[39] Rodriguez-Navarro C, Rodriguez-Gallego M, Ben Chekroun K, et al. Conservation of Ornamental Stone by Myxococcus xanthus-Induced Carbonate Biomineralization[J]. Applied and environmental microbiology, 2003, 69 (4): 2182 – 2193.

[40] Perito B, Marvasi M, Barabesi C, et al. A Bacillus subtilis cell fraction (BCF) inducing calcium carbonate precipitation: Biotechnological perspectives for monumental stone reinforcement [J]. Journal of Cultural Heritage, 2014, 15 (4): 345 – 351.

[41] 孙延忠, 陈青. 石质文物加固中细菌诱导碳酸钙生成的研究[J]. 文物保护与考古科学, 2009, 03: 29 – 32.

[42] 李琼芳, 何鑫, 陈超, 等. 两株嗜冷碳酸钙矿化菌对大理石表面修复效果研究[J]. 人工晶体学报, 2018, 1: 172 – 178.

[43] Yang F W, Zhang B J, Liu Y, et al. Biomimic conservation of weathered calcareous stones by apatite[J]. New Journal of Chemistry, 2011, 35(4): 887 – 892.

[44] Yang F W, Zhang B J, Liu Y, et al. Conservation of weathered historic sandstones by biomimic apatite[J]. Chinese Science Bulletin, 2012, 57(1): 1 – 5.

[45] Sassoni E, Naidu S, Scherer G W. Preliminary results of the use of hydroxyapatite as a consolidant for carbonate stones [C]. Material Research Society Symposium Proceeding, 2011: 189 – 195.

[46] Sassoni E, Naidu S, Scherer G W. The use of hydroxyapatite as a new inorganic consolidant for damaged carbonate stones[J]. Journal of Cultural Heritage, 2011: 346 – 355.

[47] Sassoni E, Graziani, Franzoni E, et al. Conversion of calcium sulfate dihydrate into calcium phosphates as a route for conservation of gypsum stuccoes and sulfated marble[J]. Construction and Building Materials, 2018: 290 – 301.

[48] Sassoni E, Graziani G, Ridolfi G, et al. Thermal behavior of Carrara marble after consolidation by ammonium phosphate, ammonium oxalate and ethyl silicate[J]. Materials and Design, 2017: 345 – 353.

[49] Sassoni E, Graziani G, Franzoni E. Repair of sugaring marble by ammonium phosphate: comparison with ethyl silicate and ammonium oxalate and pilot application to historic artifact[J]. Materials and Design, 2015: 1145 – 1157.

[50] Sassoni E, Graziani G, Franzoni E. An innovative phosphate-based consolidant for limestone. Part 1: Effectiveness and compatibility in comparison with ethyl silicate[J]. Construction and Building Materials, 2016: 918 – 930.

[51] Franzoni E, Sassoni E, Graziani G. Brushing, poultice or immersion? The role of the application technique on the performance of a novel hydroxyapatite-based consolidating treatment for limestone[J]. Journal of Cultural Heritage, 2015: 173 – 184.

古书画用生物碱与无机碱复合脱酸剂的研发及其应用

何秋菊[1,2]，王丽琴[2]，王菊琳[3]，许昆[3]

（1. 首都博物馆保护科技与传统技艺研究部，"北京文博文物科技保护研究与运用"北京市重点实验室，北京 100045；
2. 西北大学，文化遗产研究与保护技术教育部重点实验室，陕西 西安 710069；
3. 北京化工大学材料科学与工程学院，文物保护领域科技评价研究国家文物局重点科研基地，北京 100029）

摘要：由于胶矾水在古书画纸张熟化及修复中的大量使用，纸张呈现弱酸性。本文采用超声波震荡法以无水乙醇为溶剂从高生物碱含量的中药材洋金花中提取东莨菪碱等生物碱溶液；利用活性炭脱除生物碱溶液中的有色色素，无机盐碳酸钙和碳酸钠碱皂化法去除油脂；提纯后的东莨菪碱溶液与无机碱四硼酸锂复配制备生物碱-无机碱复合脱酸剂。利用FTIR和HPLC-MS法测试脱色脱脂效果，UV-Vis法分析生物碱与明矾的化学反应，通过色度、微观形貌、pH值、耐折度以及抗张强度等指标评估复合脱酸剂应用到酸化纸张上的脱酸效果。结果表明，该复合脱酸剂中的东莨菪碱能够与纸张中的明矾Al(Ⅲ)发生络合反应，阻止明矾水解析出酸。脱酸效果优异，对纸张的外观颜色和形貌影响不大，湿热老化30天后依然呈现弱碱性并有一定的碱残留，手工纸的耐折度和抗张强度均好于未脱酸处理纸张。该研究对于书画纸张有效脱酸以及长久保存具有重要意义。

关键词：古书画；脱酸；中药材；生物碱；无机碱

Development and Application of Alkaloid and Inorganic Base Complex Deacidification Agent for Ancient Paintings and Calligraphy

HE Qiu-ju[1,2], WANG Li-qin[2], WANG Ju-lin[3], XU Kun[3]

(1. Department of conservation technology and traditional skills, Key Laboratory of Beijing cultural relics and museums sci-tec protection research and application, Capital Museum, Beijing 100045, China;
2. School of Cultural Heritage, Key Laboratory of Culture Heritage Research and Conservation (Northwest University), Ministry of Education, Xi'an 710069, China;
3. School of Materials Science and Engineering, Beijing University of Chemical Technology, Beijing 100029, China)

Abstract: Due to the extensive use of alum gelatin solution in curing Xuan paper and repairing painting, the paper was weakly acidic. In this paper, alkaloid solutions such as scopolamine were extracted from high alkaloid content Chinese herbal medicine Flos Lonicerae using ethanol as solvent by ultrasonic oscillation method. Then, the activated carbon was used to remove the colored substances in alkaloid solution and grease was removed by saponification of inorganic calcium carbonate and sodium carbonate. Furthermore, the alkaloid and inorganic base complex deacidification agent was prepared by purified scopolamine solution and inorganic base lithium borate. The effect of decolorization and degreasing was tested by FTIR and HPLC-MS. The chemical reaction between alkaloids and alum was analyzed by UV-Vis. The deacidification effect of compound deacidifier on acidified paper was analyzed by color, micro-morphology, pH value, folding endurance and tensile strength. The results showed that scopolamine in the deacidification agent could react with Al (III) in alum to prevent hydrolyzing and paper acidification. The effect of deacidification was excellent, which had a little effect on the appearance and color of paper. After wet-heat aging for 30d, the paper still showed weak alkalinity and some alkali residues. The folding endurance and tensile strength of hand-made paper were better than those of non-deacidified paper. This research significantly shows the effectiveness of the deacidification and long-term preservation of painting and calligraphy paper.

Key words: Ancient calligraphy and painting; deacidification; traditional chinese medicine; alkaloids; inorganic base

0 引 言

古书画是文化和艺术的载体,全国各类综合博物馆和民间都有大量的藏品。书画用纸张多为手工纸,传统手工纸(宣纸、麻纸等)是由植物纤维相互交织而成的书写材料。虽然传统手工纸采用碱性造纸法,在抄造过程中加入了石灰水、碳酸钙等填料,但在使用过程中为了提高纸张抗水性,常常在表面涂刷明矾和天然胶料组成的胶矾水以便于书写绘画,防止墨滴及颜料晕散[1,2]。此外,在书画古籍修复流程中明矾也在大量使用。明矾水解会析出硫酸,导致纤维素链的水解断裂,古书画本体严重的泛黄、酸化、脆化,严重时一触即碎[3]。在对首都博物馆馆藏待修复书画进行酸碱度分析测试时发现大多数明清书画的pH值在5~6.9之间,呈现弱酸性,画心存在酸化、泛黄及晦暗现象。随着岁月流逝其劣化与酸化程度呈现逐年上升的趋势。脱酸是延缓纸张变质的必要手段,而消除或抑制纸张本体酸化因素并能持续抵御后续酸化影响,才能真正延长纸质文物的寿命。

市场上应用于图书档案领域的很多化学试剂脱酸法各有弊端。纸张脱酸常用的无机碱 $Ca(OH)_2$、$Mg(HCO_3)_2$ 只能中和纸张表面的酸,且以水为介质,纸张易产生皱缩现象[4]。二醇胺、醋酸镁/三氯乙烯、Ba$(OH)_2$/甲醇等有机溶剂脱酸法毒性较大使用具有一定的局限性。氨气、碳酸环己胺、吗啉、二乙基锌等作为碱性气体脱酸存在花费高和操作危险等缺陷[5,6]。而且,以上脱酸剂主要应用于古籍档案,由于古书画组成及结构复杂(包括绢料、宣纸、胶料、颜料等),较为特殊。目前,在古书画修复保护中多采用温水清洗方法脱酸,这种方法对缓解古书画酸化效果很有限,且起不到延缓酸化的效果。在书画修复中,尚无合适、安全的材料及方法进行脱酸。因此,研发与古书画本体相容性好的天然材料成为修复保护材料研究的热点。古代人们为了保护珍贵的纸质文献付出了艰辛劳动,创造了许多行之有效的保护方法。例如,古人曾选取了黄檗、胡椒、花椒、石灰等来制造黄纸、椒纸以及宣纸,这些材料既达到防霉防虫的目的又对纸张起到防酸、脱酸的作用[7]。广东工业大学与广州市余平文史典籍保护实业公司联合开发了一种古籍档案用天然植物脱酸剂。有关研究表明,该脱酸剂脱酸后纸张色度有轻微变化,纸张呈灰褐色,且脱酸剂易于分解,稳定性较差[8,9]。除此之外,尚未见有关天然脱酸剂的研发报道。

植物中的生物碱是天然的氮杂环化合物,氮原子可接受质子,起到脱酸效果。本文制备了一种书画用生物碱与无机碱复合脱酸剂,该复合脱酸剂从高生物碱含量的洋金花中提取东莨菪碱,并含有四硼酸锂组分,可适用于各类纸本或绢本书画脱酸。该研究为古书画脱酸处理提供了一种新思路,对于书画纸张有效脱酸以及长久保存具有重要意义。

1 实验部分

1.1 主要仪器与材料

FA1004电子天平(上海恒平科学仪器有限公司);DH-101-1BY电热鼓风干燥箱(天津中环电炉股份有限公司);KQ-100DE数控超声波清洗器(昆山超声波仪器有限公司);UV-3600紫外可见分光光度计(日本Shimadzu);ALPHA傅里叶变换红外光谱仪(德国Bruker);Aliance e2695液相质谱联用仪(美国Waters);SP64分光测色仪(美国X-rite);Orion Star A便携式酸度计(美国Thermo);TA.XT Plus质构仪(英国Stable Micro System);YT-N-135 MIT耐折度仪(杭州研特);JSP-500A高速多功能粉碎机(浙江永康市金德机械制造厂)。

无水乙醇(分析纯,北京通广精细化工);甲醇(色谱纯,德国Merck);四硼酸锂、碳酸钙和无水碳酸钠(分析纯,北京化工厂);明矾、明胶购自北京齐大森国画材料有限公司,活性炭来自国药集团化学试剂有限公司。手工纸样品为红星特净皮,购于安徽泾县红星宣纸有限公司。实验中用到的洋金花来自中国北京同仁堂(集团)有限责任公司。

1.2 实验方法

1.2.1 生物碱与无机碱复合脱酸剂的制备

选取高生物碱含量的中药材洋金花作为提取对象,将洋金花在粉碎机中粉碎10min后,过筛成200目的细粉末。称取上述洋金花粉末100g,以洋金花与无水乙醇质量比为1:5的物料比加入无水乙醇,采用超声波震荡的提取方法在50℃条件下,恒温加热60min,得到洋金花提取液。将提取液倒入布氏漏斗,采用中速定性滤纸真空抽滤10min后,过滤掉中药残渣,将提取的生物碱溶液自然冷却至室温。利用活性炭-无机盐碳酸钙($CaCO_3$)和碳酸钠(Na_2CO_3)脱除生物碱溶液中的有色色素和油脂。具体过程为取100mL溶液中加入20g活性炭,在50℃条件下超声处理30min,此时天然生物碱脱酸剂为无色透明溶液。向脱酸剂中加入5g $CaCO_3$和5g Na_2CO_3,在50℃超声条件下处理30min后过滤,保留滤液。将脱色脱脂后的生物碱溶液与水按质量比4:1稀释,取稀释后溶液与5.0mg/mL的四硼酸锂($Li_2B_4O_7$)无机碱溶液以质量比100:3均匀搅拌混合后,制备得到pH 8~9的生物碱与无机碱复合脱酸剂。

1.2.2 酸化纸张的制备及复合脱酸剂脱酸处理

酸化纸张的制备:通过对馆藏清代古旧字画酸化调查研究[10],发现现存的酸化中国传统书画作品的pH值在4.3~5.4,因此研究制备pH≈5的酸化纸张。选用传统手工宣纸为样品,胶矾水为pH值调节剂,制备模拟中国传统书画中酸化的纸张。制备方法如下:将宣纸平行于帘纹方向裁成20mm×150mm的样品。配制3wt.%明胶和3wt.%明矾以质量比1:1混合后,采用排刷均匀涂刷在宣纸表面,往复3遍,干燥后备用。经测试酸化纸张表面pH值为4.95。

复合脱酸剂脱酸处理:采用制备的pH 8~9的生物碱与无机碱复合脱酸剂对上述酸化纸张均匀喷涂,并且重复2次,晾干后备用。

1.2.3 湿热老化试验

湿热老化试验参照国标GB/T 22894—2008《纸和纸板加速老化在80℃和65%相对湿度条件下湿热处理》,加速老化时间为28天,每隔7天取样测试。

1.2.4 测试方法

(1)pH值测量。

溶液法测定pH值参照国际标准ISO 6588进行,待数值稳定后读取pH值。表面法测定纸张的pH值是指在纸张表面润湿时所测得的pH值,参照国标GB/T 13528—1992进行。采用多次测量取平均值的方法进行,由于实验结果偏差较大,每组样品测试10次。

(2)色度测量。

采用便携式分光测色仪测试采用纸张脱酸处理前后的色样的亮度L^*、红绿对比度a^*、黄蓝对比度b^*。光源选用脉冲钨丝灯,采用不包含镜面反射(SPEX),标准光源采用的色温为6504K的正常日光(D65),观察角为10°;最小测量面积:MAV(直径φ4mm);反射分辨率:0.001%;测量光谱范围:400~740nm,每隔10nm取一个值。采用$\Delta E = [(\Delta L^*)^2 + (\Delta a^*)^2 + (\Delta b^*)^2]^{1/2}$表征色差大小,$\Delta E$值越小,色差越小。每组纸张样品测量3次,测量结果取平均值。

(3)纸张耐折度和拉伸强度测试。

耐折度测试参照GB/T 2679.5—1995《纸和纸板耐折度的测定》,加载力为9.81N;拉伸强度测试参照GB/T 453—2002《纸和纸板抗张强度测定》,拉伸速度为10cm/min,夹具间距为10cm。测试均遵循多次测量取平均值的原则,其中每组样品采集5个数据点。

(4)高效液相色谱法(HPLC-MS)。

高效液相色谱法(HPLC-MS)对于结构相似的生物碱具有良好的分离效果。HPLC-MS数据均用Waters Aliance e2695高效液相色谱质谱联用仪采集,流动相为甲醇,采用正离子模式测试。

(5)紫外-可见光谱法(UV-Vis)。

紫外光谱是测试溶液中生物碱含量的一种经典方法,适用于在紫外区有吸收的生物碱类。以乙醇为作为参比样,扫描波长范围200~800nm,分辨率为1nm。

(6)红外光谱法(FTIR)。

红外光谱数据测试范围为4000~400cm^{-1},测试次数为24次,其中粉末样品采用KBr压片法,纸张样品采用金刚石探头的ATR附件测试,分辨率为2cm^{-1}。

2 结果与讨论

2.1 生物碱脱色脱脂处理效果

洋金花为茄科植物白花曼陀罗Datura metel L.的干燥花。每年4~11月花初开时采收,晒干或低温干燥制得。洋金花中含有0.3%~0.43%莨菪烷类生物碱,主要是东莨菪碱、莨菪碱、山莨菪碱,其中以东莨菪碱含量最多,干燥品一般含东莨菪碱不少于0.15%[11]。利用红外光谱(FTIR)和高效液相色谱-质谱(HPLC-MS)测试洋金花生物碱提取液脱脂前后的变化以及有效成分,结果见图1~图4。

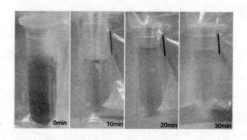

图1 洋金花提取液脱色处理前后外观对比

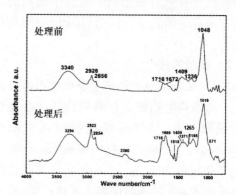

图2 洋金花提取液脱脂前后的FTIR图

图1为活性炭脱色处理不同时间洋金花提取液的外观对比,结果表明活性炭能使洋金花生物碱提取液褪色,并且脱色效果会随处理时间的增加,提取液颜色逐渐变浅,

处理30min后提取液变透明,具有较好的脱色效果。图2是洋金花提取液在碱皂化法脱脂前后的红外谱图对比,3340cm^{-1}为O—H伸缩振动吸收峰,2926cm^{-1}和2856cm^{-1}是甲基CH$_3$和亚甲基CH$_2$的吸收峰,1716cm^{-1}是酯羰基C=O的吸收峰,1048cm^{-1}为C—O的伸缩振动峰。吸收峰1409cm^{-1}和871cm^{-1}分别对应碳酸钙或碳酸钠中C—O反对称伸缩振动,CO$_3^{2-}$面外变形振动。分析可知,图中显示洋金花提取物在脱脂处理后,1716cm^{-1}处油脂特征吸收峰相对强度下降,可见去脂效果较理想。同时,1409cm^{-1}吸收峰强度增加,871cm^{-1}出现新的吸收峰,这是由于碳酸钠和碳酸钙的引入而造成的。

洋金花脱色脱脂后滤液的HPLC图见图3,可见保留时间3.28min附近有明显的保留峰,其所对应的MS图见图4。东莨菪碱分子量为303,经过正离子处理,带一个正电荷后,质荷比为304,在质谱图中出现了304的分子离子峰,说明洋金花提取液中脱色脱脂后含有有效的东莨菪碱。

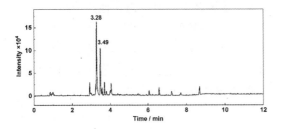

图3 洋金花提取液的HPLC图

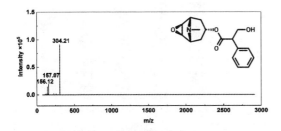

图4 洋金花提取液的MS图

2.2 洋金花提取液与明矾的络合反应

图5为洋金花提取液与不同浓度明矾溶液反应的UV-Vis图,其中图中曲线a表示洋金花提取液稀释2倍后的UV-vis图,曲线b至曲线f分别表示稀释后的提取液与浓度为4×10^{-6}mol/L、1.2×10^{-5}mol/L、4×10^{-5}mol/L、1.2×10^{-4}mol/L、4×10^{-4}mol/L明矾溶液等体积反应8h后的紫外-可见光谱图。东莨菪碱等生物碱在275nm处有微弱吸收峰,可能是生物碱结构中的—C=O或者—C=N的吸收峰[12]。在加入明矾溶液后275nm处吸收峰发生红移,并且随着明矾浓度增加,红移程度不断增加,而且该处的吸收峰强度也相应增加,说明洋金花提取液中的东莨菪碱C=O或者C=N双键能与明矾中具有水解倾向的Al(Ⅲ)产生络合反应,通过配位键结合,可以提高纸张中明矾中铝离子的稳定性,阻止铝离子与水反应析出酸。

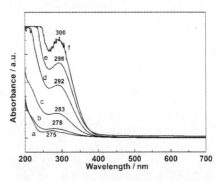

图5 洋金花提取液与不同浓度明矾溶液反应后的UV-Vis图
(a.洋金花提取液;b.4×10^{-6}mol/L;
c.1.2×10^{-5}mol/L;d.4×10^{-5}mol/L;
e.1.2×10^{-4}mol/L;f.4×10^{-4}mol/L)

2.3 复合脱酸剂对手工纸色度及微观形貌的影响

利用分光测色仪测试酸化纸张及其复合脱酸剂处理后纸张的颜色变化,图6是相应的色差结果。可见,湿热老化过程中酸化纸张变色严重;复合脱酸剂处理后纸张在老化过程中的色差均小于3.0。可见,脱酸处理对纸张颜色外貌影响小,适合用于纸张脱酸。

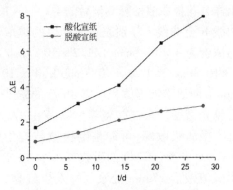

图6 湿热老化过程中酸化纸张及其复合脱酸剂处理后的色差分析

图7为利用扫描电镜(SEM)观察复合脱酸剂处理宣纸前后及湿热老化后的微观形貌以及纤维间沉积的无机盐晶体形貌的结果,其中块状结晶颗粒为添加的微米级的四硼酸锂无机盐。由图可知,四硼酸锂晶体在纸张中均匀分散,起到中和纸张酸性物质的作用并有一定的碱残留。经过湿热老化30天后,样品中有大量的无机盐作为储存碱沉积于宣纸上,对防止纸张的进一步酸化有一定的积极作用。

图7 复合脱酸剂脱酸处理后纸张表面的SEM结果
(A. 未脱酸处理宣纸;B. 脱酸后宣纸;
C. 脱酸后湿热老化处理30天后的宣纸)

2.4 纸张脱酸后湿热老化过程中的pH值

采用1.2.1制备的生物碱与无机碱复合脱酸剂对酸化纸张均匀喷涂2次,晾干后备用。对天然植物脱酸剂处理后的酸化纸张进行湿热老化实验以及pH值测试。图8是不同老化时间段纸张表面的pH值,脱酸后宣纸pH值为7.83,碱性适中,符合纸张脱酸要求的最佳pH值范围(7.0~8.5)。随着老化时间的延长,pH值较稳定,没有出现显著的下降趋势。生物碱乙醇溶液表面张力小,渗透性强,容易进入纸张纤维孔隙。四硼酸锂是一种缓冲盐,微米级的四硼酸锂晶体经可在纸张中均匀分散,起到中和纸张中酸性物质的作用并有一定的碱残留。脱酸过程中,随着乙醇溶剂的挥发,脱酸剂进入纸张内部及表面起到中和纸张游离酸以及缓和大气污染等导致的二次酸化的作用。

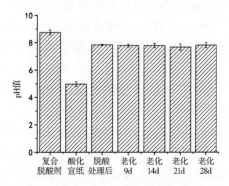

图8 复合脱酸剂、复合脱酸剂脱酸处理前后及湿热老化实验过程中酸化纸张的pH值

2.5 湿热老化前后的力学性能分析

脱酸后的纸张在湿热老化过程中的耐折度以及抗张强度变化的结果见图9和图10。由图可见,脱酸处理后纸张的耐折度与抗张强度明显增加,其中抗张强度增加将近

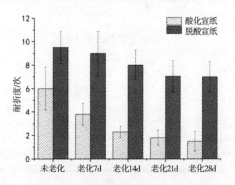

图9 脱酸宣纸湿热老化过程中的耐折度分析

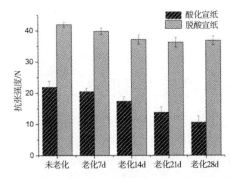

图10 脱酸宣纸湿热老化过程中的抗张强度分析

一倍,说明脱酸剂有利于提高纸张的耐折度和抗张强度,对纸张的力学性能提升有明显促进作用。复合脱酸剂中的四硼酸锂组份中的硼酸根 sp2 为缺电子结构,使得四硼酸锂具有较强的吸电子能力,易于与羟基化合物结合,增强分子间作用力,所以使得纸张力学强度有所提高。另一方面,未脱酸纸张随着老化时间的增加,由于在酸化作用下纸张纤维分解,纸张的耐折度会不断下降。脱酸处理后的各组纸张在老化过程中的耐折度与抗张强度均明显好于未脱酸纸张。可见,该复合脱酸剂可以延缓纸张的进一步酸化,有利于纸张的长期保存。

3 结论

本研究研制的洋金花生物碱与无机碱复合脱酸剂的pH值介于8~9之间,对酸性纸张脱酸处理后,纸张pH值 > 7.8。从富含生物碱的中药洋金花中提取的东莨菪碱能够与纸张中的明矾Al(Ⅲ)发生络合反应,提高铝离子的稳定性,阻止铝离子水解析出酸;脱酸后且能够在纸张上形成微米级碱残留,可缓和纸张由于大气污染等导致的二次酸化。脱酸效果优异,对纸张的外观形貌影响不大,色差值 < 3,湿热老化30天后依然呈弱碱性并有一定的碱残留,手工纸的耐折度和抗张强度均好于未脱酸处理纸张。

新研发的复合脱酸剂能够有效延长古书画的纸张寿命,对于古书画的长久保存具有重要意义。

致 谢

本研究受到中央共建项目"古书画用纸张天然植物脱酸剂的研发与应用"及陕西省重点产业创新链(群)项目(2019ZDLSF07 - 05)资助)

参考文献

[1] 刘仁庆.关于宣纸四大特性的解释[J].纸和造纸,2008,27(s1):76 - 78.

[2] 张诺,何伟俊,朱庆贵,等.书画修复中胶矾水利弊的探讨[C].中国文物保护技术协会第七次学术年会论文集. 2012:160 - 169.

[3] 徐文娟.明矾对宣纸耐久性影响的研究[J].文物保护与考古科学,2008,20(4):47 - 50.

[4] 何娟,韩凯英,吴郑杞,等.书籍纸张脱酸方法研究综述[J].中国文物科学研究,2011,(3):26 - 29.

[5] 邢惠萍.纸张保护的研究进展[J].陕西师范大学学报(自然科学版),2004,32:227 - 229.

[6] 奚三彩.纸质文物脱酸预加固方法的综述[J].文物保护与考古科学,2008,20:85 - 88.

[7] 王菊华.中国古代造纸工程技术史[M].太原:山西教育出版社,2005.

[8] 谭伟,程丽芬,方岩雄,等.天然脱酸剂对纸张脱酸效果的研究[J].中国造纸,2013,32(4):74 - 76.

[9] 韩玲玲.天然脱酸剂对纸质文献脱酸的研究[D].广州:广东工业大学,2011:24 - 59.

[10] 赵希利,祁斌鹏,贾晓燕,等.馆藏清代古旧字画酸化调查研究[J].文博,2016,(4):88 - 91.

[11] 郭玫.中药成分分析[M].北京:中国中医药出版社,2006.

[12] 林天乐,严宝珍,胡高飞. Al(Ⅲ)-槲皮素配合物的光谱分析[J].分析化学,2006,34(8):1125 - 1128.

几种文物保护材料的热稳定性研究

赵 星,王丽琴,王子铭,王家逸,马彦妮,郭 郎

(西北大学文化遗产学院 文化遗产研究与保护技术教育部重点实验室,陕西 西安 710069)

摘要:为了研究文物保护材料的热稳定性,本文利用热分析仪测试了 Paraloid B72、SF-016 和湿固化聚氨酯(MCPU)3 种材料的热重曲线和热重微商曲线,根据 Coats-Redforn 法和 Ozawa 法和 Dakin 方程计算了其分解反应的反应级数、活化能和预期寿命,在此基础上研究了 3 种材料的热稳定性。结果表明,3 种材料的热分解均为一级反应,在高湿环境中固化时 Paraloid B72 稳定性降低,3 种材料均满足文物保护材料稳定性的要求。本文研究了几种文物保护材料的热分解动力学参数,为文物保护材料的热稳定性研究提供了借鉴和参考。

关键词:加固材料;热分析;稳定性

Study on Thermal Stability of Several Conservation Materials

ZHAO Xing, WANG Li-qin, WANG Zi-ming, WANG Jia-yi, MA Yan-ni, GUO Lang

(School of Cultural Heritage, Northwest University, Xi'an 710069, China; Key Laboratory of Culture Heritage Research and Conservation (Northwest University), Ministry of Education, Xi'an 710069, China)

Abstract: To study the thermal stability of conservation materials, Paraloid B72, SF-016 and moisture-curable polyurethane (MCPU) were analyzed by thermal analyzer, and thermogravimetric curves and differential thermogravimetric curves of which were compared. According to Coats-Redforn Method, Ozawa Method and Dakin Equation, the reaction orders, their activation energies and life expectancies were also calculated. The results showed that the thermal decomposition reactions of the three materials were the first-order reactions. All of them met the requirements of the stability of conservation materials. However the stability of Paraloid B72 was reduced when it was cured in high-humidity environment. In this paper, the thermal decomposition kinetic parameters of several conservation materials were studied, which provided reference for the thermal stability research of other conservation materials.

Key words: Conservation materials; thermal analysis; stability

1 引 言

热分析技术是测量固体材料热稳定的一种有效手段,可用于热分解温度、热分解动力学和使用寿命等特性的研究[1,2],但鲜有文物保护材料热稳定性的报道。本文以 Paraloid B72[3-7]、SF-016[8] 和湿固化聚氨酯(MCPU)3 种文物加固材料为对象,研究了它们的热分解温度、热分解反应级数、反应活化能和预期寿命,并对其稳定性进行了探讨,旨在为文物保护材料的热稳定性研究提供借鉴和参考。

2 实验部分

2.1 仪器与试剂

TGA/DSC 3+ 同步热分析仪(瑞士 METTLER TOLEDO 公司)。

Paraloid B72(美国陶氏化学)、SF-016(取自陕西省考古研究院)、湿固化聚氨酯(自制)[9,10]。

2.2 实验方法

2.1.1 样品制备

取 10 wt.% Paraloid B72 乙酸乙酯溶液 3 mL 均匀涂于玻璃板上,分别置于相对湿度(RH)45% 和 90% 环境中,于室温固化后,将薄膜揭下待用,样品分别记作 B72(45)和 B72(90)。

取 20 wt.% MCPU 乙酸乙酯溶液 3 mL 均匀涂于玻璃板上,置于 90% RH 环境中,在室温下固化后,将薄膜揭下待用。

取 5 wt.% SF-016 水溶液 3 mL 均匀涂于玻璃板上,置于 45% RH 环境中,在室温下固化后,将薄膜揭下待用。

2.1.2 样品分析

将适量样品薄膜剪成碎块放置在同步热分析仪中进行热分析,氮气气氛,升温速度 $5\sim20\ ℃\cdot min^{-1}$,温度范围 $50\sim500\ ℃$。

3 结果与讨论

3.1 热重曲线和热重微商曲线

热重曲线是指在程序控温条件下,被测样品的质量与温度关系的曲线,曲线斜率表示样品的失重速率(图 1)。以质量变化对时间作一阶导数,可得热重微商曲线,其中峰位表示质量变化速率的最大值,所对应的温度为最大反应速率时的温度(图 2)。

在热分析过程中,随温度的升高,测试样品分子链运动逐渐加剧,进而产生断链,表现为持续失重。当升温速率提高时,分子链运动的松弛时间落后于实验观察时间,表现为失重峰向高温推移。以 SF-016 为例,在 $5\sim20\ ℃\cdot min^{-1}$ 4 个升温速度的热重曲线如图 3 所示。

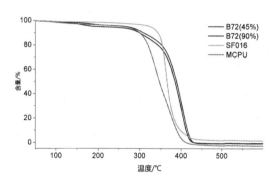

图 1 几种文物加固材料的热重曲线

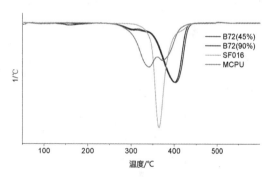

图 2 几种文物加固材料的热重微商曲线

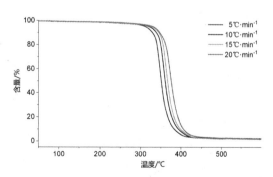

图 3 SF-016 在不同升温速率下的热重曲线

从图 1 可以看出,SF-016 的热重曲线起始失重温度应的温度高于 Paraloid B72,但 Paraloid B72 在最大失重速率时对应的特征分解温度高于 SF-016。在 90%RH 的环境中固化的 Paraloid B72 比在 45% RH 的环境中固化的薄膜分解温度略低,说明在高湿环境中固化会使 Paraloid B72 的稳定性略有降低。

3.2 反应级数

大多数分解反应可用一级反应($n=1$)来逼近[11],根据 Coats-Redfern 法[12],当 $n=1$ 时:

$$\lg\left[\frac{\lg(1-\alpha)}{T^2}\right] = -\frac{E}{2.303R} \cdot \frac{1}{T} + \lg\frac{AR}{2.303\beta E}\left[1-\frac{2RT}{E}\right]$$

式中 α 为转化率,T 为热力学温度(K),β 为升温速率(℃·min^{-1}),A 为指前因子(min^{-1}),E 为活化能(J·mol^{-1}),R 为理想气体常数。

以 $\lg[-\lg(1-\alpha) \cdot T^{-2}]$ 对 $1/T$ 作图,如果得到一条直线则证明为一级反应,直线斜率为 $-E/2.303R$;若直线下部发生偏离,则不是一级反应。几种材料在不同升温速率下热分解的 Coats-Redfern 动力学图如图 4 所示,均为一条直线,相关系数 R^2 约为 0.99。结果表明几种材料的热分解与转化率和升温速率无关,在 5℃·min^{-1}、10℃·min^{-1}、15℃·min^{-1} 升温速率下的热分解反应均为一级反应。

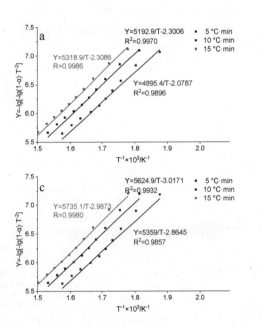
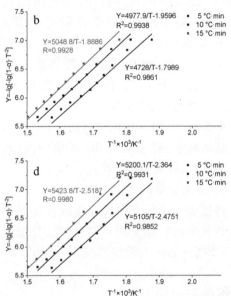

图 4 几种材料的 Coats-Redfern 动力学图
(a:Paraloid B72(45%),b:Paraloid B72(90%),c:SF-016,d:MCPU)

3.3 活化能和指前因子

根据反应速率方程、阿伦尼乌斯方程和一级反应动力学方程[13],经过分离变量积分和 Doyle 近似变换,可得下式[14]:

$$\lg\beta v = \lg[-AE/R\ln(1-\alpha)] - 2.315 - 0.4567E/RT$$

式中 β 为升温速率(℃·min^{-1}),R 为理想气体常数,α 为转化率,T 为热力学温度(K),A 为指前因子(min^{-1}),E 为活化能(J·mol^{-1})。固定转化率下的 $\lg\beta \sim 1/T$ 为一直线,由直线斜率可得分解活化能 E,由截距可得指前因子 A(表 1~表 4)。

表1　45%RH 环境中固化 B72 薄膜 lgβ~1/T 数据表

转化率 (α)	拟合斜率	拟合截距	拟合 R^2	活化能 /J·mol^{-1}	活化能 /kJ·mol^{-1}	指前因子 /min^{-1}
0.10	−9643.90	18.04	0.9923	175455.93	175.46	1.13×10^{15}
0.20	−8212.48	14.50	0.9891	149413.42	149.41	8.09×10^{11}
0.30	−10693.68	17.92	0.9961	194555.05	194.56	2.63×10^{15}
0.40	−8212.48	14.50	0.9891	149413.42	149.41	1.85×10^{12}
0.50	−10693.68	17.92	0.9961	194555.05	194.56	5.11×10^{15}
0.60	−12370.15	20.20	0.9997	225055.77	225.06	1.11×10^{18}
0.70	−13352.44	21.44	0.9995	242926.96	242.93	2.37×10^{19}
0.80	−13966.35	22.14	0.9959	254096.28	254.10	1.50×10^{20}
0.90	−14303.10	22.42	0.9880	260222.79	260.22	4.03×10^{20}

表2　90%RH 环境中固化 B72 薄膜 lgβ~1/T 数据表

转化率 (α)	拟合斜率	拟合截距	拟合 R^2	活化能 /J·mol^{-1}	活化能 /kJ·mol^{-1}	指前因子 /min^{-1}
0.10	−6762.86	12.78	0.9995	123039.86	123.04	8.96×10^{9}
0.20	−6193.36	11.03	0.9864	112678.62	112.68	3.65×10^{8}
0.30	−8439.03	14.26	0.9916	153535.18	153.54	7.19×10^{11}
0.40	−6193.36	11.03	0.9864	112678.62	112.68	8.35×10^{08}
0.50	−8439.03	14.26	0.9916	153535.18	153.54	1.40×10^{12}
0.60	−9650.57	15.91	0.9959	175577.16	175.58	7.33×10^{13}
0.70	−10337.83	16.78	0.9983	188080.92	188.08	6.65×10^{14}
0.80	−10762.23	17.26	0.9996	195802.19	195.80	2.58×10^{15}
0.90	−11076.27	17.58	1.0000	201515.61	201.52	7.47×10^{15}

表3　SF016 薄膜 lgβ~1/T 数据表

转化率 (α)	拟合斜率	拟合截距	拟合 R^2	活化能 /J·mol^{-1}	活化能 /kJ·mol^{-1}	指前因子 /min^{-1}
0.10	−11218.05	19.33	0.9998	204095.13	204.10	1.89×10^{16}
0.20	−11993.46	20.26	0.9999	218202.49	218.20	3.20×10^{17}
0.30	−12001.78	20.14	0.9998	218353.79	218.35	3.88×10^{17}
0.40	−11993.46	20.26	0.9999	218202.49	218.20	7.33×10^{17}
0.50	−12001.78	20.14	0.9998	218353.79	218.35	7.54×10^{17}
0.60	−12017.11	20.06	0.9999	218632.85	218.63	8.24×10^{17}
0.70	−12024.73	19.97	0.9999	218771.33	218.77	8.79×10^{17}
0.80	−12044.07	19.89	1.0000	219123.25	219.12	9.73×10^{17}
0.90	−12257.90	20.07	1.0000	223013.60	223.01	2.11×10^{18}

表4 湿固化聚氨酯 lgβ ~ 1/T 数据表

转化率(α)	拟合斜率	拟合截距	拟合 R^2	活化能 /J·mol^{-1}	活化能 /kJ·mol^{-1}	指前因子 /min^{-1}
0.10	-8245.96	15.59	0.9042	150022.56	150.02	4.68×10^{12}
0.20	-7677.59	14.14	0.9716	139681.84	139.68	3.76×10^{11}
0.30	-7617.37	13.81	0.9868	138586.30	138.59	2.83×10^{11}
0.40	-7677.59	14.14	0.9716	139681.84	139.68	8.60×10^{11}
0.50	-7617.37	13.81	0.9868	138586.30	138.59	5.49×10^{11}
0.60	-7478.69	13.40	0.9909	136063.14	136.06	2.89×10^{11}
0.70	-7415.99	13.13	0.9883	134922.56	134.92	2.07×10^{11}
0.80	-7762.78	13.50	0.9684	141231.82	141.23	6.15×10^{11}
0.90	-8307.66	14.14	0.9614	151145.03	151.15	3.63×10^{12}

比较几种材料的热分解活化能（图5）可知：①几种材料的热分解活化能不同，其热稳定性不同，同一种材料在不同分解阶段的活化能也不相同；②对 Paraloid B72 而言，在相同的转化率时，45% RH 的环境中固化的 Paraloid B72 薄膜的热分解活化能大于在 90% RH 的环境中固化的 Paraloid B72 薄膜，说明在高湿环境中固化的 Paraloid B72 更易发生反应，其稳定性降低，与3.1实验现象一致。

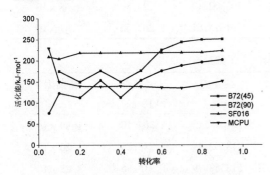

图5 几种材料在不同转化率时的活化能

3.4 寿命预测

在使用过程中，材料持续发生着老化反应。Dakin 提出一个关于材料老化的经验公式[15]：

$$\lg t = \frac{a}{T} + b$$

式中 T 为环境热力学温度（K），t 为在温度 T 环境中的使用寿命（min），a、b 为常数。将其与阿伦尼乌斯方程和反应动力学方程联立可得：

$$a = \frac{E}{2.303R}$$

$$b = \lg[-\ln(-\alpha)/A]$$

材料热稳定性研究中，常用质量损失表征材料的老化程度。以质量损失（转化率）10% 为寿命终点时，代入其所对应的活化能和指前因子可得预期寿命与温度的关系式，进而可求出在不同温度下的寿命。计算结果表明，以质量损失 10% 为寿命终点时，几种材料的在室温时的预期寿命均远大于文物保护材料 A 级稳定性标准（100 年），能够满足文物保护的需求[16]。

4 结 论

基于对3种文物加固材料 Paraloid B72、SF-016 和 MCPU 的热分析结果，计算出了其动力学参数，并研究了预期寿命，得出以下结论：

（1）3种材料的热分解均为一级反应，与转化率和升温速率无关。

(2)在高湿环境中固化时 B72 稳定性降低。

(3)以质量损失 10% 为寿命终点时,3 种材料的在室温时的预期寿命均能够满足文物保护的需求。

本文仅以失重为指标考察了材料受温度的影响,今后将进一步研究不同影响因素下不同指标的变化,从而更客观的评价文物保护材料的综合稳定性。

致 谢

本文受到陕西省重点产业创新链(群)项目(编号:2019ZDLSF07-05)的资助。

参考文献

[1] 何甜,岳可芬,陈三平,等. 三个不同穿插的锌配合物的合成、结构和热动力学分析[J]. 物理化学学报, 2016, 32(6): 1397-1403.

[2] 于海洋,王昉,刘其春,等. 新型丝素蛋白膜的结构和热分解动力学机理[J]. 物理化学学报, 2017, 33(2): 344-355.

[3] Fantoni R, Caneve L, Colao F, et al. Laser-induced fluorescence study of medieval frescoes by Giusto de' Menabuoi [J]. Journal of Cultural Heritage, 2013, 14(S3): S59-S65.

[4] Cataldi A, Deflorian F, Pegoretti A. Microcrystalline cellulose filled composites for wooden artwork consolidation: Application and physic-mechanical characterization [J]. Materials & Design, 2015, 83: 611-619.

[5] 兰德省,容波,夏寅,等. 彩绘回贴技术在秦代高级军吏俑保护修复中的应用[J]. 文物保护与考古科学, 2016, 28(2): 60-66.

[6] Toniolo L, Paradisi A, Goidanich S, et al. Mechanical behaviour of lime based mortars after surface consolidation [J]. Construction & Building Materials, 2011, 25(4): 1553-1559.

[7] Cultrone G, Madkour F. Evaluation of the effectiveness of treatment products in improving the quality of ceramics used in new and historical buildings [J]. Journal of Cultural Heritage, 2013, 14(4): 304-310.

[8] 魏璐. 榆林地区馆藏汉代彩绘陶器的保护研究[D]. 西安: 西北大学, 2012.

[9] Zhao X, Wang L, Zhao X, et al. Synthesis, testing and application of moisture-curable polyurethane as a consolidant for fragile organic cultural objects [J]. Journal of Adhesion Science and Technology. 2018, 32(2): 2421-2428.

[10] 赵星,王丽琴,卜尚,等. 一种湿固化聚氨酯的合成、表征及在文物中的应用[J]. 化学试剂, 2017, 39(7): 699-702.

[11] 闫明涛,张大余,吴丝竹,等. 聚对苯二甲酸乙二酯/介孔分子筛原位缩聚复合材料的热分解动力学[J]. 高分子材料科学与工程, 2006, 22(1): 64-72.

[12] Coats A W, Redfern J P. Kinetic parameters from thermogravimetric data [J]. Nature, 1964, 201(4914): 68-69.

[13] Chandrasekaran, A.; Ramachandran, S.; Subbiah, S. Determination of kinetic parameters in the pyrolysis operation and thermal behavior of Prosopis juliflora using thermogravimetric analysis [J]. Bioresource Technology. 2017, 233:413-422.

[14] 赵星. 湿固化聚氨酯文物加固材料的制备与应用[D]. 西安: 西北大学, 2019.

[15] 杜维莎,杨晨,张秉坚,等. 陶质彩绘文物保护材料有效寿命预测方法的探索性研究[J]. 文物保护与考古科学, 2018, 30(3): 33-40.

[16] Feller R L. Accelerated aging: photochemical and thermal aspects [M]. Los Angeles: Getty Publications, 1995.

基于反相微乳液的陶质文物脱氯新方法研究

张 悦[1],金普军[2],杨小刚[3],赵 静[4],李 斌[5]

(1. 陕西历史博物馆,陕西 西安 710061;2. 陕西师范大学,陕西 西安 710119;
3. 重庆市文化遗产研究院,重庆 400013;4. 中国科学院上海硅酸盐研究所古陶瓷中心,
古陶瓷科学研究国家文物局重点科研基地,上海 200050;5. 秦始皇帝陵博物院,陕西 西安 710600)

摘要:氯化物引起的结晶应力腐蚀是导致陶质文物结构破坏,甚至酥粉殆尽的重要因素。由于氯离子能够与阳离子发生静电吸附,有效地脱氯技术一直是文物保护界研究的一个难点问题。基于W/O乳液体系特点,设计和制备出以环己烷为油相,聚氧乙烯蓖麻油与司班-80为复配表面活性剂,乙醇为助表面活性剂,硝酸银溶液为水相的反相银离子微乳液体系。模拟实验表明该方法可以有效地去除陶质文物中吸附型氯离子,处理过程简单,对文物的污染小,为文物保护及相关领域脱氯技术应用提供了一个新方法。

关键词:文物保护;陶质文物;酥粉;氯离子;反相微乳液
中图分类号:K876.3 **文献标识码**:A

Study on a New Method of Removing Chlorine Ions from Ceramic Artifacts Based on Reverse Microemulsion

ZHANG Yue[1], JIN Pu-jun[2], YANG Xiao-gang[3], ZHAO Jing[4], LI Bin[5]

(1. Shaanxi History Museum, Xi'an 710061, China;2. Shaanxi Normal University, Xi'an 710119, China;
3. Chongqing Cultural Heritage Research Institute, Chongqing 400013;4. Ancient Ceramics Research Center,
Shanghai Institute of Ceramics Chinese Academy of Sciences, Key Scientific Research Base
of Ancient Ceramics State Administration for Cultural Heritage, Shanghai 200050, China;
5. Emperor Qinshihuang's Mausoleum Site Museum, Xi'an 710600, China)

Abstract:The crystallization stress corrosion caused by chloride is an important factor that leads to the structural damage and even powdery of the ceramic artifacts. Because of the electrostatic adsorption between chlorine ions and cations, it has been a difficult problem to study on the method for removing chlorine effectively in conservation work. Based on the characteristics of W/O emulsion system, reverse microemulsion system which is comprised of cyclohexane as oil phase, polyoxyethylene castor oil and Span - 80 as compound surfactant, ethanol as cosurfactant, and silver nitrate solution as aqueous phase is designed and prepared. Simulation experiment shows that chloride ions which are adsorbed in antique potteries can be removed effectively through this method. Moreover, it is easy to use and of less pollution to cultural relics, which provides a new method of removing chlorine ions for the protection of cultural relics and related fields.

Key words:Conservation of cultural heritage, ceramic relics, efflorescence, chloride ion, reverse microemulsion

1 引言

陶质文物是人类历史最为重要的发明之一,自两万年前发明后就一直在人类生产和生活中发挥着重要的作用[1]。作为陶瓷之国,中国古陶瓷数量庞大,具有很高的历史、艺术和科学价值[2]。然而,陶质文物由于多孔易于吸附可溶性盐[3],加上质地脆弱容易受到结晶应力破坏,出现酥粉和崩解等病害[4]。2000年时,Charola A. E 先生指出"湿度-盐-重复结晶"协同作用是导致多孔材料破坏的重要原因[5]。Belinda J. Colstona 和 David S. Wattb 等人对圣安德鲁诺福克教堂基部风化研究后,揭示出地下水运移至文物内部的可溶盐在环境突变下会产生结晶应力,导致文物表面的酥粉[6-8]。

我国文物保护界也一直重视可溶盐在陶质文物病害中作用及其脱除方法研究[9]。特别是馆藏陶器酥粉现象日益引起了大家的重视[10],例如,赵静等人对陇县博物馆和高汉墓出土陶器酥粉样品进行了研究,发现高含量的 $NaCl$,$NaNO_3$ 和 $CaCl_2$ 等可溶盐是导致文物酥粉的主要原因,其中 $NaCl$ 结晶体对陶质样品产生的负压压力较大,破坏性最强[11-13]。此外,金普军等人对陇县陶器及其环境对比研究表明环境灰尘很可能是馆藏陶器可溶盐来源的另一个重要原因[14],这意味普遍地认为处于"安全环境"中的陶质文物并不安全。

事实上,氯离子引起的材料腐蚀现象广泛地存在各个行业,这源于氯离子半径小,容易与阳离子发生静电吸附[15]。在陶器酥粉过程中,氯离子能够与硅酸骨架结构中阳离子发生静电吸附,导致硅酸结构不稳定,容易发生各种腐蚀[16]。

我国馆藏陶质文物数量巨大,灰尘污染问题一直未引起大家的重视。目前,各地博物馆陶器酥粉病害案例充分表明以氯化物为主的可溶盐已经威胁到了我国馆藏陶器的存在,研究陶质文物脱氯技术具有紧迫性和必要性。现阶段,国内外陶质文物脱盐技术主要以深洗技术、多层纸张贴敷脱盐法、复合材料贴敷脱盐法、结晶改性剂法和环境控制法为主[17,18]。其中,去离子水深洗技术普遍受到大家的认可[19],Giuseppe Montana 等人对比研究 3 种脱盐技术后,也认为搅动下蒸馏水深洗效果较佳[20]。这些方法基于离子迁移,交换和配位原理,绝大部分针对阳离子体系建立,虽然可以有效降低陶器中可溶盐含量,却不能完全脱除它们。因此,针对氯离子半径小易静电吸附的特性,开发高效和专一的脱氯方法具有重要理论意义和应用价值。

反相微乳液属于 W/O 型微乳液,在反相微乳液中存在大量油包水型的反胶束,其中水被表面活性剂单层包裹形成纳米微水池,散于油相当中[21]。微乳液中表面活性剂(SA)分子能进出微滴水溶液的表层,从而使微乳液(ME)带净电荷,即甲液滴中游离的 SA 进入乙液滴,造成两者带相反的净电荷,因此,带正净电荷的 ME 就能吸附氯离子进入,促使氯化银沉淀在微液相中形成和富集,最终以小尺寸沉淀方式释放去除[22-24]。因

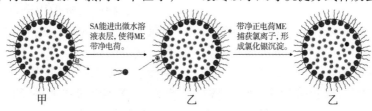

图 1 银离子微乳液与氯离子作用机制

此,反相微乳液法为陶质文物去氯提供了新思路,为进一步保护研究提供科学依据。

2 实验

2.1 实验材料

聚氧乙烯蓖麻油 EL(阿拉丁);司班-80 化学纯(天津市恒兴化学试剂制造有限公司);乙醇分析纯(国药集团化学试剂有限公司);环己烷分析纯(天津市富宇精细化工有限公司);硝酸银分析纯(上海科丰实业有限公司);氯化钠分析纯(国药集团化学试剂有限公司);实验用水为水纯化系统(湖南克尔顿水务有限公司)制备的超纯水。

2.2 实验过程

2.2.1 反相微乳液制备

分别量取 0.6mL 聚氧乙烯蓖麻油 EL(HLB=12.5)和 0.4mL 司班-80(HLB=4.3),混合均匀,配成非离子型复配表面活性剂,加入 1.0mL 乙醇作为助表面活性剂,搅拌均匀;将所得混合物加入 100mL 环己烷相中,在恒温磁力搅拌器(上海司乐仪器有限公司)30℃恒温搅拌(3000rpm)状态下,逐滴加入硝酸银水溶液(1.5mL 0.2M),继续恒温搅拌 30min,形成稳定的状反相微乳液。

2.2.2 反相微乳液脱氯实验

将陶片样品分成四组,编号为 KB、No.1、No.2 和 No.3,将 KB 样品作为空白对照;将 No.1~No.3 陶片均放入质量分数为 5.0% 的 NaCl 水溶液中浸泡 48 小时后取出烘干;再将 No.2 和 No.3 陶片用传统深洗技术进行清洗,为了加强清洗效果,将其均放入超纯水中超声清洗 10 次,每次 5min 并更换新鲜超纯水,取出清洗过的 No.2 和 No.3 陶片,烘干;将 No.3 陶片在反相微乳液中浸泡 24 小时,发现有少量沉淀产生,对反应微乳液进行离心并收集沉淀,取出陶片后用超纯水超声清洗陶片表面残留微乳液并烘干。

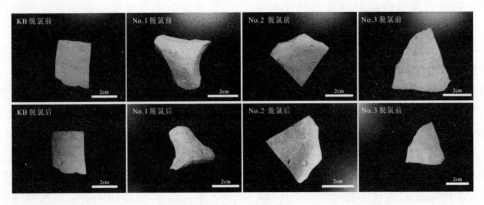

图 2 实验样品处理前后对比

2.3 实验方法及测试条件

2.3.1 环境扫描电子显微镜/能谱仪(SEM-EDS)

采用 FEI 公司的 Quanta 200 型环境扫描电子显微镜对样品进行了形貌观察和元素分析,配有 EDAXGenesis 2000 X-射线能量色散谱仪(EDS),谱仪分辨率:<131eV。测试条件为高真空模式 6×10^{-4} Pa,加速电压 25 kV,样品表面进行喷金处理。

2.3.2 X 射线衍射仪(XRD)

样品物相分析采用全自动 X-射线衍射仪 D/Max-3cX 射线衍射仪(XRD),衍射角扫描范围为 10°~70°,工作电压和电流分别为 40kV,30mA,连续扫描。

2.3.3 X 射线荧光光谱(XRF)

样品的元素及其含量分析采用 XRF-

1800型X-射线荧光光谱仪(XRF),测试条件为高压40kV,电流95mA,扫描速度8°/min,并采用Rh靶,元素分析范围80~92U。

2.3.4 多角度分光光度仪

采用美国X-Rite仪器公司MA 98-900型多角度分光光度仪进行表面色度的测量,测量触发器为压力传感器,允许色彩空间为L^*a^*b、$L^*C^*h°$和$\triangle E^*$,允许的光源/视角为D65/10°。

2.3.5 激光粒度仪(DLS)

采用美国布鲁克海文仪器公司BI-90Plus型激光粒度仪进行粒度大小及分布的测定,激光器为15mW固体激光器,波长659nm,测试温度为25℃,粒度测量范围为2nm~3μm。

2.3.6 视频光学接触角测量仪(OCA)

采用德国DataPhysics OCA 20接触角系统测量微乳液对陶片的接触角,针头外径0.52mm,接触角测量范围0~180°,陶片为基板,微乳液为测量液。

2.3.7 红外光谱仪(IR)

采用布鲁克公司生产的Tensor 27型傅立叶变换红外光谱仪对有机物残留进行检测。实验参数为:光谱范围:8000~400cm^{-1},分辨率优于0.4cm^{-1},信噪比40,000:1,波数精度0.01cm^{-1},波长准确度:0.1cm^{-1}。

3 结果与讨论

3.1 微乳液的外观,粒度及接触角分析

采用2.2.1制备微乳液脱氯剂为透明状,见图3a。其粒度大小分布集中在194nm左右,能够形成生成氯化银的微纳反应池,见图3b。为了考察微乳液脱氯剂与陶器浸润性,将2μL微乳液滴在平整陶片上,微乳液立即渗入陶片,测量接触角为0°。这表明该微乳液与陶质文物浸润性好,能够通过陶器微孔完全浸润陶器微孔隙,见图3b。

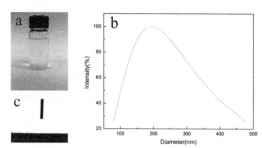

图3 微乳液脱氯剂外观,粒度分布图及与陶片样品的接触角照片

3.2 脱氯后的沉淀颗粒SEM/EDS分析

图4a是反相微乳液处理后所得沉淀的SEM显微形貌图,显示沉淀存在立方晶体和不规则形态的固体颗粒。固体颗粒中存在微小颗粒(图4b中区域1),能谱数据(表1)

图4 反相微乳液处理后所得沉淀的扫描电镜照片
a.局部显微照片;b.元素含量分析的微区域分布图

表1 处理后所得沉淀元素分析(wt%)

检测区域\元素	O	Na	Mg	Al	Si	Cl	Ag	K	Ca	Fe
区域-1	29.88	5.35	2.19	5.54	13.01	6.96	21.72	0.95	0.42	2.67
区域-2	4.63	37.37	0.27	0.51	01.74	46.12	0.82	0.13	0.14	0.61
区域-3	18.33	16.34	/	3.53	11.05	39.11	2.95	/	/	/
区域-4	32.96	8.64	0.98	7.84	23.52	09.82	1.28	04.33	1.08	2.82

显示其中含有21.72% Ag和6.96% Cl，是微乳液中形成AgCl沉淀颗粒。此外，区域2和3为立方晶体，含有46.12% Cl和37.37% Na，系析出的氯化钠晶体；不规则颗粒区域4中也含有23.52% Si和7.84% Al，系残碎的硅酸颗粒。

3.3 脱氯后的沉淀颗粒XRD分析

检测反相微乳液处理所得沉淀的XRD分析表明沉淀中晶相主要为石英(SiO_2)，云母[$KAl_3Si_3O_{10}(OH)_2$]，氯化银(AgCl)和氯化钠(NaCl)。如图5所示，其中，30.3°衍射峰归属于石英(SiO_2, JCPDS 72-2310)，而26.6°和35.1°衍射峰归属于云母[$KAl_3Si_3O_{10}(OH)_2$, JCPDS 84-1305]，都属于陶器本体组成部分[25,26]。31.7°、45.4°和56.4°衍射峰属于氯化钠(NaCl, JCPDS 75-0306)，来源于浸泡盐溶液。27.8°、32.3°、46.3°、54.7°和57.5°衍射峰归属于氯化银(AgCl, JCPDS 85-1355)，表明氯离子能够进入银离子微乳液形成氯化银沉淀，实现了对陶片中有害氯离子有效去除。

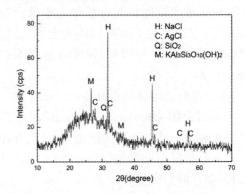

图5 反相微乳液处理所得沉淀的XRD，H(Halite, NaCl), C(Chlorargyrite, AgCl), M[Muscovite, $KAl_3Si_3O_{10}(OH)_2$], Q(Quartz, SiO_2)

3.4 试样的XRF检测分析

表2 样品陶片元素组成(wt%)

样品编号\元素	Fe	Ca	Si	K	Cl	Ti	Mg	Zn	Mn
KB	38.1719	28.1938	17.0041	8.5853	/	3.0573	/	/	/
No.1	20.8301	18.1214	17.8534	7.0100	26.9335	1.8241	0.3890	0.0687	0.4459
No.2	24.6727	18.8285	15.5934	6.9347	4.5774	2.1388	0.3473	0.0591	0.5182
No.3	24.3002	13.0553	34.7041	15.3422	/	2.1593	1.1034	/	0.4319

样品编号	Al	P	Sr	S	Zr	Na	Cr	Rb	Ni
KB	2.8150	0.9526	0.4760	0.3919	0.3522	/	/	/	/
No.1	4.1948	0.6503	0.1693	0.0645	0.1273	1.0698	0.1040	0.0968	0.0498
No.2	3.6540	0.4686	0.2002	0.0656	0.1216	0.3458	0.1008	0.1194	0.0389
No.3	7.9044	0.7778	/	/	0.2214	/	/	/	/

注：①样品采集自陇县地区近期出土同一件汉代陶罐的不同碎片。
②KB为未经处理的陶器残片样品，No.1~No.3都经过了5% NaCl溶液浸泡，No.2为经过深洗脱氯后陶片，No.3为经过反相微乳液脱氯陶片。

表2为陶器原始样品及处理样品的XRF检测数据,显示原始陶片中不含氯离子,经过NaCl水溶液浸泡后,陶片氯离子含量达26.9335%。采用10次去离子水深洗深洗后的陶片样品,经XRF元素检测分析显示了4.5774%,表明氯离子在陶器中存在静电吸附作用,是一个潜在的隐患[27]。值得注意的是,No.3虽然经过了5% NaCl溶液浸泡,而其经历了微乳液脱氯处理后,却已经检测不出氯离子,这说明合成制备微乳液脱氯剂能够脱出陶质文物内部的活性氯离子。

3.5 脱氯处理后样品色度及有机物残留分析

文物处理前后的色度学研究是评估清洗材料的一个重要指标[28],采用了基于CIE1976Lab系统的多角度分光光度仪对脱氯处理前后陶片样品进行了色差研究。该系统中L^*表示明度,L^*越大表示明度越亮,L^*越小表示明度越暗,白色物体的L^*为100,黑色物体L^*为0。a^*、b^*为品色坐标当物体颜色发生改变时,可以通过总色差ΔE来表征,ΔE数值越大,说明色差越大,计算公式如下:

$$\Delta E = [(\Delta L^*)^2 + (\Delta a^*)^2 + (\Delta b^*)^2]^{1/2}$$

其中,以原始陶片样品(编号A)色度值作为标准值,将采用微乳液脱氯处理的陶片样品(编号B)数据与之对比,结果见表3。表3显示采用微乳液脱氯剂处理后陶片样品ΔE值处于0.5~1.5的轻微变化范围内,肉眼几乎观察不到色度变化,说明反相微乳液对陶片表面颜色改变很微弱,符合文物保护"不改变文物外貌"的原则。

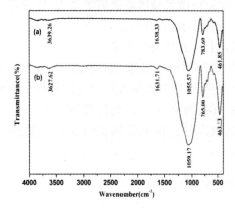

图6 原始陶片与用微乳液处理后陶片红外光谱对比

图6中(a)为原始陶片原始红外光谱图,(b)为用微乳液脱氯并清洗后陶片的红外光谱图。Si-O振动峰的偏移情况与烧成温度紧密相关,未经烧制的粘土Si-O振动峰位于1030cm^{-1}附近,随着温度的升高,Si-O振动峰会向高波数偏移[29,30]。1056和1059cm^{-1}强而宽的吸收带是Si-O-Si反对称伸缩振动峰,784、765、462和463cm^{-1}处的峰为Si-O键对称伸缩振动峰,这些峰与石英的标准图谱相对应[31];3639与3628cm^{-1}附近峰是吸收了空气中的水分而产生的O-H伸缩振动[32-34],1638和1632cm^{-1}处弱而非尖锐的峰也为水H-O-H键的吸收峰[35]。由此可以看出,用微乳液处理并清洗后的陶片与原始陶片相比,其表面未见有机物残留。

表3 处理前后陶片表面色度对比

编号	角度	D65/10°				
		L^*	a^*	b^*	C^*	$h°$
A	45as15	50.87	1.83	7.42	7.64	76.13
		DL^*	Da^*	Db^*	DC^*	Dh^*	ΔE
B	45as15	-0.36	0.21	1.06	2.05	0.25	1.13

4 结 论

(1)首次提出反相微乳液方法去除陶质文物中小尺寸有害氯离子,证明了该方法的可行性与显著效果,并且对陶质文物表面形貌不产生改变,对陶质文物本体不产生二次损害,易于去除,无环境污染,在陶器的脱盐去氯等方面有极大的应用前景。

（2）反相微乳液与氯离子的作用机制在于带电微乳液吸附氯离子进入，促使氯化银沉淀在水相中形成和富集，最终以小尺寸沉淀物形式释放与去除。

（3）研究方法解决传统脱氯技术不彻底现象，实现对陶质文物中有害氯离子的有效去除，为陶质文物脱氯处理提供了新方法，也为脱氯技术发展提供了新的思路和方法。

参考文献

[1] Wu X, Zhang C, Goldberg P, et al. Early Pottery at 20,000 Years Ago in Xianrendong Cave, China [J]. Science, 2012, 336 (6089): 1696 – 1700.

[2] Shelach G. On the Invention of Pottery [J]. Science, 2012, 336(6089): 1644 – 1645.

[3] Morariu V V, Bogdan M, Ardelean I. Ancient Pottery: Its Pore Structure[J]. Archaeometry, 1977, 19(2): 187 – 192.

[4] 张晓岚, 张恒金. 浅谈陶器文物的劣化与保护[J]. 内蒙古文物考古, 2002, (2): 94 – 112.

[5] Charola A E. Salts in the Deterioration of Porous Materials: An overview[J]. Journal of the American Institute for Conservation, 2000, 39 (3): 327 – 343.

[6] Belinda J C, David S W, Helen L M. Environmentally-induced Stone Decay: The Cumulative Effects of Crystallization-hydration Cycles on a Lincolnshire Oopelsparite Limestone [J]. Journal of Cultural Heritage, 2001, 2(4): 297 – 307.

[7] Charola A E, Nunberg S, Freedland J. Salts in Ceramic Bodies I: Introducing Salts Into Ceramics [J]. Int. J Restored Build Monuments, 2001, 7(2): 161 – 174.

[8] Nobuaki K, Takeshi I, Tadateru N. Salt Weathering of the Brick Monuments in Aytthaya, Thailand [J]. Engineering Geology, 2000, 55(1): 91 – 99.

[9] 马清林. 陶质文物保护方法综述[J]. 考古, 1993, (1): 81 – 84.

[10] 李晓溪. 脆弱陶质文物加固材料的筛选及改性研究[D]. 西安: 西北大学, 2012.

[11] 赵静, 罗宏杰, 王丽琴, 等. 唐代彩绘陶质文物的酥粉研究[J]. 中国科学: 技术科学, 2014, 44(9): 926 – 938.

[12] 于平陵, 张晓梅. 西安城墙东门箭楼砖坯墙体风化因素研究报告[J]. 文物保护与考古科学, 1994, (2): 7 – 15.

[13] 赵静, 罗宏杰, 王丽琴, 等. 陕西陇县东南镇汉墓酥粉釉陶文物的研究[J]. 中国科学: 技术科学, 2014, 44(4): 398 – 406.

[14] Jin P J, Zhang W Q, Wang Q J, et al. Research into Water-soluble Salts in Efflorescent Pottery During Long-term Storage in a Museum [J]. Corrosion Science, 2014, 89: 268 – 274.

[15] Akiko H, Nobuo O, Hitomi K, et al. Detection of Chloride from Pottery as a Marker for Salt: A New Analytical Method Validated Using Simulated Salt-making Pottery and Applied to Japanese Ceramics [J]. Journal of Archaeological Science, 2011, 38 (11):2949 – 2956.

[16] 王美婷, 徐风秀. 陶瓷材料显微结构与性能[M]. 北京: 化学工业出版社, 2007.

[17] 杨莹. 脆弱陶器中常见可溶盐的脱盐研究[D]. 西安: 西北大学, 2013: 1 – 76.

[18] 王惠贞, 董鲜艳, 李涛, 等. 西汉初期粉彩陶俑的保护研究[J]. 文物保护与考古科学, 2015, 17(4): 39 – 43.

[19] Ventolà L, Cordoba A, Vendrell-Saz M, et al. Decorated ceramic tiles used in Catalan Modernist Architecture (c. 1870 to c. 1925): Composition, decay and conservation[J]. Construction and Building Materials, 2014, 51(31): 249 – 257.

[20] Montana G, Randazzo L, Castiglia A, et al. Different methods for soluble salt removal tested on late-Roman cooking ware from a submarine excavation at the island of Pantelleria (Sicily, Italy)[J]. Journal of Cultural Heritage, 2014,

15(4): 403-413.

[21] 祝威,王少君,赵玉军,等. W/O型反相微乳法制备纳米材料及其应用[J]. 日用化学工业,2005,(6): 374-379.

[22] Nourafkan E, Alamdari A. Study of Effective Parameters in Silver Nanoparticle. Synthesis Through Method of Reverse Microemulsion[J]. Journal of Industrial. and Engineering Chemistry, 2014, 20(5): 3639-3645.

[23] 邹华生,陈江凡,陈文标. 油包水微乳液体系的稳定性分析[J]. 华南理工大学学报(自然科学版), 2008, 36(3): 32-36.

[24] 何运兵,李晓燕,英萍,等. 微乳液的研究进展及应用[J]. 化工科技, 2005, 13(3): 41-48.

[25] 吴隽,许璐,吴军明,等. 深圳咸头岭遗址出土陶器的组成研究[J]. 陶瓷学报, 2013, 34(4): 415-420.

[26] 何秋菊,吕淑玲,裴亚静,等. 曹村窑青黄釉陶表面腐蚀物成分及形成原因初步分析[J]. 文物保护与考古科学, 2014, 26(2): 16-21.

[27] 党小娟,容波,段萍,等. 山东青州香山汉墓出土西汉彩绘陶器腐蚀病害及其机理分析[J]. 文物保护与考古科学, 2012, 24(2): 50-55.

[28] 赵静,王丽琴,何秋菊,等. 高分子彩绘类文物保护涂层材料的性能及应用研究[J]. 文物保护与考古科学, 2006, 18(3): 11-17.

[29] Shoval S. The Firing Temperature of a Persian-period Pottery Kiln at Tel Michal, Israel, Estimated from the Composition of its Pottery[J]. Journal of Thermal Analysis, 1994, 42(1): 175-185.

[30] 王倩倩,金正耀,李功,等. WDXRF和FTIR对古滇国遗址出土陶器的初步分析[J]. 光谱实验室, 2013, 30(6): 2763-2768.

[31] 曹颖春,李萧,邢玉屏. 矿物红外光谱图谱前言与索引[M]. 沈阳:辽宁省地质局中心实验室,1982.

[32] Barone G, Crupi V, Galli S, et al. Spectroscopic Investigation of Greek Ceramic Artefacts[J]. Journal of Molecular Structure, 2003, (651-653): 449-458.

[33] Palanivel R, Rajesh Kumar U. Thermal and Spectroscopic Analysis of Ancient Potteries[J]. Romanian Journal of Physics, 2011, 56(1-2): 195-208.

[34] Ravisankar R, Kiruba S, Naseerutheen A, et al. Estimation of the Firing Temeparaure of Arachaelocigical Pottery Excavated from Thiruverkadu, Tamilnadu, India by FT-IR spectroscopy[J]. Archives of Physics Research, 2011, 2(4): 108-114.

[35] 吕延海,汪祖泽,茅庆南. 液态H_2O、HDO、D_2O、HTO、DTO、T_2O的红外吸收光谱[J]. 原子能科学技术, 1982,(1): 73-80.

几件清代纺织品染织工艺的鉴定

李玉芳[1]，魏书亚[1]，何秋菊[2]

(1. 北京科技大学科技史与文化遗产研究院，北京 100083；2. 首都博物馆，北京 100045)

摘要：本研究以首都博物馆的两件纺织品为研究对象，采用超高效液相色谱－四级杆－飞行时间质谱法对染料进行了鉴别，用扫描电镜－能谱仪法测定了纺织品染色过程中的媒染剂。结果表明，黄丝线以栀子为染色原料，蓝丝线的染料来源于蓼蓝，绿丝线所需的染料来源于鼠李。铁、铝离子为媒染剂中的金属离子。结合这些信息，我们可以推断出这些纺织品的原始染色工艺。本研究可以为我们探索清代的染色工艺，还原清代的染色工艺提供参考。

关键词：清代；染料；媒染剂；染色工艺

Characterization of Dyeing Techniques of Several Textile of Qing Dynasty from the Capital Museum of China

LI Yu-fang, WEI Shu-ya, HE Qiu-ju

(1. University of Science & Technology Beijing, Beijing 100083, China; 2. Capital Museum, Beijing 100045, China)

Abstract: In this research, two pieces of textiles from the Capital Museum of China were studied. The dye was identified by UHPLC – Q – Tof – MS method, while the mordant in the textile dyeing process was determined by SEM – EDX. The results showed that Gardenia jasminoides Ellis was used in dyeing the yellow silk thread, Polygonum tinctorium L. was the source of the plant needed for the blue silk thread, and Rhamnus davurica pall. was identified as the plant source of green colour. Iron and aluminum ions were detected as the metal ions in the mordant. Combined with all this information, the original dyeing process used for these textiles can be inferred. This research can allow us to explore the dyeing techniques in the Qing dynasty, and restore the process in that historical period.

Key words: Qing dynasty; dyestuffs; mordants; dyeing techniques

中国古代纺织染色技术在清代达到鼎盛时期，可用于染色的植物染料多达数百种[1,2]。然而，随着合成染料的发展和清朝的灭亡，中国的服装文化发生了巨大的变化。染色工艺、服装风格、图案与清代完全不同，大城市里许多染色工艺和天然染料在几十年间逐渐消失[3,4]。

博物馆里保存的古代纺织品丰富了我们的知识，为我们提供了历史文献之外更多的实物，可以用来分析世界顶级染整工艺，研究其历史价值。刘剑等对新疆营盘出土的35件纺织品样品的纤维和染料进行了鉴定，确定了该地区从汉代到晋代的丝绸和羊毛都是用茜草和一种以叶黄素为基础的植物进行染色的[5]。Linyu Z等采用多种分析方法对故宫博物院馆藏清代纺织品的染料和媒染剂进行鉴定，结果表明，槐花和黄柏均为黄柏属植物，为染料来源，在染色过程中以铝为媒染剂[6]。

天然染料可以根据它们在基材上的应用方式来分类,包括媒染染料、还原染料和直接染料[7]。媒染染料是天然染料的主要成分。对于这种染色方法,染色基体(纺织纤维、皮毛等)用含有可溶性金属盐的溶液处理。这个步骤可以发生在染色之前或同时进行。媒染剂元素与基体结合,当暴露于染料中时,媒染剂元素与染料化合物之间形成金属配合物,铝、铜、铬、锡和铁是典型的媒染剂离子[8]。

最近发表了许多关于媒染剂中媒染剂的鉴定的论文。Beatrice Campanella 等利用激光诱导击穿光谱(LIBS)结合液体微萃取技术对参考样品和历史纺织品中使用的无机媒染剂进行鉴定[9]。Omidreza Kakueea 等人利用质子激发 X 射线发射(PIXE)技术对萨法维王朝(1499—1722)时期波斯地毯纱线染色用媒染剂进行了研究[10]。Nidal al Sharairi 等利用扫描电子显微镜-能量色散 X 射线光谱(SEM-EDX)分析了约旦文化遗产博物馆收藏的奥斯曼风格服饰中的纤维和媒质类型[11]。

近年来,越来越多的研究人员开始使用各种仪器和分析化学方法来鉴别纺织品上的染料。比如最近利用其他敏感仪器技术包括直接实时分析飞行时间质谱[12],表面增强拉曼光谱[13],热裂解气相色谱分析-质谱法(Py-GC-MS)[14],气相色谱分析-质谱法(GC-MS)[15-16]。除这些新开发的仪器和方法外,大多数关于纺织品染料识别的研究都是使用高效液相色谱法(HPLC)进行的,辅助二极管阵列检测仪(HPLC-DAD),从已知的吸光度光谱中识别染料化合物。近年来,质谱检测器在液相色谱-质谱(LC-MS)、电喷雾电离液相色谱-质谱(LC-ESI-MS)等技术中得到越来越多的应用,因为它们不仅可以对具有吸光度光谱的化合物进行识别,还可以对水解溶液中的所有化合物进行特异性的分子识别。由于该方法灵敏度高,能够识别多种天然染料化合物,且经过许多研究人员的检验,成为目前应用最广泛的染料分析方法[17-19]。

本研究的目的是研究清代北京传统的染色技术及其工艺。结合多种分析方法,对首都博物馆收藏的两件清代早期纺织品进行了分析。采用超高效液相色谱-四极飞行时间质谱联用技术(UPLC-Q-Tof-MS)检测染色纤维中的染料,采用扫描电子显微镜-能量色散 X 射线光谱(SEM-EDX)检测染色过程中使用的媒染剂。通过对数据的解读,结合历史文献来描述清代纺织品染色的工艺流程[20]。

1 样品信息

在这项研究中,对两件取自中国首都博物馆的纺织品样品所使用的染料和媒染剂进行检测。其中一个是包袱皮(图1),面积

图1 包袱皮

图2 a.床罩纱(局部图);
b.床罩纱放大30倍后显微图像

约1平方米,蓝地黄色菊花纹样,另一件为床罩纱(图2),绿色平纹织物。

从保存状况极差的两件样品中进行取样,取样量为5mm长的单根丝线。样品信息记录如下:包袱皮中黄色菊花纹部位丝线命名为Y-1、Y-2,蓝色地色部位丝线命名为B-1、B-2;床罩纱的绿色丝线命名为G-1。

2 实验部分

本研究对样品进行了染料和媒染剂的鉴定。应用于染料分析的仪器是Waters公司的超高效液相色谱-四极飞行时间质谱联用仪(UHPLC-Q-Tof-MS),具有较高的灵敏度和分辨率。对媒染剂的分析采用TESCAN VAGA3 XMU扫描电镜(SEM)和BRUKER XFlash 610M EDS能谱分析仪。

样品制备方法为最传统的盐酸、甲醇、水法,具体步骤如下:

将0.02mg样品(单根丝线约0.5cm)置于样品瓶内,加入400μl 37%盐酸、甲醇、水2:1:1 (v/v/v)混合溶液,在超声波中保持60℃加热30min。之后在旋涡混合器的帮助下残留物被溶解在50μL甲醇/水1:1 (v/v)溶液中,离心机内4000rpm离心2min,取上层清液30μL用于UHPLC-Q-Tof-MS分析。

其他试剂分别为:超纯水;乙腈和甲醇为色谱级,由Fisher公司提供,其余分析试剂为国药化学试剂有限公司提供。

3 结 果

3.1 染料

用UHPLC-Q-Tof-MS得到的部分染料的色谱图如图3所示。很明显,这五个样品均被鉴定出与染料相关的物质。染料相关化合物的峰数和分子量如表1所示。

通过与标准分子量的比较,可以确定某些化合物与染料有关。

表1中的数据为作为某些染料中主要染料化合物的标记化合物通过UHPLC-Q-Tof-MS在样品中检测到的染料化合物列表。

其中藏红花酸、京尼平苷等物质为栀子染色的标记化合物,表明黄色菊花纹部位丝线选用的植物染料为栀子。靛蓝和靛玉红为蓝草的主要染色成分。在绿色样品的检测结果中只检测到与芩黄素和大黄酚这两种与染料相关的物质。

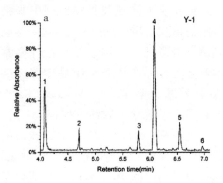

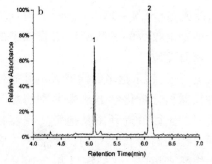

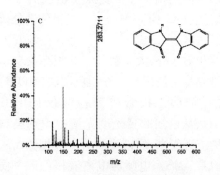

图3 Y-1、B-1和靛蓝的质谱图及分子式
a. Y-1;b. B-1;c. 靛蓝

表1 纺织品样品中鉴定的染料化合物

样品名称	出峰编号	保留时间(min)	m/z	标准物质 m/z	分子式	化合物
Y-1&Y-2	1	4.08	327.3918	327.3942	$C_{20}H_{24}O_4$	Crocetin
	2	4.69	609.5099	609.5096	$C_{27}H_{30}O_{16}$	Rutin
	3	5.79	317.2269	317.2272	$C_{15}H_{10}O_8$	Myricetin
	4	6.54	301.2269	301.2278	$C_{15}H_{10}O_7$	Quercetin
	5	6.97	387.1294	387.1291	$C_{17}H_{24}O_{10}$	Geniposide
B-1&B-2	1	5.08	263.2711	263.2707	$C_{16}H_{10}N_2O_2$	Indigotin
	2	5.19	263.2710	263.0707	$C_{16}H_{10}N_2O_2$	Indirubin
G-1	1	3.77	269.2304	269.2319	$C_{15}H_{10}O_5$	Apigenin
	2	9.12	253.2253	253.2239	$C_{15}H_{10}O_4$	Chrysophanol

3.2 媒染剂

通过 EDX 对样品中可能存在金属元素的媒染剂种类进行了分析。有研究表明,金属离子媒染剂的种类可以通过金属元素与 S 的比例来确定[21-24]。若媒染剂为明矾,则其含量中 Al/S 的比例应大于等于 2∶1,若媒染剂为青矾,则其成分中 Fe/S 的比例应大于 2∶1。

表2 纺织品样品中检测到的元素成分

样品名称	颜色	Al	Fe	Cu	Cr	S
Y-1	Yellow	1.57	3.61	0.53	0.54	1.76
Y-2	Yellow	1.44	4.3	0	0.27	2.12
B-1	Dark blue	1.00	3.22	0.31	1.39	1.29
B-2	Dark blue	0.94	4.52	0	1.41	1.78
G-1	Green	5.36	0.45	0.09	0.64	2.09

表2中的数据为 EDX 检测到的作为纺织品媒染剂中存在的金属离子成分。结合前人研究结果,可以得出的结论是,黄色和深蓝色丝线中 Fe/S 的比例超过 2∶1,因此在媒染过程中添加了亚铁盐(绿矾)作为媒染剂,而绿色织物中 Al/S 的比例超过 2∶1,因此在媒染过程中选用了明矾作为媒染剂。

4 讨 论

在对纺织品中染料种类和媒染剂进行鉴别的基础上,根据已有的文献资料,我们可以基本确定这两件纺织品在染制过程中采用的染色工艺。

清代包袱皮菊花纹样部位的黄色丝线的染织过程中选用了栀子为染色植物染料,并添加了绿矾作为媒染剂,而蓝色地线部分选用蓝草进行染色,染色过程中也选用了绿矾作为媒染剂。

而床罩纱的绿色丝线染料来源初步判断为鼠李。我国古代染绿一般选用黄色和蓝色套染的方法进行,在检测结果中未发现任何与蓝色染料相关的物质,因此排除套染法这一染制工艺。而鼠李作为我国古代有文献记载唯一能直接染绿的植物,其主要上染成分就是芩黄素和大黄酚。

关于鼠李染色的记载,《光绪永嘉县志》卷六"风土物产"条下有详尽记载:"冻绿布,天寒时染则鲜翠故名。染法以绿柴皮煎汁染之,乘日未出,将布铺地令平,其下一面著地,为寒气所逼,绿色葱葱,背面则黯然无色,物理之不可解者。"其中的"冻绿"即鼠李。

5 结 论

实验结果表明,包袱皮的黄色丝线染料来源于栀子,深蓝色丝线主要上染成分为靛蓝,来源于蓝草。这两种不同的颜色都使用绿矾作为媒染剂。绿色床罩纱是用鼠李染色,媒染剂为明矾。

运用现代分析技术探索古代染色工艺是可行的。UHPLC-Q-Tof-MS 的应用可以分析纺织品中存在的染料,SEM 图像的应用可以分析纺织品纤维的状态,EDX 可以探索媒染剂的存在。将这些技术结合,不仅可以为这几件纺织品文物的修复提供技术支持,还可以丰富对清代北京传统的染色技术及其工艺的认识。

参考文献

[1] Zhou Feizhou. Institutional change and rural industrialization in China: The putting-out system in handicraft industry in late qing and early republic period [M]. World Scientific Publishing Co. Pte. Ltd.: Singapore, 2018.

[2] 王渊. 苏州织造局志载清代补服信息考[J]. 丝绸, 2018, 55(5): 91-95.

[3] Faroqhi Suraiya. Towns and Townsmen of Ottoman Anatolia: Trade, Crafts, and Food Production in an Urban Setting, 1520-1650 [M]. Cambridge University Press: New York, 1984: 1-425.

[4] Dennis Piechota. Storage Containerization: Archaeological Textile Collections [J]. Journal of the American Institute for Conservation, 1979, 18(1): 10-18.

[5] Jian Liu, Danhua Guo, Yang Zhou. Identification of ancient textiles from Yingpan, Xinjiang, by multiple analytical techniques [J]. Journal of Archaeological Science, 2011, 38(7): 1763-1770.

[6] Zhang Linyu, Tian Kexin, Wang Yunli, et al. Characterization of Ancient Chinese Textiles by ultra-high performance liquid chromatography/quadrupole-time of flight mass spectrometry [J]. International Journal of Mass Spectrometry, 2017, 421: 61-70.

[7] Schweppe, Helmut. Practical hints on dyeing with natural dyes: production of comparative dyeings for the identification of dyes on historic materials [M]. Smithsonian Institution: Washington, DC, 1986: 3-4.

[8] Buchanan Rita. A dyer's garden: from plant to pot: growing dyes for natural fibers [M]. Interweave Press: Hong Kong, 1995.

[9] Campanella, Beatrice, Degano, et al. Identification of inorganic dyeing mordant in textiles by surface-enhanced laser-induced breakdown spectroscopy [J]. Microchemical Journal, 2018, 139: 230-235.

[10] Kakuee Omidreza, Fathollahi Vahid, Oliaiy Parvin. Investigation of mordants for dyeing of yarns in ancient Persian carpets (15th-17th century) by IBA methods [J]. Nuclear Instruments and Methods in Physics Research, Section B: Beam Interactions with Materials and Atoms, 2018, DOI: 10.1016/j.nimb.2018.05.030

[11] Sharairi Nidal Al, Sandu Irina Crina Anca. Characterization of dyeing techniques of late 19th century ottoman-style costumes from the Jordanian Museum of Cultural Heritage [J]. Revista de Chimie, 2018, 69(4): 901-905.

[12] Selvius DeRoo, Cathy, Armitage, et al. Direct Identification of Dyes in Textiles by Direct Analysis in Real Time-Time of Flight Mass Spectrometry [J]. Analytical Chemistry, 2011, 83(18): 6924-6928.

[13] Alyson V. Whitney, Richard P. Van Duyne, Francesca Casadio. An Innovative Surface-enhanced Raman Spectroscopy (SERS) Method for the Identification of Six Historical Red Lakes and Dyestuffs [J]. Journal of Raman Spectroscopy, 2010, 37(10): 993-1002.

[14] María José Casas-Catalán, María Teresa Doménech-Carbó. Identification of Natural Dyes used in Works of Art by Pyrolysis-Gas Chromatography/Mass Spectrometry Combined with in situ Trimethylsilylation [J]. Analytical and Bioanalytical Chemistry, 2005, 382(2): 259-268.

[15] Maria Perla Colombini, Alessia Andreotti, Cecilia Baraldi. Colour fading in textiles: A model study on the decomposition of natural dyes[J]. Microchemical Journal,2007,85(1):174-182.

[16] Laura Degani, Chiara Riedo, Monica Gulmini. From Plant Extracts to Historical Textiles: Characterization of Dyestuffs by GC-MS[J]. Chromatographia,2014,77(23-24):1683-1696.

[17] Pacá ková Věra, Pacáková Věra, Bosáková Zuzana,et al. High-performance Liquid Chromatographic Determination of Some Anthraquinone and Naphthoquinone Dyes Occurring in Historical Textiles[J]. Journal of Chromatography A,1999,863(2):235-241.

[18] Van Bommel, Maarten R.. The analysis of dyes with HPLC coupled to photodiode array and fluorescence detection[J]. Dyes in history and archaeology,2005,20(1):30-38.

[19] Karapanagiotis I., A. Lakka, L. Valianou, et al. High-performance Liquid Chromatography Determination of Colouring Matters in Historical Garments from the Holy Mountain of Athos[J]. Microchimica Acta,2008,160(4):477-483.

[20] Tim Padfield, Sheila Landi. The light fastness of the natural dyes[J]. Studies in Conservation,1966,11(4):181-196.

[21] Kahraman, Nilgun, Karadag, et al. Characterization of Sixteenth to Nineteenth Century Ottoman Silk Brocades by Scanning Electron Microscopy-Energy Dispersive X-Ray Spectroscopy and High-Performance Liquid Chromatography[J]. Analytical Letters, 2017, 50 (10): 1553-1567.

[22] Anna Hartl, Maarten R. van Bommel, Ineke Joosten, et al. Reproducing colourful woven bands from the Iron Age salt mine of Hallstatt in Austria: An interdisciplinary approach to acquire knowledge of prehistoric dyeing technology[J]. Journal of Archaeological Science: Reports,2015,2(2):569-595.

[23] Serafini, Ilaria, Lombardi, et al. A new multi analytical approach for the identification of synthetic and natural dyes mixtures. The case of orcein-mauveine mixture in a historical dress of a Sicilian noblewoman of nineteenth century[J]. Natural Product Research, 2017, DOI: 10.1080/14786419.2017.1342643.

[24] Serafini, Ilaria, Lombardi, et al. How the extraction method could be crucial in the characterization of natural dyes from dyed yarns and lake pigments: The case of American and Armenian cochineal dyes, extracted through the new ammonia-EDTA method[J]. Microchemical Journal,2017,134:237-245.

浅谈文物保护类展览的策划理念与特色
——以《纸载千秋——传统记忆与保护技艺》为例

田建花

（南京博物院，江苏 南京 210016）

摘要：近些年，文物保护以展览的形式出现在多家博物馆内，有别于以往的历史展和艺术展等，文物保护类展览不论是策展理念还是实践环节，都对传统模式有所突破，本文以南京博物院《纸载千秋——传统记忆与保护技艺》为例对此进行了阐述，其特色主要表现在动态的展陈方式、灵活的展览延伸、欣赏文物的别样角度、闲置文物的活化利用和便捷的线上展览方面。文保展的推出为社会公众文物保护意识的提升和相关知识的普及起到了积极的作用。

关键词：文物保护展；策划；理念；特色

The Curatorial Concept and Characteristics of Cultural Relic Protection Exhibition: "Paper Carries a Long Term History —Traditional Memory and Protection Skills"

TIAN Jian-hua

(Nanjing Museum, Nanjing Jiangsu 210016, China)

Abstract: In recent years, the cultural relics protection has appeared in many museums in the form of exhibitions, which are different from previous historical exhibitions and art exhibitions. Cultural relics protection exhibitions have broken through the traditional mode, both in curatorial concept and in practice. In this paper, the exhibition in Nanjing Museum's, whose name is "Paper carries a long term history—traditional memory and protection skills", is taken as an example to illustrate this. And the characteristics this exhibitionare mainly manifested in following aspects: the dynamic way of exhibition, the flexible exhibition extension, the unique angles of appreciating cultural relics, the utilization of idle cultural relics and the convenience of online exhibition. The Cultural relics protection exhibitions have played a positive role in promoting the public awareness of cultural relics protection and the popularization of the related knowledges.

Key words: Cultural relics protection exhibitions; planning; concept; characteristic

1 引言

在文物博物馆行业，文物一直是展览的主角，展览或以物见史，或以物见人，或以物见艺术、见风貌……相对而言，以物见技、以人见技或是反映博物馆智能的展览并不多见。近些年，随着文化事业的兴盛，考古、文物保护等小众工作日益受到关注，人民群众对博物馆展览的形式和内容也都有了新的需求。这样的时代背景下，组织策划文物保护修复展，向公众展示文物背后的修复故事,开拓公众了解博物馆的文物保护职能的渠道就尤为必要。

2014年,陕西历史博物馆《巧手良医——陕西历史博物馆文物保护修复工作展》在全国博物馆十大陈列展览精品评选活动中荣获精品奖,这是第一个广受肯定的文物保护展。此后,多个博物馆陆续举办了文物保护相关展览,例如故宫博物院的《故宫博物院文物保护修复技艺特展》、南京博物院的《纸载千秋——传统记忆与保护技艺》、中国丝绸博物馆的《古道新知:丝绸之路文化遗产保护科技成果展》、新疆自治区博物馆的《指尖旋舞艺成天工——新疆文物保护修复成果展》等。这两年,故宫和陕西历史博物馆再次创新,文物保护类展由临展升级为常设展,前者"文物医院"对外开放,后者推出"文物修复季特展",包括书画文物修复展——"赏延素心"、木器家具修复展——"削木为鐻"、三维技术在文物保护中的应用展——"孰制匠之"等系列展览。这些展览各有千秋,都在一定程度上扩宽了展览的形式和内容,为文物保护意识的提升和相关知识的普及起到了积极的作用。

相较于文物的历史展和艺术展,文物保护展更倾向于是一个技术展或者是科普展,因此,就展陈内容和形式而言,都与博物馆其他展览风格迥异,这也决定了其策展理念和实践思路都需要突破传统模式,通过探索和创新树立其相应的风格和特色。虽然不同的文物保护展因为主题定位和资源差异会有很大不同,但也有一些普适性的特征,下文就以南京博物院《纸载千秋——传统记忆与保护技艺》为例来重点探讨此类展览的策划理念和特色(下文提及时以《纸载千秋》代之)。

2 文物保护类展览的策划

2.1 定位和内容

文物保护是个大的概念,就文物材质而言可分为玉石质、金属质、纸质、织物类等,就保护针对性而言可分为本体保护和预防性保护,就保护步骤而言又可分检测分析、清洗、修复、加固、封护等。一个展览,不可能无所不包,亦无必要一应俱全,因为这可能意味着有限时空里的杂乱和无序。因此,策展的首要任务是确定主题、范围、目的并定位观众群,亦即,展览给谁看,展示什么内容,是各类文物的保护修复成果?还是某一质地文物的保护技术科普?亦或是保护修复的某种技术、某种方法、某个阶段?

关于《纸载千秋》的讨论是从2014年开始的,当时南京博物院二期改扩建过程中开始推行的"策展人制度"取得了极好的效果,提倡各部门根据自己业务专长积极申报选题,拓宽临展的内容范畴。文物保护作为博物馆的重要职能之一,也需要这样一个舞台去展示自己,为社会公众提供一个了解相关内容的机会。南京博物院的文物保护工作始于20世纪60年代,50余年来,经过几代文保人的共同努力,在纸张文物、金属文物、纺织文物、石质文物、大遗址等保护领域均取得了丰硕的成果,其中,纸质文物的保护尤为突出。2014年1月南京博物院成为"纸质文物保护国家文物局重点科研基地"依托单位,同年11月又成功申报为"近现代纸质文献脱酸保护技术文化部重点实验室"。鉴于这样的契机和优势,文保所确定展览以纸为主题,核心是纸质文物保护,初步定名《纸载千秋》。

在统筹考虑展厅的档期、经费、人员和时间等因素后,项目于2015年底正式启动。虽然有了初步构思,但是距离形成一个优秀的展览策划，中间隔着太多的困难：①目标群体的问题，是面向普通公众，还是专业人士？内容是简单通俗，还是专业精深？②核心的内容定位问题，是要展示纸质文物保护成果，还是展工作状态，抑或是科普相关知识？③虽然纸质文物保护是核心，但以纸为主题，纸的前世今生、纸的贡献、纸的技艺等似乎也是不可或缺的，因为这也是纸质文物价值的重要组成部分，保护文物就是保护其价值。但是，这些内容如何展，怎么展，展多少？④展文物易，展技术难，文字太多会影响展览可读性，如何才能不枯燥、不说教地让观众受吸引去主动了解造纸、了解文保？⑤纸质文物多为平面文物，欠缺立体感和空间感，而造纸及保护修复设备、材料、工具等更是不够美观雅致，如何展才能直观生动但又不会凌乱乏味？

经过团队的多次的讨论和不断的调整，展览内容终于定型。题目历经《纸载千秋——中国纸技艺展》、《纸载千秋——记忆与技艺》，最后确定为《纸载千秋——传统记忆与保护技艺》。整体定位是面向普通中青年公众的文保工作展，内容也最终定为四个部分：纸之源流、纸之技艺、纸之保护、纸与生活。

"纸之源流"是铺垫，分为纸前时代和纸上记忆两个单元，讲述纸是在信息载体演变的何种背景下产生的以及意义何在，占比约15%，通过对比金石竹帛和纸质文献书画，强调纸的重要贡献——为书传世和画镜写心；"纸之技艺"是发展，分为造纸技艺和加工技艺两个单元，讲述纸是怎样制造出来、又是怎样被加工的，占比约20%，一方面通过特定文物体现造纸和加工技艺的成果，另一方面通过材料、工具、演示和多媒体手段来展示技之过程；"纸之保护"是高潮，包括分析检测、保护修复、预防性保护三个单元，讲述纸为什么会劣化，以及是如何被保

护的，占比约50%，以视频和现场演示来展示纸质文物保护过程，以文物修复前后对比来展示保护的意义和效果；"纸与生活"相当于余韵，讲述除了记录和传播，纸还有哪些用途，占比约15%，通过纸鸢、纸屏、纸伞、纸扇、剪纸、刻纸等，体现纸在传统生活中的作用和情趣。

2.2 形式

一个好的展览，形式与内容必须相辅相成，陈列部的形式设计完全贴合了纸的主题，以纸为元素，整体是传统和简洁的风格。纸条屏、纸隔断、纸屏风、纸伞、纸灯罩等，配合或清新淡雅、或端庄凝重的纸质文物，辅之以灯光来凸显纸的纹理和质感，令观众仿佛进入了纸的世外桃源，视觉上是享受的、内心中是愉悦的。

3 文物保护类展览的特色

3.1 "动态"的展陈方式

技术是个动态的过程，文物保护修复技术的展示，也非一张张枯燥的图片可以完整揭示，因此《纸载千秋》策展过程中，除了现场演示和互动体验，还准备了15个相关的保护修复小视频分别在对应展示区循环播放。另外，"纸之技艺"部分，有造纸和加工纸制作演示，观众仿佛置身造纸现场，流沙纸将供现场，对纸之器、道都有了感性认识。"纸之保护"部分，将修复室搬到了展厅，文物保护修复人员在现场演示，观众不仅可以看到保护修复的设备、材料、工具、药品试剂，也可以看到修复的过程；展品不仅仅是修复好的文物，也可以是存在病害正在修复的文物；辅之以提前拍摄好的十余条保护修复视频，观众看到的不仅仅是现场正在演示的局部，而是保护修复过程的全部。同时，观众也可以参加活动亲自参与其中，体验文物修复苦与乐并存、艰辛与成就同在的感

觉。看图片，难免枯燥，往往走马观花，时日一久，仅存淡影；看视频，新奇生动，看展时间延长、了解增强，让观众领悟到原来文物保护是传统工艺兼具现代科技，"高大上"不在话下；看动态演示，距离感消失、现场感倍增，文物保护不再是遥远的传说；参与体验互动，听、看、想基础之上的做，文物保护不再陌生，也不会忘记，因为懂和理解后，这些已成为生命中的经历。

3.2 灵活的展览延伸

《纸载千秋——传统记忆与保护技艺》展虽设在特展馆展厅，但又不局限于展厅，南京博物院文保楼就是延伸展厅。整个展览期间，定期邀请公众走进南京博物院文保所实验室和修复室进行参观，观摩文物保护修复工作。受限于现有展厅空间和环境，展厅中所呈现只是文物保护工作高度浓缩后最适合展出的部分，前期准备的细致繁琐、对象的多样性、操作过程的复杂性、技术的难点和挑战、理念的具体应用等都无法在展厅通俗易懂且全面地展现出来。走进真实的实验室和修复室，各种高新技术、专业设备，以及文保人员专注娴熟的工作状态，辅之以专业的讲解，将会使公众体会到整个文物保护是一个庞大而复杂的体系。一个文物保护团队的成长，需要长期持之不懈的努力，科研的不断创新、经验的持续积累、人才的培养都非一蹴而就；一件存在病害的文物，要做的不仅仅是保护修复的实施，还有前期的科学研究，保护对策的制定，以及贯穿始终的预防性保护等。近距离的观摩，有助于揭开文物保护的神秘面纱，满足公众对于文物保护工作的了解热情，从而唤起文保意识，引导社会力量参与文保事业。

3.3 欣赏文物的别样角度

以往的展览，主要是从历史价值和艺术价值的角度展示文物，文物保护类展览可以突破这一模式。《纸载千秋》就从纸本身和技术角度去解析文物。"纸之源流"中，不论是纸前时代的金石竹帛，还是体现纸上记忆的文献书画，文物存在的意义都聚焦于纸，都是为了揭示纸的贡献。"纸之技艺"中，每件文物都代表着一种技艺，麻纸、皮纸、竹纸、宣纸……不同的纹理和质感源于不同的原料或工艺，纸字、纸图，纸是主角；金粟山纸、瓷青纸、泥金纸、撒金纸、各种笺纸……美观和耐久的背后，是不同的加工技艺，是匠心智造。"纸之保护"中，文物修复前后的对比，结合视频和现场演示，观众看到的不只是文物，更是文物背后的保护技艺，是文保工作者的妙手慧心。"纸与生活"中，剪纸、刻纸、纸伞、纸鸢、纸屏……不只是民间艺术，也是纸技艺与现实生活结合后的创造性劳动。所以，这个展览，贯穿始终的是技术之魂——造纸、加工、利用、保护与修复，终极目标是纸质文物的延年益寿。

3.4 唤醒了一些沉睡的文物

纸质文物是南京博物院文物中数量最大的一类，不但精品多、种类丰富，而且年代跨度也长。但是，除了书画，受限于以往展览主题的局限，大多数纸质文物未曾展出过，一直收藏于库房。以纸为主题、以纸之保护为核心内容的展览，终于使文物不受内容、时代等方面的限制，而是因为纸本身的特殊性，或者制作技术、用途的特殊性，抑或是修复保护技术的高明，大大方方走进观众的视野。例如，一直以来都是幕后英雄的木匣、夹板、六合套、四合套、云套之类的古代装具，作为主角出现在了预防性保护单元。另外，大量的经卷、古籍、清宫笺纸、各种花笺、剪纸、刻纸、纸币等，也都是以往的展览未曾展过的，这次得以走出深闺，面对公众。

3.5 线上展览的好素材

随着互联网的发展，线上展览成了新的趋势。网络具有的高效性、普及性、虚拟性和强大的信息集散功能使得"互联网+展览"的线上展览具有虚拟性、开放性、通用性和可扩展性的特性。与传统的线下实体展览相比,线上展览在时空、资源、成本、效益等方面有着明显优势:第一,不受时间限制,每天24小时均可访问,某种意义上实现了博物馆永不闭馆;第二,无地域限制,只需有一台连上互联网的电脑、手机等终端,看展无需出门;第三,没有了空间限制,借助数字化的图像就能展示无数作品,参观者只要动动鼠标就能放大或缩小图片,想看全部或者局部随心所欲,也不用担心被别人挡住视线,想看多久就多久;第四,经济实用,可以在很大程度上节约资源和控制成本,减少人力物力消耗和实体展览维护费用;第五,时效长,线上展览的展期不受场地和成本的影响,可以持续时间比较长,这样受益公众也多。

文物保护类展览具有技术展的属性,因此更适合通过视频等形式进行线上展览。《纸载千秋》实体展览推出后,广受好评,但也有很多人错过,得益于此展览在策划过程中就加入了很多多媒体及互联网相关的内容,因此于2017年在实体展览结束后推出了线上展览。因为已有实体展览的资料和相关多媒体、网络工作积累,线上展览的成本基本是可控的,加上南博信息中心的技术支持,具有实施的可行性。最有价值处在于,线上展览的内容会兼具展览配套书的翔实和展厅的生动,展厅的精美场景(展厅现场全范围录像)和精彩视频(视频共有15个之多:为了凸显纸的贡献,专门制作了简牍和纸的对比视频;为了展示造纸技艺,拍摄了造纸过程视频;纸质文物保护部分,为了更加易懂,制作关键环节视频13条)、书中的丰富内容和系统资料,都会在线上展览中呈现。完成后,只要登录南博官网,观众可以随时随地看到这个展览,这是资源合理有效的充分利用,临展成为永久性展览,会让更多的人极为便捷地了解到源远流长的纸文化和纸技艺。

4 余 论

举办文物保护类展览是对展览模式的又一次探索,从开始到现在,从内容策划到和其他部门一起共商形式设计和布展、社会教育、文创等,慢慢体会到展览之不易。一个好的展览,需要太多的创造性劳动,才能产生有吸引力的选题、有故事有节奏的框架、有学术支撑的内涵、有视觉享受的空间布置、愿意参与的社会服务、有特色的文创产品、有话题的宣传等。所以,相对于展览本身,这种探索和实践比展览更重要,过程中逐渐完善的运作模式、陆续积累的宝贵经验,对于行业、集体或者是其中的个人,都是无形的财富。

不可移动文物信息识别码编制规则的设计与实践
——以广州市文物数据管理与信息应用平台(一期)项目为例

朱明敏

(广州市文物考古研究院,广东 广州 510030)

摘要:为解决文物信息化平台中不同系统之间的数据互联互通问题,需对不可移动文物进行统一编码。笔者通过对现行规范或做法进行了系统对比与分析,设计出一套满足平台建设要求的不可移动文物信息识别码编制规则,并将其付诸实践,取得了较为显著的效果,从而为文物信息化平台建设提供基础性支撑。

关键词:识别码;编码规则;文物信息化;不可移动文物

The Design and Practice of the Establishment Rules of Immovable Cultural Relics Information Identification Code-by
——Take the Project of Guangzhou Cultural Relics Data Management and Information Application Platform (phase I) as an Example

ZHU Ming-min

(Guangzhou Institute of Cultural Relics and Archaeology, Guangzhou 510030, China)

Abstract: In order to solve the issues of data interconnection between different systems in cultural relics information platforms, it is necessary to uniformly encode immovable cultural relics. By systematically comparing and analyzing the current norms or practices, a set of encoding rules is designed for the information identification code of immovable cultural relics, which could meet the requirements of platform construction. Then, they are put into practice and achieve significant effects. The encoding rules provide basic support for the construction of cultural relics information platform.

Key words: Identification code; encoding rules; informationization of cultural relics; immovable cultural relics

1 缘 起

为提升文物保护、管理和利用水平,2014 年,广州市文物考古研究院委托中国文物信息咨询中心,编制完成《广州市文物数据管理与信息应用平台建设规划》[1],从而为科学推进本地区文物事业信息化建设打下坚实基础。2016 年上半年,正式启动"广州市文物数据管理与信息应用平台(一期)项目",包含不可移动文物记录档案管理系统、文物保护规划编制进度管理系统、文物保护工程进度管理系统、文物保护专项资金管理系统、基于城市 GIS 的文物专题图层等内容的建设。

在平台框架设计之初,我们就提出一项基本要求,即须避免不同系统彼此缺乏数据交换机制而沦为信息"孤岛",平台应建构在系统之间的有机互联、互通上。例如，一期项目涉及的不可移动文物记录档案管理系统、文物保护规划编制进度管理系统、文物保护工程进度管理系统，这三个系统本身是相对独立的，但均与不可移动文物管理密切相关，后两个系统产生的数据，需直接导入到记录档案管理系统中，从而让档案资料能够在平台内呈现活态"生长"。为实现上述目标，势必要为不同系统之间架设一个沟通桥梁，才能保证数据互通时能够高效且不易出错。

最初的思路，是采用文物名称作为媒介，即不同系统内属于同一不可移动文物的信息，以其登记公布名称作为链接桥梁，从而达到信息互通互联。这一思路，在面对文物总量较小（县域内）的情况下，或可勉强应付，一旦文物总量扩大（地市域、省域乃至全国范围内），文物重名现象就会频繁出现。以广州市为例，在第三次全国文物普查（以下简称"三普"）数据库中，全市登记的"陈氏宗祠"有33座、"黄氏宗祠"有24座。虽说按照三普定名标准，可以在文物名前冠以"最小行政区域名称或自然地名"[2]，但仍不能完全排除重名现象。因此用名称作链接桥梁，势必会大幅增加信息互联的错误发生率。此外，文物名称长短不一，短则两个字，长则有十几个字，不仅给编程带来不便，浪费算力，还容易使计算机识别发生混乱。

既然文物名称不堪其用，那寻找替代方案就成为必然。首先想到的是对不可移动文物进行统一编码，为每处文物赋予具有唯一性的代码。那么，接下来摆在我们面前的问题就是：有没有现行规范或编码资源，可直接套用或参考？有的话，能否满足系统建设需求？如不能满足需求，要如何进行编码设计？为解决上述问题，笔者对现有的相关规范或做法做了系统梳理与分析，并提出一套新的编码解决方案，下文试以广州市文物信息化平台建设实践为例，作一初步阐述，不尽完善之处，尚祈批评指正。

2 现有规范及分析

2.1 全国重点文物保护单位公布编号及其演变

1961年3月，国务院颁行《文物保护管理暂行条例》，同时公布第一批全国重点文物保护单位，标志着具有中国特色的文物保护单位制度正式确立。每次公布国保单位[3]，都会同时公布"编号""分类号"，其中"编号"是指同批次内的总顺序号，"分类号"是指同批次内不同文物类别的顺序号。例如，三元里平英团遗址，在第一批国保公布文件中，编号为1，代表是第一批国保的第一个；分类号为1，代表是该批次国保中"革命遗址及革命纪念建筑物"类别的第一个。这种编号方法长期沿用，并被移植到省保、市保、县保单位等的公布编号当中。

起初，"编号""分类号"主要是为计数方便，并无代码功能。但是从第七批国保公布文件中，出现了由9位阿拉伯数字构成的编号，且一处国保单位对应一个号码。例如，中国共产党第三次全国代表大会会址，对应的编号为7-1851-5-244，这串号码从左至右，7代表为第七批，1851代表同批次内的总顺序号，5代表文物类别（近现代重要史迹及代表性建筑），244代表同批次同类别内的顺序号。

综上，我们可看出，国保单位的公布编号，始终保持着"总顺序号+类别顺序号"的二元结构。随着文物数量的大幅增加，尤其从第七批国保开始，文物行政管理部门建立编码体系的意图逐步显现。但这套编号形式没有对文物保护级别进行区分，如推广应用到低保护等级（市保、县保及以下）的文物上，势必会出现大量的重号现象。

2.2 文物保护单位记录档案档号编制规则

2004年8月,国家文物局下发《关于发布〈文物保护单位记录档案档号编制规则〉的通知》。将《文物保护单位记录档案档号编制规则》作为《全国重点文物保护单位记录档案工作规范(试行)》的配套文件之一,正式对外公布。按照档号编制规则[4],记录档案档号由9位文物保护单位档案全宗号和4位档案案卷号组合而成,9位档案全宗号具有代码特性,即一个全宗号对应一处文物保护单位。其中,全宗号第一、第二位代码,表示文物保护单位所在省域;第三位代码,表示保护等级;第四位代码,表示文物所属类别;第五至九位代码,表示同一省域内,同级别且同类别的文物保护单位的顺序号,在00001~99999的取值范围内做升序编号。

总体而言,该规则对全国范围的记录档案规范化管理以及文物事业的科学化发展,是具有重要促进作用的。并且,从理论上讲,按照规则是可以实现一处文物保护单位(无论何种等级),赋予一个唯一编号。但在实操层面,这套规则有较大缺陷,即严重依赖国家、省级文物行政部门,不利于调动基层文物行政部门的积极性。如上所述,同一省域内,同级别且同类别的文物保护单位的顺序号,在00001~99999的取值范围内做升序编号,那么省域内不同地市、县级文物保护单位的顺序号,势必要求省级文物行政部门在全省范围内通盘考虑、分别赋予,才能杜绝重号。如果省级文物行政部门不给号,市、县文物行政部门是无能为力的。此外,面对日益增多的低保护等级文物点,这一操作将会耗费大量的人力成本,且容易出错。

2.3 "三普"不可移动文物登记表编号

按照"三普"不可移动文物登记表著录说明[5],登记表编号由县级行政区划代码(6位数字)和不可移动文物顺序号(4位数字)组合而成。县级行政区划代码参照GB/T2260—2002《中华人民共和国行政区划代码》;不可移动文物顺序号是指同一县域内的不可移动文物顺序号,从0001起始,不得空号。

在"三普"开展之时,国家文物局先后发布了2个登记表、5个标准、6个规范。有计划、成体系的确立标准规范,使得三普与以往普查相比,有了质的飞跃,势必会给我国文物事业发展带来深远影响。但文物普查毕竟是一个特定阶段的专项性工作,因此三普登记表编号具有一定的临时性。此外,该编号中未对文物保护等级做出区分,而且仅适合单一本体的不可移动文物,未将包含多个单体的文物保护单位考虑在内。

2.4 第一次全国可移动文物普查登记编号

第一次全国可移动文物普查,是继"三普"之后,我国在文化遗产领域开展的又一次国情国力综合调查,其力度之大、覆盖之广,势必和"三普"一样,会对后续的文物事业发展带来重要影响。在这次普查中,对可移动文物的收藏单位进行了统一编码,即由行政区划代码(6位)、单位性质代码(1位)、行业分类代码(2位)、单位顺序号(5位)组成,共14位。从"不可移动"这一特性上看,"收藏单位代码"与不可移动文物编码有一定的相似性,虽说不能完全套用,但具有借鉴意义。

3 解决方案与实践

结合上文论述,可以看出现有规范或做法在编码方面有一定的积极作用,但不能完全满足此次系统建设的需要,为此,笔者在既有的基础上,博采众长,重新设计了一套不可移动文物信息识别码编制规则,并将其引入实践。

3.1 规则设计

3.1.1 总体结构

不可移动文物信息资源码共25位，由16位的基础信息码和9位的扩展信息码组成，均采用数字或字母字符表示。结构为：

××××××× ×× ×××× ×××　×××××××××
　　基础信息码(16位)　　　　　扩展信息码(9位)

3.1.2 基础信息码(16位)

基础信息码共16位，是用以标识各级文物保护单位及尚未核定公布为文物保护单位的不可移动文物（或单体文物）的基本代码。主要立足解决两个层面的问题：其一，文物保护单位（尤其是市、县级等低等级文保单位）、一般不可移动文物之间的识别问题；其二，文物保护单位与单体文物的包含与被包含关系，以及不同单体文物之间的识别问题。由7位保护等级编码、2位公布批次号、4位公布文件总顺序号以及3位单体文物编号组成。结构为：

(1) 保护等级编码，引用县以上行政区划代码来确定，全国重点文物保护单位用"0000000"来标识，广东省文物保护单位为"0000044"，广州市文物保护单位为"0004401"，越秀区文物保护单位为"0440104"，越秀区一般不可移动文物为"1440104"，依此类推。

(2) 公布批次号，由同一保护等级而不同批次的顺序确定。第一批则用"01"，第十批则用"10"，升序编号。如遇单独公布批次，则用"D1、D2……"以示区别。

(3) 公布文件总顺序号，由同保护等级同批次内的总顺序号确定。批次内排第一个的，记为"0001"；排第二个的，记为"0002"，升序编号。

(4) 单体文物编号。单体文物[7]是指文物保护单位中相对独立存在的实体，是文物保护单位本体不可或缺的组成部分，二者之间具有包含与被包含关系。在上文提及的现行规范中，均未对这一层关系给予充分关注，给实际的文物管理工作时常带来困扰，为此，需专门为单体文物编号。

对文物保护单位的单体文物进行分列并编号，其最基本出发点是为了方便后续管理。可视以下（一种或多种）情况，予以考虑分列单体：

a. 文物保护单位的组成部分，在空间上不连续，存在区隔。

b. 文物保护单位的组成部分，分属不同的文物类别。

c. 文物保护单位的组成部分，分属不同的所有人或管理使用人。

当一个文物保护单位不做单体文物分列时，则记为"000"，有两个或以上单体文物分列时，则按"001、002、……"做升序编号；如遇后续增补单体文物，则按"Z01、Z02、……"编号。

3.1.3 扩展信息码(9位)

从区分文物保护单位（或单体文物）的角度而言，16位的基础信息码就已足够。但是，考虑到信息化管理及平台建设需要，还需补充部分文物属性的信息编码。于是在基础信息码后，增加了9位的扩展信息码。即由单体文物所属类别编码(1位)、单体文物所在县级行政区域代码(6位)、产权归属编码(1位)以及文物所有者或管理使用者所属行政级别编码(1位)组成。结构为：

×　××××××　×　×
文物类别(1位)
最级行政区域代码(6位)
产权归属(1位)
所有者或管理使用者所属级别(1位)

(1) 单体文物所属文物类别，取值范围1~6，分别代表古遗址、古墓葬、古建筑、石窟寺及石刻、近现代重要史迹及代表性建筑、其他。需要强调的是，按照一般的做法，会对文物保护单位进行分类，但是在实际管理中，对于包含多个单体文物的文物保护单位，时常涉及两个或以上的文物类别，所以仅对文物保护单位进行分类是不够的，而是需厘清每个单体文物的文物类别。

(2) 单体文物所属县级行政区域代码，由单体文物实际所在地的县级行政区域确定。

(3) 产权归属编码，由单体文物的产权归属类别确定，共有5种：国有、集体所有、个人所有、混合归属、归属不明，分别记为"1、2、3、X、0"。

(4) 单体文物所有者或管理使用者对应的管理机关或组织所属的行政级别，共分8种：中央、省级、地市级、区县级、镇街级、村居级、无级别、不明，分别记为"1、2、3、4、5、6、7、0"。

3.2 编码实践（编码初始化）

按照上述编码规则，我们将广州市域范围内的各级文物保护单位及一般不可移动文物进行统一编码。编码的最基本原则为"以公布文件为纲"，即将各级政府正式发布的不可移动文物新增（变更）公布文件或撤销公布文件作为编码基准，把公布文件视作不可移动文物的"出生证"或"死亡证明"。具体工作步骤如下：

首先，搜集各级政府部门的公布文件70份，文件公布时间跨度：从1961年至2017年。其次，判定公布文件效力。判定原则为：上级政府部门高于下级政府部门；新文件高于旧文件；文物保护单位公布文件高于一般不可移动文物公布文件。最后，逐条录入，汇总成库，并将信息与一线文物工作人员核对，去除重复公布、甄别公布错

误等。

经过上述步骤，截至2018年9月底，已编码入库的广州市域内各级文物保护单位有724处，一般不可移动文物2701处；按单体文物统计，总计达到3856个。

4. 规则的特点（优缺点）分析

应用于广州市域实践表明，这套规则能够应对不可移动文物的编码需求。首先，能够保证编码的唯一性，不仅每处文物保护单位只对应一个识别码，每个单体文物也有一个对应的识别码，以利于计算机的有效识别与扫清广度第二，适应性全覆盖，即能有效覆盖所有保护等级的不可移动文物，可向省域乃至全国推广。第三为永续性，在总体设计上，为后续新增公布不可移动文物留足了空间。第四，具备特征指向性，即人工可读性，每个识别码中均蕴含着对应不可移动文物的"保护等级"、"公布批次"等特征，不是单纯的流水号。既便于计算机编程，促进不同系统之间数据交换，还便于人工识读，在初始化时，以利于校对、纠错。

此外，还有两个现行规范或做法均不具备的特点：其一，能够有效地解决了文物保护单位与单体文物之间的包含与被包含关系；其二，对于新的不可移动文物，只要有公布文件，即可按规则自动生成识别码，不必人工排号，减少对国家、省重要文物行政部门的依赖，亦有利于调动基层文物行政部门的积极性。

当然，这套规则也有不尽人意之处，需要在后续的工作中不断加以完善。例如，16位的基础信息码加上9位的扩展信息码，共有25位，码数偏长，部分编码内容有重复之嫌，尤其是在低保护等级的不可移动文物中，保护等级编码(2位)与县级行政区域代码(6位)存在一定的重复。

5 结 语

正如历史学家黄仁宇先生所倡导的理念:一个国家完成现代化建设之特征,是实现整个社会的"数目字管理"。而"数目字管理"主要通过定量化、重逻辑的系列措施去实现,从而提高社会事务管理的精准度,同时降低管理过程中的主观随意性。同理,文物事业的现代化,也应建构在以数据量化分析为基础的精细化管理之上。这正是我们开展不可移动文物信息编码工作以及推动文物信息化平台建设的根本意义所在。

参考文献

[1] 朱明敏.文物博物馆事业信息化建设现状及展望:以广州为例[J].中国港口博物馆馆刊,2016(1):102-107.
[2] 国家文物局.第三次全国文物普查工作手册[M].北京:文物出版社,2007:107-110.
[3] 为简化行文,后文凡涉及全国重点文物保护单位、省级文物保护单位、地市级文物保护单位、县级文物保护单位,如无特殊需要,均采用国保、省保、市保、县保替代。第一至七批国保公布文件,可参见国家文物局官方网站 www.sach.gov.cn.
[4] 全国重点文物保护单位记录档案备案工作项目实施小组.全国重点文物保护单位记录档案备案工作手册.2004:132-135.
[5] 国家文物局.第三次全国文物普查工作手册[M].北京:文物出版社,2007:157-158.
[6] 尚未核定公布为文物保护单位的不可移动文物,虽为《文物保护法》第十三条涉及的法定概念,但是由于字数太长,不利于表述,为方便行文,下文中如有涉及,均用"一般不可移动文物"替代。
[7] 国家文物局.第三次全国文物普查工作手册[M].北京:文物出版社,2007:160-161.

博物馆展厅环境监测数据分析评价与讨论
——以广西民族博物馆展厅为例

郑 琳[1]

(1. 广西民族博物馆,广西 南宁 530028)

摘要:本文通过对广西民族博物馆展厅环境中温湿度、二氧化碳、挥发性有机化合物的浓度进行监测,以此作为改善展厅文物保存环境、增强博物馆文物预防性保护精细化管理的有效依据;并对监测过程中发现的问题进行讨论,开拓西南高温高湿地区博物馆展厅环境控制的新思路。

关键词:文物保存环境;博物馆;监测;评价

Analysis, Evaluation and Discussion on Environmental Monitoring Data of Museum Exhibition Hall
——Take the Exhibition Hall of Guangxi National Museum as an Example

ZHENG Lin

(Guangxi National Museum, Guangxi Nanning 530028)

Abstract: In this paper, the concentration of temperature and humidity, carbon dioxide and volatile organic compounds are monitored in the exhibition hall of The Anthropological Museum of Guangxi. All data will become the effective basis for improving the museum environment and enhancing the fine management of preventive conservation of cultural relics. Discussion of issues found during the monitoring process will be done to probe into the new thought about museum environmen.

Key words: Museum-environment; museum monitor; evaluation

前 言

博物馆环境,又称为馆藏文物展品保存环境,是指收藏于展示各类可移动文物的相对独立空间的总体,包括文物展厅、展柜等空间中的各种物理、化学、生物条件。研究表明,环境因素是引发博物馆藏品劣化损害的主要原因,主要包括温湿度、光辐射、污染气体和有害生物[1]。

广西地处低纬度地区,受太阳辐射、大气环流和下垫面综合作用,气候类型多样。省会南宁市位于其南半部,属于南亚热带季风性海洋气候,温暖湿润,降雨频繁[2]。广西民族博物馆坐落在南宁市东南部市区内,隔着一条四车道的青环路毗邻邕江江畔、背靠青秀山。馆址占地面积130亩,主楼建筑面积30500平方米,附属有60多亩广西传统民居露天展示园。

以广西民族博物馆为例,主因是它代表了中国南方大多数经费有限、展柜不够密闭、无法24小时不间断开启恒温恒湿系统和中央空调的中小型室内博物馆。它是广西目前最先进的博物馆之一,2009年正式对外运营,投入2.3亿,展柜、地板、中央空调等均为当时顶配,逐年配置恒温恒湿系统、除湿机和除湿材料,2016年还安装了一套环境监测系统。但这些设施都无法将展厅的相对湿度降低到理想范围内,也无法避免上下班开关空调等引发的温湿度波动,因而展厅间或有一部分服饰、芦笙、木制车等出现不同程度的霉斑与虫害。找出和解决这些霉斑与虫害,将为处于中国西南高温高湿地区的博物馆提供非常有利的借鉴经验。

1 展厅简介

广西民族博物馆展厅面积近万平方米,展厅分别位于六层主体建筑中的二、三层。常设展览主要有穿越时空的鼓声、五彩八桂基本陈列、壮族文化展、百年老物件展、缤纷世界—外国民族文物陈列、多彩中华—国内民族文物展等9个展览,另有2个临时展厅。

2 监测系统简介

针对文物保护环境监测手段有限、不能全面及时了解和掌握馆藏文物保存环境的问题,广西民族博物馆于2016年与一家公司合作,在全馆展厅内安装了一套环境监测系统(以下简称系统),对广西民族博物馆展厅小环境、展柜内微环境进行全面实时监测。这套系统由上海博物馆向全国推荐,目前国内已有数十家博物馆启用。系统包括无线温湿度监测终端、有机挥发物监测终端、二氧化碳监测终端、无线传输设备,离线检测分析系统。图1是整个系统的运行路径。

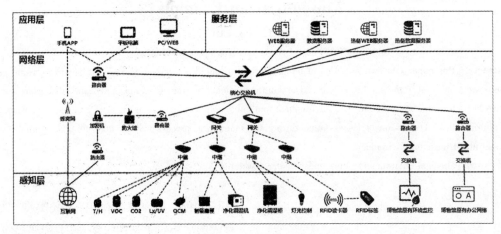

图1 展厅环境监测运行路径

该系统明显填补以往使用便携式监测仪器只能间断式获取数据的不足[3],具备四大优势:第一,可连续不间断监测捕获文物所处环境的不同影响因子数据;第二,依据不同文物的不同要求,对文物所处环境进行定制化的自动调控;第三,对文物与其所处环境进行大数据关联分析;第四,操作简单直观,只需在日常办公电脑中安装此套系统相配的软件,即可随时监控到各个监测终端反馈的数据。

因这套系统专门针对博物馆馆藏文物预防性保护而设计,而上海博物馆是全国预防性保护研究的中心,故系统的无线监测终端检测标准、监测终端的布设及分析是根据2014年3月上海馆藏文物预防性保护技术成果交流会提供的影响文物相关因素进行布放。表1中的文物保存环境适宜数据为上海市博物馆借鉴国内外各位相关专家的建议或手段[4-6],累积多年经验所获,本文选取作日常参考比较。

表1 文物预防性保护标准参考值

项目	石质	陶器	瓷器	铁质	青铜	纸质	壁画	纺织品	漆木器	其他
温度(℃)	(18~22)±2(根据当地平均温度设定,不低于10℃,不高于30℃)									
湿度(%)	(35~65)±5（据当地均湿度设定）				<45	(35~65)±5(据当地均湿度设定)				
温度日波动(℃/d)	<4									
湿度日波动(%/d)	<5									
照度(lx)	≤300(含有彩绘的≤50,银器≤150)					≤50		≤150		
累积照度(lx·h/年)	不限制(含有彩绘的≤50 000,银器≤360 000)					≤50 000		≤360 000		
紫外线含量(μW/lm)	<20			甲酸(μg/m³)			<100			
SO_2(ppb)	<4			乙酸(μg/m³)			<250			
N(数据量)O_2(ppb)	<5			N(数据量)H_3(μg/m³)			<100			
O_3(ppb)	<5			甲醛(ppb)			<80			
H_2S(ppt)	<500			VOC(ppb)			<300			
COS(ppt)	<500			颗粒物PM2.5(μg/m³)			<75			

3 展厅环境数据分析及评价

3.1 监测环境影响因子选取

(1) 从广西每日公布的南宁气象信息可知,广西民族博物馆馆外空气质量常年为优,展厅采取避光建筑结构,故雾霾导致的降尘、城市排污出现的一氧化氮、二氧化硫等有害气体和光污染的影响极少。

(2) 出现在展厅文物表面的霉菌和虫害按照其生长特性看,温湿度是它们生长繁殖最为不可忽视的影响因子。另入馆观众的人流量变动会导致空气中二氧化碳(CO_2)显著变化、展柜密封胶和辅助展品表面油漆等的加入会导致有机挥发物(VOC)的升高,二者均会对文物展品产生负面影响,也应重点监测。

因此,以该博物馆二层、三层中6个存在对环境较敏感的文物展品所在展厅为主要监测场所,以2017年一年为期,分别监测展厅和展柜内的温湿度、二氧化碳(CO_2)、有机挥发物(VOC),并截取2017.01.01—2017.12.31的数据进行分析评价,试图发现问题并加以改善。

3.2 无线监测终端检测布设位置

以馆址三层霓裳羽衣展厅为例(见图2),鉴于该展厅90%以上展品为少数民族手工制作的棉、麻质纺织品,对温湿度等环境因素反应较为敏感,故在该展区每处存有纺织品的展柜中均放置一台温湿度监测盒用以监控展柜内温湿度微环境,合计监测盒为20台;在相对封闭的小展区放置3台监测有机挥发物(VOC)的监测盒;另在中央区域放置2台CO_2监测盒用以监测空气中和观展群众带来的CO_2总量值。

其他展厅也比照霓裳羽衣展厅布设理

念,均根据文物展品对温湿度、CO_2、VOC 等敏感程度不同放置不同数量的监测盒。本次监测由各类监测盒每间隔 10 分钟获取一组数据,24 小时不间断持续一年获得,仅为展区环境的大概反馈,对精准性不做要求。

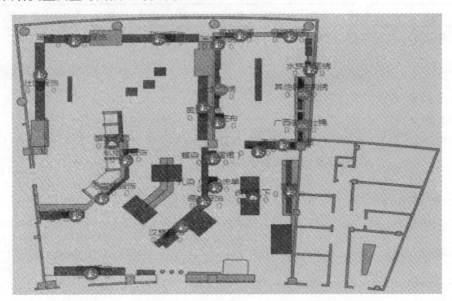

图 2　广西民族博物馆三层霓裳羽衣展厅监测与调控方案部署图

3.3　博物馆数据综合分析及评价

一般数据的最大值和最小值之间极差无法说明该时段的稳定性,而平均值的计算掩盖了可能存在的短期周期性变动,故需选取一种有效的数据评价方法来评价温湿度、CO_2、VOC 的监测数据[7]。目前国内外对文物展品微环境是否符合馆藏文物标准的评价方法包括以下几种:极值/峰值、算术平均数、极(值)差/峰峰值、合格率、波动指数、箱型图、分布图/关系图、K 线图、目标离散系数、标准差/离散系数等。

本文使用箱型图来对数据进行分析评价。箱型图是利用数据中的五个统计量:最小值、第一四分位数、中位数、第三四分位数与最大值来描述数据的一种方法,可较直观地表现温湿度等数据的季节性波动和长期趋势[8]。以温度为例,目前国内文博系统认同的"稳定洁净"的温度[9]应处于中位数附近,箱子较短的数据说明离散程度较低,温度稳定性较高;而箱子较长的数据,则离散程度高、说明温度的波动大。超出最大值或低于最小值的数据称为异常值或离群点(图中显示为黑点),常由于仪器某时段接收数据发生故障或环境骤变(多为开关空调)引起。异常值数量一般不高于整体数据量的0.7%,不会对本次监测数据反映的结论造成主要影响[10],但应引起重视,可在具体研究每台监测终端的数据时做进一步研究,寻找异常值出现原因。

(1)温度。

展厅温度范围为 18.69℃ ~27.33℃,全距(极大值与极小值之差)为 0.96 ~ 7.86℃,标准差为 0.25 ~1.7℃,均值均在 0.25 ~1.7℃(图 3)。极小值出现在家园展厅小环境,极大值出现在多彩中华小环境,整体温度较为合理且各展厅之间温度差异不显著。

(2)湿度。

展厅湿度范围为 44.60% ~93.42%,全距(极大值与极小值之差)为 5.6% ~47%,

标准差为1.45%~9.43%（图4），均值均在1.45%~9.43%。极小值出现在匠心神韵小环境，极大值出现在家园展厅小环境，整体湿度均在75%左右，部分在80%以上，整体偏高。

（3）CO_2。

由图4可知，馆内 CO_2 均在 0~1187 ppm 之间，超过1000ppm的数据量极少（表2），整体较为合理，但异常值差距较大，可考虑原因之一为人流量的增加。

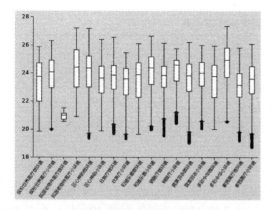

图3 展厅温度箱型图

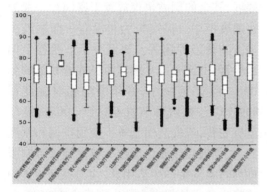

图4 展厅湿度箱型图

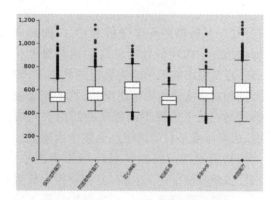

图5 展厅 CO_2 箱型图

表2 各区域 CO_2 数据描述性统计量

	N（数据量）	全距	极小值	极大值	均值	标准差
家园展厅	21476	1187	0	1187	603.4	101.56
多彩中华	5116	766	320	1086	580.6	63.69
和谐乐章	4984	524	301	825	511.93	52.46
匠心神韵	5271	631	351	982	615.96	82.34
民国老物件展厅	5190	741	420	1161	576.33	77.98
缤纷世界展厅	10597	730	414	1144	542.52	57.52

（4）VOC。

由图6可知，馆内 VOC 均在 26~488 ppb 之间，超过300ppb的数据量较少，各展厅间有不同程度差异（表3），但对比1号库房的 VOC 数据看来，整体数据发散程度远比库房的要低，较为合理。说明展厅的空气流通比库房好。

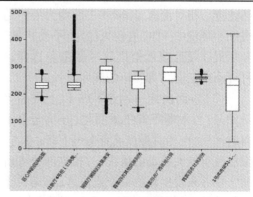

图6 展厅 VOC 箱型图

表3 各区域 VOC 数据描述性统计量

	N(数据量)	全距	极小值	极大值	均值	标准差
霓裳羽衣壮族刺绣	5532	49	241	290	261.40	6.52
霓裳羽衣广西各地壮锦	5554	159	184	343	274.77	32.61
霓裳羽衣其他民族刺绣	5480	147	138	285	242.19	31.24
铜鼓厅铜鼓的发展演变	5611	198	130	328	277.52	33.10
壮族厅4号柜(壮族黄缎法衣)	5662	273	215	488	239.18	27.40
匠心神韵民间绘画	5522	108	178	286	231.72	17.60

4 问题与讨论

(1)从数据的整体分析来看,广西民族博物馆展厅内环境处于较高的相对湿度状态。在其他影响因子较为稳定的状态下,较高的相对湿度使博物馆纺织品、竹木器等敏感展品更易于出现不同程度的病虫害与霉变,故高湿度是目前该馆乃至整个西南地区的博物馆亟待改善的气候环境影响因素。展厅虽然安装了中央空调,也在展柜中放置了一定量的除湿药剂,但从数据的分析评价看效果并不理想,无法有效控制展厅和展柜相对湿度的降低,必须改善展柜密封性、加入恒温恒湿系统或其他辅助手段介入以加强对相对湿度过大的控制。

(2)有机挥发物(VOC)的数值虽然均处在合理范围内,但各展厅的 VOC 数据离散程度不一,这反映了展厅的不同构造和展柜的摆放位置会直接影响 VOC 的扩散和降解速度。相对而言,环形或三面均为展柜的展厅小环境中 VOC 值较为稳定,不易扩散。今后展厅设计或展柜摆放尽量避免选择这种环形或三面均为展柜的展厅设计。

(3)广西民族博物馆 80%以上展品为纺织品、竹木器等有机质文物,开馆至今十年时间里,在相对湿度常年处于 75%左右,温湿度有较大波动的情况下,相当部分有机质文物并未发生新的霉变与虫害;该馆位于主体建筑二层的铜鼓展厅全年平均相对湿度处在 70%左右,远高于上海博物馆给出的参考值 45%。展厅铜鼓 50 余面,有 7 面裸展,其余的铜鼓也仅放置于密闭性一般的普通展柜中。但迄今为止没有一面铜鼓出现新的锈蚀等病害。而藏身于广西各个偏远村寨、山腰中的 6 座广西民族博物馆的分馆——生态博物馆,常年平均相对湿度在 80%以上,梅雨季节甚至达到 100%,展厅没有安装,或安装但基本不使用空调和调湿机,文物展品主要为当地少数民族棉麻制服饰与竹木制生产生活用具,均为裸展。文物除降尘危害外仅有少数出现病虫害和霉斑。这些文物所处环境与时下上海博物馆的参考值有着较大的出入,是否表示目前的文物环境监测手段尚有改善空间或有未触及的领域需要开发研究?如研究的关注点可从各材质文物所处的环境变化对其的影响研究,转变为研究未出现病虫害或霉斑的文物本体,等等。

5 展厅环境监测与改善建议

(1)基于大气环境中各个因子的通量对展厅环境有着直接的影响,为保障文物环境监测工作能有更准确的数据支撑,可考虑在博物馆广场处设置一个小型气象监测站,为博物馆提供实时的、更具针对性的大气数据。在各个影响文物所处环境的因子中应更多关注气溶胶的影响。因为雾霾对环境的影响日趋严重,雾霾的主要成分为气溶胶中的降尘和其他气体的混合物。它们附着于文物表面会导致文物发生变色、褪色和引起其他物理和化学反应。当这些气溶胶积攒到一定量时,比起温湿度,它们对于文物藏品的损害往往更快速见效。

(2)"凡事预则立,不预则废"。目前国内外都在提倡文物的预防性保护,这是一个新兴的理念,理论上确实能让文物保护工作事半功倍。如何将这一理念转变为有效措施,设计精细化的预防与保护手段,让文物在未出现病害时及时行为,最大程度响应文物保护中的"少干预或不干预"原则应成为各个博物馆文物保护工作的核心。如合理高效的利用环境监测系统等新技术手段获取基础数据;与同一纬度的博物馆等实行环境数据资源共享,使用不同的数据评价方法,最大程度的从中提取有效信息;主动对一些极端天气,如"沙尘暴"、"回南天"、梅雨季节等进行科学预判,并制定一系列风险预控机制,全面提升该馆文物预防性保护水平。

(3)受限于经费,无法24小时不间断开启恒温恒湿系统和空调,展柜也做不到完全密闭的中小型室内博物馆依然有着保持文物完好,尽可能延缓其寿命的责任和义务。针对此种情况,提两点建议:首先,空气在进入展厅前应先进入一个缓冲区,被滤风系统过滤后再输送至展厅,这样可过滤掉大部分降尘、霉菌和孢子粉等。滤风系统的设计可参考目前文博单位常用于库房的空气洁净屏的设计原理。此种方法可操作性强,经费用量小,只需定期更换滤风系统的滤片即可。其次,在展柜无法"堵"绝外来空气的进入,让文物处于相对静止的状态下,在展柜两侧的不同层面开设若干个能形成对流的疏风口,采用鼓风机或小型风扇加速展厅或展柜中文物所处环境的空气流速,模拟文物在进入博物馆前原处的日常环境状态,以此减小在空调关闭前后的展厅温湿度差值,波动得到相应控制。此种方法理论上成立,也见效于人们衣物被单等的日常晾晒中,实际效果如何还需进行具体的实验,但至少为文物保存环境研究提供了另一种思路。

参考文献

[1] 吴来明,徐方圆,周浩.预防性保护理念下的博物馆藏品保存环境对策与实践[A].//东亚文化遗产保护学会第二次学术研讨会论文集[C]:171-187.

[2] 广西壮族自治区地方志编纂委员会编.广西通志 气象志[M].南宁:广西人民出版社,1996.

[3] 唐铭.博物馆环境监控技术现状与前景分析[A].//环境工程2018年全国学术年会论文集(下册)[C].环境工程编辑部,2018:4.

[4] 陈元生,解玉林.博物馆文物保存环境质量标准研究[J].文物保护与考古科学,2002(S1):152-191.

[5] 郭宏.文物保存环境概论[M].北京:科学出版社.2001.

[6] Schieweck A., Lohrengel B., Siwinski N., et al. Organic and inorganic pollutants in storage-rooms of the Lower Saxony State Museum Hanover, Germany[J]. Atmospheric Environment, 2005,39:6098-6108.

[7] 冯萍莉,雷淑.基于离散程度的博物馆馆藏环境温湿度中长期评估方法[J].文物保护与考古科学,2016,2:85-91.

[8] 贾俊平,何晓群,金勇进.统计学[M].北京:中国人民大学出版社,2015:8589.

[9] 徐方圆,吴来明,解玉林.文物保存环境中温湿度评估方法研究[J].文物保护与考古科学,2012,(S1):6-12.

[10] 雷淑,冯萍莉.不同空调系统对文物保存环境温湿度的调节效果:以四川博物院为例[J].制冷与空调,2018,8:40-44.

[11] 莫雨淳,廖国莲,郑凤琴.南宁市霾的特征分析[J].气象研究与应用,2015,36(1):92-95.

图书在版编目（CIP）数据

文物保护研究、实践与教育：西北大学文物保护技术专业创立三十周年论文集 / 西北大学文化遗产学院文物保护系编. —西安：西北大学出版社，2019.8
　　ISBN 978-7-5604-4417-8

Ⅰ.①文… Ⅱ.①西… Ⅲ.①文物保护—西安—文集 Ⅳ.①K872.411-53

中国版本图书馆CIP数据核字(2019)第200463号

文物保护研究、实践与教育
——西北大学文物保护技术专业创立三十周年论文集

编　　者：西北大学文化遗产学院文物保护系
出版发行：西北大学出版社
地　　址：西安市太白北路229号
邮　　编：710069
电　　话：029-88303059
经　　销：全国新华书店
印　　装：西安华新彩印有限公司
开　　本：787毫米×1092毫米　1/16
印　　张：13.5
字　　数：292千字
版　　次：2019年8月第1版
印　　次：2019年8月第1次印刷
书　　号：ISBN 978-7-5604-4417-8
定　　价：45.00元

本版图书如有印装质量问题，请拨打029-88302966予以调换。